EMILE CHRETIEN.

TOME PREMIER.

TRAITÉ D'ÉDUCATION.

Consacré au Tems.

EMILE CHRETIEN,

CONSACRÉ À L'UTILITÉ PUBLIQUE,

RÉDIGÉ PAR M. FORMEY,

AUTEUR DU PHILOSOPHE CHRETIEN.

TOME PREMIER.

A BERLIN,
CHEZ JEAN NEAULME,
MDCCLXIV.

AVERTISSEMENT DU LIBRAIRE.

J'espere que le *Projet* de Souscription que j'ai publié, pour pouvoir donner *ce véritable Emile*, aura suffi pour justifier ma conduite. Si cependant j'avois le malheur d'être blâmé de nouveau, je crois qu'il me resteroit encore des moyens de défense. Ayant d'ailleurs justifié le titre de *véritable Emile*, j'ai cru qu'il en résultoit naturellement, celui d'*Emile Chrétien*, que j'ai préferé. Tout ce que M. Formey y a ajoû-

ajoûté ſoit dans le Texte, ſoit dans les notes, ſera déſigné par les Caracteres M. F. outre une ligne de ſéparation pour les notes; & par des Etoiles. Je ſuis ſi perſuadé qu'il aura rendu cet Ouvrage recommandable & eſtimable, que je ne fais nulle difficulté de ſigner tous les Exemplaires de cette Edition.

INTRODUCTION
DE
MR. FORMEY.

CEux qui ont des principes de conduite dans la Société, dissimulent les offenses légeres ; &, pour ne pas se livrer à des dissensions perpétuelles qui troubleroient toute leur vie, ils supportent à tout moment les caprices, & même les injustices, des personnes avec qui ils vivent. Le succès répond parfaitement à leur attente ; ces legeres atteintes ne font que les éfleurer, ces traits qu'on leur décoche, tombent à leurs pieds sans force. Mais il n'en est pas de même dans ces occasions importantes, où le devoir essentiel de leur propre conservation exige qu'ils prennent des mesures, opposent de la résistance, & en viennent formellement aux prises avec leurs Adversaires. Alors guidés par la prudence, & soûtenus par le courage, ils se montrent aussi ardens, aussi intrépides, que le demande la grandeur des intérêts, auxquels ils sont appellés à veiller.

On peut appliquer ces réflexions à la Religion. Elle est, pour ainsi dire, continuellement harcelée par une foule d'Ennemis, qui croyent se signaler en levant l'étendart contr'elle. Mais pour l'ordinaire ce n'est pas la peine de se mettre en devoir de les repousser. Ils ne font que répéter des choses qui ont été mille fois dites, & autant de fois réfutées. Ils ne cherchent qu'à faire parler d'eux, & l'on ne sauroit mieux les punir qu'en laissant tomber leur nom dans l'abyme de l'oubli.

J'avoue que le même motif influe sur les démarches de ceux qui portent à la Religion des coups plus puissans, & qui, s'ils ne sont pas plus dangereux par

par rapport à cette ſainte doctrine en elle-même, qui eſt fort au deſſus de tout effort humain, détruiſent, au moins en partie, ſon empire ſur les cœurs, diminuent la confiance, le reſpect, qu'elles méritent de la part des hommes. C'eſt par le funeſte déſir de faire du bruit que ſont excités ces Genies, qui, nés pour éclairer le genre-humain, ſe dévouent malheureuſement à l'égarer & à le conduire à ſa perte. Si perſonne ne faiſoit attention à leurs Ecrits, ils ſe dégoûteroient bientôt de les produire. C'eſt donc entrer en quelque ſorte dans leurs vues que de leur répondre, & de donner par-là plus d'éclat & de durée aux Controverſes qu'on agite avec eux.

Cependant on ne ſauroit s'en diſpenſer. Le venin de leurs Ouvrages eſt trop dangereux, il fait de trop rapides progrès dans la Société pour n'y oppoſer aucun contre-poiſon, & voir périr, de ſens froid, tant d'ames qui en ſont les miſérables victimes. Il y a eu des Siecles marqués par de grandes pestes, qui ont dépeuplé presque toutes les Contrées de la Terre. Celui-ci sera le siecle de la peste des ames ; & malheureusement elle est la plus terrible de toutes. Deux ou trois Ecrivains ont fait tout le mal, & ont même l'audace de s'en glorifier. Dans les uns une malice diabolique, dans les autres un fanatisme enté sur l'orgueil, ont produit les mêmes effets. La plus Sainte des Religions est devenue l'objet de leur haine implacable. Ils semblent avoir juré d'en éteindre jusqu'au souvenir. Autrefois Spinosa, Hobbes, Vanini, *s'envelopoient dans les obscurités de la Langue savante, du stile, de la méthode ; ils n'étoient entendus que par des adeptes.* Toland, *au commencement de ce siecle, voulut faire le bel-esprit, prendre le ton de la plaisanterie, & familiariser ses contemporains avec l'irréligion ; mais il n'obtint que leur mépris, leur exécration. Mais, depuis trente à quarante ans, les impiétés*

*piétés les plus atroces ont figuré impunément dans les Livres les plus répandus, & les mêmes horreurs ont été vómies journellement par des gens qui associent l'ignorance à la mauvaise foi, l'imprudence aux plus honteux désordres. L'Auteur d'*Emile *à cru tenir un milieu en frappant d'une main l'édifice de la Religion, & de l'autre celui de cette fausse Philosophie. Mais il n'a fait qu'aggraver le mal. Les libertins de cœur s'approprient les armes qu'il leur prête imprudemment; & les Chrétiens sont à juste titre affligés & scandalisés de l'indécente confession du Vicaire.*

Il n'est donc pas possible de passer tous ces attentats sous silence; &, quoiqu'on ne puisse rien ajoûter aujourd'hui à ce que les Apologistes de la Religion Chrétienne ont dit en sa faveur depuis les tems Apostoliques jusqu'aux nôtres, il faut opposer de nouvelles défenses à des attaques nouvelles, sinon pour le fond, au moins pour la forme. Surtout

 il

il faut que ces réponses soyent mises à la portée, & en quelque sorte sous les yeux de tout le monde, comme le sont les attaques. Car le comble de la rage dans les Incrédules modernes consiste en ce qu'ils veulent surtout être lûs par les personnes du plus bas rang, par toutes celles dont la condition, le sexe, l'âge, sembloient devoir les préserver de semblables lectures. C'est pour cela qu'écrivant en langue vulgaire, ils prodiguent encore tous les agrémens du stile & de l'imagination, ils employent les genres de fiction qu'ils croyent les plus propres à réussir. Ils mettent leur gloire à troubler le repos de tant d'honnêtes gens, de bonnes ames, qui cherchent dans la Religion le bonheur de leur vie, la tranquillité de leur mort, & l'espérance d'une glorieuse éternité; ils veulent, en les convainquant qu'ils se trompent grossiérement, les priver de tout ce qui peut adoucir pour eux les amertumes de la vie, leur enlever tout ce qui peut les soutenir dans

la

la pratique de leurs devoirs. Qu'on juge si ce sont là les offices d'une affection charitable, ou les emportemens d'une haine furieuse.

Quoiqu'il en soit, le tems presse, le mal gagne, & il faut venir au secours. C'est pour s'en acquitter plus promtement qu'on a pris le parti de mettre dans le Livre même qui a fait tant de bruit & tant de mal, la vraye doctrine contraire à celle de son Auteur. L'idée n'aura peut-être pas l'effet qu'on se propose. Ce qui fait la fortune d'un mauvais Livre, c'est ordinairement ce qu'il y a de mauvais. Oter ce mauvais, & y substituer du bon, c'est donc courir les risques de trouver peu de Lecteurs. Nous ne saurions pourtant croire que l'amour de la Religion soit effacé de tous les cœurs, & que ses intérêts ne soyent plus les intérêts de personne. Dieu connoît ceux qui sont siens. *C'est à ce petit nombre d'hommes sages & vertueux que nous nous adressons ; c'est à l'édification & à l'utilité de ceux qui* ne ſe glorifient qu'en la Croix de Chriſt, *que nous conſacrons cette Edition d'Emile ; & nous flêchiſſons les genoux devant le Souverain Paſteur de l'Egliſe, afin qu'il lui plaiſe d'y répandre ſa bénédiction.*

PRE-

PREFACE

DE

Mr. J. J. ROUSSEAU.

CE Recueil de réflexions & d'observations, sans ordre, & presque sans suite, fut commencé pour complaire à une bonne mere qui sait penser. Je n'avois d'abord projetté qu'un Mémoire de quelques pages : mon sujet m'entraînant malgré moi, ce Mémoire devint insensiblement une espece d'Ouvrage, trop gros, sans doute, pour ce qu'il contient, mais trop petit pour la matiere qu'il traite. J'ai balancé longtems à le publier ; & souvent il m'a fait sentir, en y travaillant, qu'il ne suffit pas d'avoir écrit quelques Brochures, pour savoir composer un Livre. Après de vains efforts pour mieux faire, je crois devoir le donner tel qu'il est, jugeant qu'il importe de tourner l'attention publique de ce côté-là ; & que, quand mes idées seroient mauvaises, si j'en fais naître de bonnes

bonnes à d'autres, je n'aurai pas tout-à-fait perdu mon tems. Un homme, qui de sa retraite, jette ses Feuilles dans le Public, sans prôneurs, sans parti qui les défende, sans savoir même ce qu'on en pense ou ce qu'on en dit, ne doit pas craindre que, s'il se trompe, on admette ses erreurs sans examen.

Je parlerai peu de l'importance d'une bonne éducation; je ne m'arrêterai pas non plus à prouver que celle qui est en usage est mauvaise; mille autres l'ont fait avant moi, & je n'aime point à remplir un Livre de choses que tout le monde sait. Je remarquerai seulement que, depuis des tems infinis, il n'y a qu'un cri contre la pratique établie, sans que personne s'avise d'en proposer une meilleure. La Littérature & le savoir de notre siécle tendent beaucoup plus à détruire qu'à édifier. On censure d'un ton de maître; pour proposer, il en faut prendre un autre, auquel la hauteur philosophique se complaît moins. Malgré tant d'Ecrits, qui n'ont, dit-on, pour but que l'utilité publique, la premiere de toutes les utilités, qui est l'art de former des hommes, est encore oubliée. Mon sujet étoit tout neuf après le Livre de Locke, & je crains fort qu'il ne le soit encore après le mien.

On ne connoît point l'enfance; sur les fausses idées qu'on en a, plus on va, plus on on s'égare. Les plus sages s'attachent à ce qu'il importe aux hommes de savoir, sans considérer ce que les enfans sont en état d'apprendre. Ils cherchent toujours l'homme dans l'enfant sans penser à ce qu'il est avant que d'être homme. Voilà l'étude à laquelle je me suis le plus appliqué, afin que, quand toute ma méthode seroit chimérique & fausse, on pût toujours profiter de mes observations. Je puis avoir très-mal vu ce qu'il faut faire, mais je crois avoir bien vu le sujet sur lequel on doit opérer. Commencez donc par mieux étudier vos éleves; car très-assurément, vous ne les connoissez point. Or si vous lisez ce Livre dans cette vue, je ne le crois pas sans utilité pour vous.

A l'égard de ce qu'on appellera la partie sistématique, qui n'est autre chose ici que la marche de la Nature, c'est-là ce qui déroutera le plus le Lecteur; c'est aussi par-là qu'on m'attaquera sans doute; & peut-être n'aura-t-on pas tort. On croira moins lire un Traité d'éducation, que les rêveries d'un visionnaire sur l'éducation. Qu'y faire? Ce n'est pas sur les idées d'autrui que j'écris; c'est sur les miennes. Je ne vois point comme les autres hommes; il y a longtems qu'on me l'a reproché. Mais dépend-il de moi de me donner d'autres yeux, & de m'affecter d'autres idées? Non. Il dépend de moi de ne point abonder dans

mon

mon ſens, de ne point croire être ſeul plus ſage que tout le monde ; il dépend de moi, non de changer de ſentiment, mais de me défier du mien : voilà tout ce que je puis faire, & ce que je fais. Que ſi je prends quelquefois le ton affirmatif, ce n'eſt point pour en impoſer au Lecteur ; c'eſt pour lui parler comme je penſe. Pourquoi propoſerois-je, par forme de doute, ce dont, quant à moi, je ne doute point ? Je dis exactement ce qui ſe paſſe dans mon eſprit.

En expoſant avec liberté mon ſentiment, j'entends ſi peu qu'il faſſe autorité, que j'y joins toujours mes raiſons, afin qu'on les péſe & qu'on me juge : mais quoique je ne veuille point m'obſtiner à défendre mes idées, je ne me crois pas moins obligé de les propoſer ; car les maximes ſur leſquelles je ſuis d'un avis contraire à celui des autres, ne ſont point indifférentes. Ce ſont de celles dont la vérité ou la fauſſeté importe à connoître, & qui font le bonheur ou le malheur du genre-humain.

Propoſez ce qui eſt faiſable, ne ceſſe-t-on de me répéter. C'eſt comme ſi l'on me diſoit ; propoſez de faire ce qu'on fait ; ou du moins, propoſez quelque bien qui s'allie avec le mal exiſtant. Un tel projet, ſur certaines matieres, eſt beaucoup plus chimérique que les miens : car dans cet alliage le bien ſe gâte, & le mal ne ſe guérit pas.

pas. J'aimerois mieux ſuivre en tout la pratique établie que d'en prendre une bonne à demi : il y auroit moins de contradiction dans l'homme ; il ne peut tendre à la fois à deux buts opposés. Peres & Meres, ce qui eſt faiſable eſt ce que vous voulez faire. Dois-je répondre de votre volonté ?

En toute eſpece de projet, il y a deux choſes à conſidérer : premierement, la bonté abſolue du projet ; en ſecond lieu, la facilité de l'exécution.

Au premier égard, il ſuffit, pour que le projet ſoit admiſſible & praticable en lui-même, que ce qu'il a de bon ſoit dans la nature de la choſe ; ici, par exemple, que l'éducation propoſée ſoit convenable à l'homme, & bien adaptée au cœur humain.

La ſeconde conſidération dépend de rapports donnés dans certaines ſituations : rapports accidentels à la choſe, leſquels, par conſéquent, ne ſont point néceſſaires, & peuvent varier à l'infini. Ainſi telle éducation peut être praticable en Suiſſe & ne l'être pas en France ; telle autre peut l'être chez les Bourgeois, & telle autre parmi les Grands. La facilité plus ou moins grande de l'exécution dépend de mille circonſtances, qu'il eſt impoſſible de déterminer autrement que dans une application particuliere de la méthode à tel ou à tel pays, à telle ou à telle condition. Or toutes ces applications particulieres n'étant pas essentielles à mon sujet, n'entrent point dans mon plan. D'autres pourront s'en occuper, s'ils veulent, chacun pour le Pays ou l'Etat qu'il aura en vue. Il me suffit que par-tout où naîtront des hommes, on puisse en faire ce que je propose : & qu'ayant fait d'eux ce que je propose, on ait fait ce qu'il y a de meilleur & pour eux-mêmes & pour autrui. Si je ne remplis pas cet engagement, j'ai tort sans doute ; mais si je le remplis, on auroit tort aussi d'exiger de moi davantage ; car je ne promets que cela.

EMILE CHRETIEN.

LIVRE PREMIER.

TOut eſt bien, ſortant des mains de l'Auteur des choſes : tout dégénere entre les mains de l'homme (*). Il force une terre à nourrir les productions d'une autre, un arbre à porter les fruits d'un autre : il méle & confond

(*) *Tout degénere entre les mains de l'homme.*] Dès la ſeconde ligne, on apperçoit le défaut perpétuel de M. Rouſſeau, de faire de quelques cas particuliers une décision générale. Pluſieurs choſes dégénerent entre les mains de l'homme. Une terre trop fortement cultivée ne rapporte pas. Un enfant mal élevé peut devenir un monſtre. L'un marque l'ignorance de l'homme, l'autre les bornes de la Nature. Mais pluſieurs choſes s'améliorent entre les mains de l'homme. D'un enfant groſſier & brut, il fait un Etre ſociable & intelligent. D'un terroir ingrat, il fait un champ fertile. Sans la main de l'homme, ce champ revêtu de riches moiſſons ne porteroit que des chardons & des épines ; ce Citoyen ſage & vertueux ne ſeroit qu'un ſauvage. L'homme perfectione plus qu'il ne gâte : la Nature veut être cultivée, modifiée, corrigée : elle a marqué ſes intentions à l'homme, ſuivre les vues de la nature, eſt-ce la faire dégénérer ? Ici, comme en mille endroits, le goût de l'antitheſe a ſéduit l'Auteur. Ce goût eſt ami des paradoxes ; il les crée, & réuſſit quelquefois à les accréditer.

fond les climats, les élémens, les saisons : il mutile son chien, son cheval, son esclave : il bouleverse tout, il défigure tout : il aime la difformité, les monstres : il ne veut rien, tel que l'a fait la nature, pas même l'homme : il le faut dresser pour lui, comme un cheval de manege ; il le faut contourner à sa mode, comme un arbre de son jardin.

Sans cela, tout iroit plus mal encore, & notre espece ne veut pas être façonnée à demi. Dans l'état où sont désormais les choses, un homme abandonné dès sa naissance à lui-même parmi les autres, seroit le plus défiguré de tous. Les préjugés, l'autorité, la nécessité, l'exemple, toutes les institutions sociales dans lesquelles nous nous trouvons submergés, étoufferoient en lui la nature, & ne mettroient rien à la place. Elle y seroit comme un arbrisseau que le ha-

(1) La premiere éducation est celle qui importe le plus ; & cette premiere éducation appartient incontestablement aux femmes : si l'Auteur de la nature eût voulu qu'elle appartînt aux hommes, il leur eût donné du lait pour nourrir les enfans. (*) Parlez donc toujours aux femmes, par préférence, dans vos Traités d'éducation ; car, outre qu'elles sont à portée d'y veiller de plus près que les hommes & qu'elles y influent toujours davantage, le succès les intéresse aussi beaucoup plus, puisque la plûpart des veuves se trouvent presque à la merci de

(*) M. F. *Parlez donc toujours aux femmes, par préférence, dans vos Traités d'éducation :*] Le parallele des peres & des meres qui se trouve ici n'est ni juste ni vrai. Les meres sont seules capables de soigner les enfans ; mais il s'en faut bien qu'elles le soient de les élever. Foibles pour l'ordinaire & capricieuses, elles prodiguent les caresses ou les mauvais traitemens ; elles ont des prédilections & des aversions. D'ailleurs leur esprit n'est pas pour l'ordinaire assez étendu pour saisir une systême d'éducation ; & les occupations domestiques dont elles sont chargées, ne leur permettent pas de veiller à son exécution. C'est donc aux peres à s'en charger. On sent bien qu'il y a ici des exceptions réciproques, de dignes & d'habiles meres, d'indignes & d'inhabiles peres : mais c'est au général qu'il faut toujours avoir égard.

haſard fait naître au milieu d'un chemin, & que les paſſans ſont bientôt périr en le heurtant de toutes parts & le pliant dans tous les ſens.

C'eſt à toi que je m'adreſſe, tendre & prévoyante mere (1), qui ſus t'écarter de la grande route, & garantir l'arbriſſeau naiſſant du choc des opinions humaines! Cultive, arroſe la jeune plante avant qu'elle meure; ſes fruits feront un jour tes délices. Forme de bonne heure une enceinte autour de l'ame de ton enfant: un autre en peut marquer le circuit; mais toi ſeule y dois poſer la barriere.

On façonne les plantes par la culture, & les hommes par l'éducation. Si l'homme naiſſoit grand & fort, ſa taille & ſa force lui ſeroient inutiles, juſqu'à ce qu'il eût appris à s'en ſervir: elles lui ſeroient préjudiciables, en empêchant les autres de ſonger à

de leurs enfans, & qu'alors ils leur font vivement ſentir, en bien ou en mal, l'effet de la maniere dont elles les ont élevés. Les loix, toujours ſi occupées des biens & ſi peu des perſonnes, parce qu'elles ont pour objet la paix & non la vertu, ne donnent pas aſſez d'autorité aux meres. Cependant leur état eſt plus ſûr que celui des peres; leurs devoirs ſont plus pénibles; leurs ſoins importent plus au bon ordre de la famille; généralement elles ont plus d'attachement pour les enfans. Il y a des occaſions où un fils qui manque de reſpect à ſon pere, peut, en quelque ſorte, être excuſé: mais ſi, dans quelque occaſion que ce fût, un enfant étoit aſſez dénaturé pour en manquer à ſa mere, à celle qui l'a porté dans ſon ſein, qui l'a nourri de ſon lait, qui, durant des années, s'eſt oubliée elle-même pour ne s'occuper que lui, on devroit ſe hâter d'étouffer ce miſérable, comme un monſtre indigne de voir le jour. Les meres, dit-on, gâtent leurs enfans. En cela, ſans doute, elles ont tort; mais moins de tort que vous, peut-être, qui les dépravez. La mere veut que ſon enfant ſoit heureux, qu'il le ſoit dès-à-préſent. En cela elle a raiſon: quand elle ſe trompe ſur les moyens, il faut l'éclairer. L'ambition, l'avarice, la tyrannie, la fauſſe prévoyance des peres, leur négligence, leur dure inſenſibilité, ſont cent fois plus funeſtes aux enfans, que l'aveugle tendreſſe des meres. Au reſte, il faut expliquer le ſens que je donne à ce nom de mere, & c'eſt ce qui ſera fait ci-après.

à l'assister (2); & abandonné à lui-même, il mourroit de misere avant d'avoir connu ses besoins. On se plaint de l'état de l'enfance; on ne voit pas que la race humaine eût péri si l'homme n'eut commencé par être enfant.

Nous naissons foibles, nous avons besoin de forces: nous naissons dépourvus de tout, nous avons besoin d'assistance: nous naissons stupides, nous avons besoin de jugement. Tout ce que nous n'avons pas à notre naissance & dont avons besoin étant grands, nous est donné par l'éducation.

Cette éducation nous vient de la nature, ou des hommes, ou des choses. Le développement interne de nos facultés & de nos organes est l'éducation de la nature: l'usage qu'on nous apprend à faire de ce développement est l'éducation des hommes; & l'acquis de notre propre expérience sur les objets qui nous affectent, est l'éducation des choses.

Chacun de nous est donc formé par trois sortes de Maîtres. Le Disciple dans lequel leurs diverses leçons se contrarient est mal élevé, & ne sera jamais d'accord avec lui-même: celui dans lequel elles tombent toutes sur les mêmes points, & tendent aux mêmes fins, va seul à son but, & vit conséquemment. Celui-là seul est bien élevé.

Or, de ces trois éducations différentes, celle de la nature ne dépend point de nous; celle des choses n'en dépend qu'à certains égards; celle des hommes est la seule dont nous soyons vraiment les maîtres:

(2) Semblable à eux à l'extérieur, & privé de la parole, (*) ainsi que des idées qu'elle exprime, il seroit hors d'état de leur

(*) M. Rousseau dans son Discours de l'inégalité, ne dit-il pas que l'homme né pour ne pas parler, auroit eu dans l'état de nature des moyens de faire connoître ses besoins. Ici il le nie.

tres : encore ne le sommes-nous que par supposition ; car qui est-ce qui peut espérer de diriger entierement les discours & les actions de tous ceux qui environnent un enfant?

Si-tôt donc que l'éducation est un art, il est presque impossible qu'elle réussisse, puisque le concours nécessaire à son succès ne dépend de personne. Tout ce qu'on peut faire à force de soins est d'approcher plus ou moins du but, mais il faut du bonheur pour l'atteindre.

Quel est ce but? c'est celui-même de la nature; cela vient d'être prouvé. Puisque le concours des trois éducations est nécessaire à leur perfection, c'est sur celle à laquelle nous ne pouvons rien qu'il faut diriger les deux autres. Mais peut-être ce mot de nature a-t-il un sens trop vague : il faut tâcher ici de le fixer.

La nature, nous dit-on, n'est que l'habitude (*). Que signifie cela? N'y a-t-il pas des habitudes qu'on ne contracte que par force & qui n'étouffent jamais la nature? Telle est, par exemple, l'habitude des plantes dont on gêne la direction verticale. La plante mise en liberté garde l'inclinaison qu'on l'a forcée à prendre : mais la séve n'a point changé pour cela sa direction primitive, & si la plante continue à végéter, son prolongement redevient vertical. Il en est de même des inclinations des hommes. Tant qu'on reste dans le même état, on peut garder celles qui résultent de l'habitude & qui nous sont le moins naturelles,

leur faire entendre le besoin qu'il auroit de leurs secours, & rien en lui ne leur manifesteroit ce besoin.

(*) M. F. *La nature, nous dit-on, n'est que l'habitude.*] On ne dit pas précisément cela; l'idée seroit trop vague : mais on dit avec raison que toute habitude présuppose une disposition naturelle, sans laquelle il ne seroit pas possible de la contracter.

turelles; mais ſi-tôt que la ſituation change, l'habitude ceſſe & le naturel revient. L'éducation n'eſt certainement qu'une habitude. Or n'y a-t-il pas des gens qui oublient & perdent leur éducation? d'autres qui la gardent? d'où vient cette différence? S'il faut borner le nom de nature aux habitudes conformes à la nature, on peut s'épargner ce galimathias.

Nous naiſſons ſenſibles, & dès notre naiſſance nous ſommes affectés de diverſes manieres par les objets qui nous environnent. Si-tôt que nous avons, pour ainſi dire, la conſcience de nos ſenſations, nous ſommes diſpoſés à rechercher ou à fuir les objets qui les produiſent, d'abord ſelon qu'elles nous ſont agréables ou déplaiſantes, puis ſelon la convenance ou diſconvenance que nous trouvons entre nous & ces objets, & enfin ſelon les jugemens que nous en portons ſur l'idée de bonheur ou de perfection que la raiſon nous donne. Ces diſpoſitions s'étendent & s'affermiſſent à meſure que nous devenons plus ſenſibles & plus éclairés: mais, contraintes par nos habitudes, elles s'altérent plus ou moins par nos opinions. Avant cette altération, elles ſont ce que j'appelle en nous la nature.

C'eſt donc à ces diſpoſitions primitives qu'il faudroit tout rapporter; & cela ſe pourroit, ſi nos trois éducations n'étoient que différentes: mais que faire quand

---

(*) M. F. *On ne peut faire à la fois l'un & l'autre.*] C'eſt préciſément le contraire. Si l'on ne fait pas le Citoyen en faiſant l'homme, on dénature l'homme, on le détourne de ſa deſtination. La nature n'eſt que l'aptitude à recevoir les inſtitutions ſociales; en la tournant, en la flêchiſſant du côté oppoſé, on la pervertit, on la détruit.

(**) M. F. *Tout patriote eſt dur aux étrangers.*] Oui, le Patriote à préjugés, qui a de fauſſes notions des motifs qui l'attachent à ſa Patrie, & les croit en oppoſition avec ceux qui devroient l'attacher à d'autres hommes. Mais le vrai Patriote eſt un homme éclairé, inſtruit de tous ſes devoirs, & attentif à les pratiquer

quand elles sont opposées? quand au lieu d'élever un homme pour lui-même on veut l'élever pour les autres, alors le concert est impossible. Forcé de combattre la nature ou les institutions sociales, il faut opter entre faire un homme ou un citoyen; car on ne peut faire à la fois l'un & l'autre (*).

Toute société partielle, quand elle est étroite & bien unie, s'aliene de la grande. Tout patriote est dur aux étrangers (**) : ils ne sont qu'hommes, ils ne sont rien à ses yeux (3). Cet inconvénient est inévitable, mais il est foible. L'essentiel est d'être bons aux gens avec qui l'on vit. Au dehors le Spartiate étoit ambitieux, avare, inique: mais le désintéressement, l'équité, la concorde, regnoient dans ses murs. Défiez-vous de ces Cosmopolites qui vont chercher au loin dans leurs livres des devoirs qu'ils dédaignent de remplir autour d'eux. Tel Philosophe aime les Tartares pour être dispensé d'aimer ses voisins (***).

L'homme naturel est tout pour lui: il est l'unité numérique, l'entier absolu, qui n'a de rapport qu'à lui-même ou à son semblable. L'homme civil n'est qu'une unité fractionnaire qui tient au dénominateur, & dont la valeur est dans son rapport avec l'entier, qui est le corps social. Les bonnes institutions sociales sont celles qui savent le mieux dénaturer

(3) Aussi les guerres des Républiques sont-elles plus cruelles que celles des Monarchies. Mais si la guerre des Rois est modérée, c'est leur paix qui est terrible: Il vaut mieux être leur ennemi que leur sujet.

---

tiquer d'une maniere exactement conforme à leur subordination.

(***) M. F. *Tel Philosophe aime les Tartares pour être dispensé d'aimer ses voisins.*] Il en est de ce Philosophe comme du Patriote dont on vient de parler; il ne connoît, ni ses devoirs, ni leur subordination. Ce n'est donc pas un Philosophe, comme l'autre n'est pas un Patriote.

turer l'homme, lui ôter ſon exiſtence abſolue pour lui en donner une relative, & tranſporter le *moi* dans l'unité commune; en ſorte que chaque particulier ne ſe croye plus un, mais partie de l'unité, & ne ſoit plus ſenſible que dans le tout. Un Citoyen de Rome n'étoit ni Caïus ni Lucius; c'étoit un Romain: même il aimoit la patrie excluſivement à lui. Regulus ſe prétendoit Carthaginois, comme étant devenu le bien de ſes maîtres. En ſa qualité d'étranger il refuſoit de ſiéger au Senat de Rome; il fallut qu'un Carthaginois le lui ordonnât. Il s'indignoit qu'on voulût lui ſauver la vie. Il vainquit, & s'en retourna triomphant mourir dans les ſupplices. Cela n'a pas grand rapport, ce me ſemble, aux hommes que nous connoiſſons.

Le Lacédemonien Pédarete ſe préſente pour être admis au conſeil des trois cens; il eſt rejetté. Il s'en retourne tout joyeux de ce qu'il s'eſt trouvé dans Sparte trois cens hommes valans mieux que lui. Je ſuppoſe cette démonſtration ſincere, & il y a lieu de croire qu'elle l'étoit: voilà le Citoyen.

Une femme de Sparte (*) avoit cinq fils à l'armée, & attendoit des nouvelles de la bataille. Un Ilote arrive; elle lui en demande en tremblant. Vos cinq fils ont été tués. Vil Eſclave, t'ai-je demandé cela? Nous avons gagné la victoire. La mere court au Temple & rend graces au Dieux. Voilà la citoyenne.

Celui qui dans l'ordre civil veut conſerver la primauté

(*) M F. *Une Femme de Sparte* ...] Cet exemple, celui du Lacédémonien Pédarete, celui de Regulus, & tous ceux du même ordre que l'Antiquité nous fournit, ne prouvent autre choſes ſinon qu'il y avoit autrefois des formes de Gouvernement, qui ne ſubſiſtent plus aujourd'hui; qu'un Anglois, un François, n'eſt pas un Lacédémonien, un Romain, ne ſe fait pas les mêmes idées des devoirs du Citoyen. Mais cela ne prou-

mauté des ſentimens de la nature, ne ſait ce qu'il veut. Toujours en contradiction avec lui-même, toujours flottant entre ſes penchans & ſes devoirs, il ne ſera jamais ni homme ni citoyen; il ne ſera bon ni pour lui ni pour les autres. Ce ſera un de ces hommes de nos jours; un François, un Anglois, un Bourgeois; ce ne ſera rien.

Pour etre quelque choſe, pour être ſoi-même & toujours un, il faut agir comme on parle: il faut être toujours décidé ſur le parti qu'on doit prendre, le prendre hautement & le ſuivre toujours. J'attens qu'on me montre ce prodige pour ſavoir s'il eſt homme ou citoyen, ou comment il s'y prend pour être à la fois l'un & l'autre.

De ces objets néceſſairement oppoſés viennent deux formes d'inſtitution contraires; l'une publique & commune, l'autre particuliere & domeſtique.

Voulez-vous prendre une idée de l'éducation publique? Liſez la République de Platon. Ce n'eſt point un Ouvrage de politique, comme le penſent ceux qui ne jugent des livres que par leurs titres. C'eſt le plus beau Traité d'éducation qu'on ait jamais fait.

Quand on veut renvoyer au pays des chimeres, on nomme l'inſtitution de Platon. Si Lycurgue n'eût mis la ſienne que par écrit, je la trouverois bien plus chimérique. Platon n'a fait qu'épurer le cœur de l'homme; Lycurgue l'a dénaturé.

L'inſtitution publique n'exiſte plus, & ne peut plus

---

ve pas qu'on ne puiſſe être Citoyen qu'avec ces idées, en partant des mêmes principes, & en pratiquant les mêmes devoirs. Un François qui aime ſa Patrie, ſon Roi, ſa Ville, ſa Famille, & qui agit en conſéquence, eſt un bon Citoyen, meilleur peut-être que le Romain & le Spartiate, chez qui il y avoit plus d'illuſion & d'enthouſiaſme que de jugement & de réflexion.

plus exister; parcequ'où il n'y a plus de patrie, il ne peut plus y avoir de citoyens. Ces deux mots, patrie & citoyen, doivent être effacés des langues modernes. J'en fais bien la raison, mais je ne veux pas la dire; elle ne fait rien à mon sujet.

Je n'envisage pas comme une institution publique ces risibles établissemens qu'on appelle Colleges (4). Je ne compte pas non plus l'éducation du monde, parceque cette éducation, tendant à deux fins contraires, les manque toutes deux: elle n'est propre qu'à faire des hommes doubles, paroissant toujours rapporter tout aux autres, & ne rapportant jamais rien qu'à eux seuls. Or ces démonstrations étant communes à tout le monde, n'abusent personne. Ce sont autant de soins perdus.

De ces contradictions naît celle que nous éprouvons sans cesse en nous-mêmes. Entraînés par la nature & par les hommes dans des routes contraires, forcés de nous partager entre ces diverses impulsions, nous en suivons une composée qui ne nous méne ni à l'un ni à l'autre but. Ainsi combattus & flottans durant tout le cours de notre vie, nous la terminons sans avoir pu nous accorder avec nous, & sans avoir été bons ni pour nous ni pour les autres.

Reste enfin l'éducation domestique ou celle de la nature. Mais que deviendra pour les autres un homme uniquement élevé pour lui? Si peut-être le double objet qu'on se propose pouvoit se réunir en un seul, en ôtant les contradictions de l'homme, on ôteroit un grand obstacle à son bonheur. Il faudroit, pour en juger, le voir tout formé; il faudroit avoir obser-

(4) Il y a dans l'Académie de Geneve & dans l'Université de Paris des Professeurs que j'aime, que j'estime beaucoup, & que je crois très-capables de bien instruire la Jeunesse, s'ils n'étoient forcés de suivre l'usage établi. J'exhorte l'un d'entr'eux à publier le projet de réforme qu'il a conçu. L'on fera peut-

obſervé ſes penchans, vu ſes progrès, ſuivi ſa marche : il faudroit, en un mot, connoître l'homme naturel (*). Je crois qu'on aura fait quelques pas dans ces recherches après avoir lu cet écrit.

Pour former cet homme rare, qu'avons-nous à faire? Beaucoup, ſans doute; c'eſt d'empêcher que rien ne ſoit fait. Quand il ne s'agit que d'aller contre le vent, on louvoie; mais ſi la mer eſt forte & qu'on veuille reſter en place, il faut jetter l'ancre. Prens garde, jeune pilote, que ton cable ne file ou que ton ancre ne laboure, & que le vaiſſeau ne dérive avant que tu t'en ſois apperçu.

Dans l'ordre ſocial, où toutes les places ſont marquées, chacun doit être élevé pour la ſienne. Si un Particulier formé pour ſa place, en ſort, il n'eſt plus propre à rien. L'éducation n'eſt utile qu'autant que la fortune s'accorde avec la vocation des parens; en tout autre cas elle eſt nuiſible à l'éleve, ne fût-ce que par les préjugés qu'elle lui a donnés. En Egypte, où le fils étoit obligé d'embraſſer l'état de ſon pere, l'éducation du moins avoit un but aſſuré; mais parmi nous où les rangs ſeuls demeurent, & où les hommes en changent ſans ceſſe, nul ne ſait ſi, en élevant ſon fils pour le ſien, il ne travaille pas contre lui.

Dans l'ordre natutel les hommes étant tous égaux, leur vocation commune eſt l'état d'homme, & quiconque eſt bien élevé pour celui-là, ne peut mal remplir ceux qui s'y rapportent. Qu'on deſtine mon éleve à l'épée, à l'égliſe, au barreau, peu m'importe. Avant la vocation des parens la nature l'appelle à

peut être enfin tenté de guérir le mal, en voyant qu'il n'eſt pas ſans remede.

(*) M.F. *Il faudroit . . . connoître l'homme naturel.*] Sans contredit; mais cette connoiſſance ne peut & ne doit ſervir qu'à former l'homme ſocial.

à la vie humaine. Vivre eſt le métier que je lui veux apprendre (*). En ſortant de mes mains il ne ſera, j'en conviens, ni magiſtrat, ni ſoldat, ni prêtre : il ſera premierement homme ; tout ce qu'un homme doit être, il ſaura l'être au beſoin tout auſſi bien que qui que ce ſoit, & la fortune aura beau le faire changer de place, il ſera toujours à la ſienne. *Occupavi te, fortuna, atque cepi, omneſque aditus tuos intercluſi, ut ad me aſpirare non poſſes* (5).

Notre véritable étude eſt celle de la condition humaine. Celui d'entre nous qui ſait le mieux ſupporter les biens & les maux de cette vie eſt à mon gré le mieux élevé : d'où il ſuit que la véritable éducation conſiſte moins en préceptes qu'en exercices. Nous commençons à nous inſtruire en commençant à vivre ; notre éducation commence avec nous ; notre premier précepteur eſt notre nourrice. Auſſi ce mot *éducation* avoit-il chez les anciens un autre ſens que nous ne lui donnons plus : il ſignifioit nourriture. *Educit obſtetrix*, dit Varron ; *educat nutrix, inſtituit pedagogus, docet magiſter* (6). Ainſi l'éducation, l'inſtitution, l'inſtruction ſont trois choſes auſſi différentes dans leur objet, que la gouvernante, le précepteur & le maître. Mais ces diſtinctions ſont mal entendues ; & pour être bien conduit, l'enfant ne doit ſuivre qu'un ſeul guide.

Il faut donc généraliſer nos vues, & conſidérer dans notre éleve l'homme abſtrait, l'homme expoſé à tous les accidens de la vie humaine. Si les hommes naiſſoient attachés au ſol d'un pays, ſi la même ſaiſon

(5) Tuſcul. V.
(6) Non. Marcell.

(*) M. F. *Vivre eſt le métier que je lui veux apprendre.*] En l'arrêtant trop longtems dans ces avenues Philoſophiques, ou plutôt Chimériques, vous ferez qu'il ne ſera bon à rien ; il ſe ne dira,

ſaiſon duroit toute l'année, ſi chacun tenoit à ſa fortune de maniere à n'en pouvoir jamais changer, la pratique établie ſeroit bonne à certains égards; l'enfant élevé pour ſon état, n'en ſortant jamais, ne pourroit être expoſé aux inconvéniens d'un autre. Mais vû la mobilité des choſes humaines; vû l'eſprit inquiet & remuant de ce ſiecle qui bouleverſe tout à chaque génération, peut-on concevoir une méthode plus inſenſée que d'élever un enfant comme n'ayant jamais à ſortir de ſa chambre, comme devant être ſans ceſſe entouré de ſes gens ? Si le malheureux fait un ſeul pas ſur la terre, s'il deſcend d'un ſeul degré, il eſt perdu. Ce n'eſt pas lui apprendre à ſupporter la peine; c'eſt l'exercer à la ſentir.

On ne ſonge qu'à conſerver ſon enfant; ce n'eſt pas aſſez: on doit lui apprendre à ſe conſerver étant homme, à ſupporter les coups du ſort, à braver l'opulence & la miſere, à vivre s'il le faut dans les glaces d'Iſlande ou ſur le brulant rocher de Malthe. Vous avez beau prendre des précautions pour qu'il ne meure pas; il faudra pourtant qu'il meure : & quand ſa mort ne ſeroit pas l'ouvrage de vos ſoins, encore ſeroient-ils mal entendus. Il s'agit moins de l'empêcher de mourir, que de le faire vivre. Vivre ce n'eſt pas reſpirer, c'eſt agir; c'eſt faire uſage de nos organes, de nos ſens, de nos facultés, de toutes les parties de nous-mêmes, qui nous donnent le ſentiment de notre exiſtence. L'homme qui a le plus vécu n'eſt pas celui qui a compté le plus d'années; mais celui qui a le plus ſenti la vie. Tel s'eſt fait enterrer

dira, & ſera dans le cas d'un homme fait à qui l'on voudroit donner les premieres leçons de danſe, d'eſcrime, &c. Il eſt ſans doute ridicule de décider de la vocation des enfans avant que de ſavoir à quoi ils ſont propres; mais il l'eſt encore plus de ne pas les mettre de bonne heure ſur la voye des états qui peuvent leur convenir, ſauf à leur laiſſer le choix quand ils ſeront en état de le faire.

terrer à cent ans, qui mourut dès sa naissance. Il eut gagné de mourir jeune (*), au moins eut-il vécu jusqu'à ce tems-là.

Toute notre sagesse consiste en préjugés serviles; tous nos usages ne sont qu'assujettissement, gêne & contrainte. L'homme civil naît, vit, & meurt dans l'esclavage: à sa naissance on le coud dans un maillot; à sa mort on le cloue dans une biére; tant qu'il garde la figure humaine, il est enchaîné par nos institutions (**).

On dit que plusieurs Sages-Femmes prétendent, en pétrissant la tête des enfans nouveaux-nés, lui donner une forme plus convenable: & on le souffre! Nos têtes seroient mal de la façon de l'Auteur de notre être: il nous les faut façonnées au-dehors par les Sages-Femmes, & au-dedans par les Philosophes (***). Les Caraïbes sont de la moitié plus heureux que nous.

„ A peine l'enfant est-il sorti du sein de la mere, „ & à peine jouit-il de la liberté de mouvoir & d'é- „ tendre ses membres, qu'on lui donne de nouveaux „ liens. On l'emmaillote, on le couche la tête fixée „ & les jambes allongées, les bras pendans à côté „ du

(*) *Il eut gagné de mourir jeune.*] Qu'eut-il gagné puisqu'il étoit mort dès sa naissance? Ces deux lignes, pour être contradictoires, se trouvent bien près l'une de l'autre.

(**) *Par nos institutions.*] L'homme n'est pas fait pour vivre seul, sans secours, sans frein, sans régle, on l'a prouvé suffisamment contre M. Rousseau lui-même. Il est vrai, que toutes nos institutions ne tournent pas également au bonheur de l'homme: mais sans elles, il seroit beaucoup moins heureux. Au reste, quelles sont les preuves qu'on donne de son esclavage? Son maillot & sa biére! Vaudroit-il mieux qu'on l'exposât à sa naissance aux injures de l'air, & à sa mort à la dent des bêtes féroces? L'homme est foible, la foiblesse éxige des secours, & les secours entraînent quelque esclavage.

(***) M. F. *Il nous les faut façonnees au dehors par les Sages-femmes, & au dedans par les Philosophes.*] Belle déclamation, & rien de

„ du corps; il est entourné de linges & de bandages „ de toute espece, qui ne lui permettent pas de „ changer de situation. Heureux si on ne l'a pas „ serré au point de l'empêcher de respirer, & si on „ a eu la précaution de le coucher sur le côté, afin „ que les eaux qu'il doit rendre par la bouche, puis„ sent tomber d'elles-mêmes; car il n'auroit pas la „ liberté de tourner la tête sur le côté, pour en faci„ liter l'écoulement (7)".

L'enfant nouveau-né a besoin d'étendre & de mouvoir ses membres, pour les tirer de l'engourdissement où, rassemblés en un peloton, ils ont resté si long-tems. On les étend, il est vrai, mais on les empêche de se mouvoir; on assujettit la tête-même par des têtieres: il semble qu'on a peur qu'il n'ait l'air d'être en vie.

Ainsi l'impulsion des parties internes d'un corps qui tend à l'accroissement, trouve un obstacle insurmontable aux mouvemens qu'elle lui demande. L'enfant fait continuellement des efforts inutiles qui épuisent ses forces ou retardent leur progrès. Il étoit moins à l'étroit, moins gêné, moins comprimé dans l'amnios, qu'il n'est dans ses langes: je ne vois pas ce qu'il a gagné de naître. L'inac-

(7) Hist. Nat. T. IV. p. 190. in-12.

---

de plus. M. R. peut-il ignorer que la tête molle des enfans souffre pendant le travail, surtout dans les accouchemens laborieux, une compression qui altére sa forme originaire, celle qui vient de l'Auteur de notre être, & que la Sage-femme ne fait que rétablir cette premiere forme. Le maillot & la biére ont de tout aussi bonnes raisons; & les institutions civiles en ont encore de meilleures. Les plus habiles & les plus sensés d'entre les Médecins, qui ont approuvé & approuvent les moyens employés pour l'Orthopédie, sont plus croyables que notre Auteur à qui ces matieres sont tout-à-fait étrangeres. Tous les Soldats des grands Bataillons Prussiens avoient sans doute été emmaillottés, & cela n'avoit point détruit l'*impulsion des parties internes d'un corps qui tend à l'accroissement.*

L'inaction, la contrainte où l'on retient les membres d'un enfant, ne peuvent que gêner la circulation du sang, des humeurs, empêcher l'enfant de se fortifier, de croître, & altérer sa constitution. Dans les lieux où l'on n'a point ces précautions extravagantes, les hommes sont tous grands, forts, bien proportionnés (8). Les pays, où l'on emmaillote les enfans, sont ceux qui fourmillent de bossus, de boiteux, de cagneux, de noués, de rachitiques, de gens contrefaits de toute espece. De peur que les corps ne se déforment par des mouvemens libres, on se hâte de les déformer en les mettant en presse. On les rendroit volontiers perclus, pour les empêcher de s'estropier.

Une contrainte si cruelle pourroit-elle ne pas influer sur leur humeur, ainsi que sur leur tempérament? Leur premier sentiment est un sentiment de douleur & de peine: ils ne trouvent qu'obstacles à tous les mouvemens dont ils ont besoin: plus malheureux qu'un criminel aux fers, ils font de vains efforts, ils s'irritent, ils crient. Leurs premieres voix, dites-vous, sont des pleurs? je le crois bien: vous les contrariez dès leur naissance; les premiers dons qu'ils reçoivent de vous sont des chaînes; les premiers traitemens qu'ils éprouvent, sont des tourmens. N'ayant rien de libre que la voix, comment ne s'en serviroient-ils pas pour se plaindre? Ils crient du mal que vous leur faites: ainsi garottés, vous crieriez plus fort qu'eux.

D'où vient cet usage déraisonnable? d'un usage dénaturé. Depuis que les meres, méprisant leur premier devoir, n'ont plus voulu nourrir leurs enfans; il

(8) Voyez la note 15.

(*) M. F. *Ces douces meres, qui débarrassées de leurs enfans...*] Voilà des abus réels qui méritent la censure, mais qui n'intéressent

il a fallu les confier à des femmes mercenaires, qui, se trouvant ainsi meres d'enfans étrangers pour qui la nature ne leur disoit rien, n'ont cherché qu'à s'épargner de la peine. Il eut fallu veiller sans cesse sur un enfant en liberté: mais quand il est bien lié, on le jette dans un coin sans s'embarrasser de ses cris. Pourvû qu'il n'y ait pas des preuves de la négligence de la nourrice; pourvû que le nourriçon ne se casse ni bras ni jambe, qu'importe au surplus qu'il périsse, ou qu'il demeure infirme le reste de ses jours? On conserve ses membres aux dépens de son corps; &, quoi qu'il arrive, la nourrice est disculpée.

Ces douces meres, qui débarrassées de leurs enfans (*), se livrent gaiment aux amusemens de la ville, savent-elles cependant quel traitement l'enfant dans son maillot reçoit au village? Au moindre tracas qui survient, on le suspend à un clou comme un paquet de hardes; & tandis que, sans se presser, la nourrice vaque à ses affaires, le malheureux reste ainsi crucifié. Tous ceux qu'on a trouvés dans cette situation, avoient le visage violet: la poitrine fortement comprimée ne laissant pas circuler le sang, il remontoit à la téte; & l'on croyoit le patient fort tranquille, parcequ'il n'avoit pas la force de crier. J'ignore combien d'heures un enfant peut rester en cet état sans perdre la vie, mais je doute que cela puisse aller fort loin. Voilà, je pense, une des plus grandes commodités du maillot.

On prétend que les enfans en liberté pourroient prendre de mauvaises situations, & se donner des mouvemens capables de nuire à la bonne conformation de leurs membres. C'est-là un de ces vains raisonne-

---

ressent point directement le maillot. Qu'une bonne mere ne neglige aucune précaution en faveur de son enfant emmaillot & tout ira au mieux.

ſonnemens de notre fauſſe ſageſſe, & que jamais aucune expérience n'a confirmés. De cette multitude d'enfans qui chez des peuples plus ſenſés que nous, ſont nourris dans toute la liberté de leurs membres, on n'en voit pas un ſeul qui ſe bleſſe, ni s'eſtropie: ils ne ſauroient donner à leurs mouvemens la force qui peut les rendre dangereux, & quand ils prennent une ſituation violente, la douleur les avertit bientôt d'en changer.

Nous ne nous ſommes pas encore aviſés de mettre au maillot les petits des chiens, ni des chats (*); voit-on qu'il réſulte pour eux quelque inconvénient de cette négligence? Les enfans ſont plus lourds; d'accord: mais à proportion ils ſont auſſi plus foibles. A-peine peuvent-ils ſe mouvoir; comment s'eſtropieroient-ils? ſi on les étendoit ſur le dos, ils mourroient dans cette ſituation, comme la tortue, ſans pouvoir jamais ſe retourner.

Non contentes d'avoir ceſſé d'alaiter leurs enfans, les femmes ceſſent d'en vouloir faire; la conſéquence eſt naturelle. Dès que l'état de mere eſt onéreux, on trouve bientôt le moyen de s'en délivrer tout-à-fait: on veut faire un ouvrage inutile, afin de le recommencer toujours, & l'on tourne au préjudice de l'eſpece, l'attrait donné pour la multiplier. Cet uſage, ajouté aux autres cauſes de dépopulation, nous annonce le ſort prochain de l'Europe. Les ſciences, les arts, la philoſophie & les mœurs qu'elle engendre, ne tarderont pas d'en faire un

---

(*) M. F. *Les petits des chiens, ni des chats.*] Il n'eſt pas poſſible que M. R ignore, ni même qu'il méconnoiſſe, l'inégalité du traitement que la nature fait aux hommes & aux animaux, & les cauſes de cette inégalité. Une mere chatte ou chienne, eſt incapable d'emmaillotter; voilà pourquoi ſes petits n'ont pas beſoin de maillot. Elle n'eſt pas capable de leur apprendre

un désert. Elle sera peuplée de bêtes féroces; elle n'aura pas beaucoup changé d'habitans.

J'ai vû quelquefois le petit manége des jeunes femmes qui feignent de vouloir nourrir leurs enfans. On sait se faire presser de renoncer à cette fantaisie: on fait adroitement intervenir les époux, les Médecins, sur-tout les meres. Un mari qui oseroit consentir que sa femme nourrit son enfant, seroit un homme perdu. L'on en feroit un assassin qui veut se défaire d'elle. Maris prudens, il faut immoler à la paix l'amour paternel; heureux qu'on trouve à la campagne des femmes plus continentes que les vôtres! Plus heureux si le tems que celles-ci gagnent, n'est pas destiné pour d'autres que vous (*)!

Le devoir des femmes n'est pas douteux: mais on dispute si, dans le mépris qu'elles en font, il est égal pour les enfans d'être nourris de leur lait ou d'un autre? Je tiens cette question, dont les Médecins sont les Juges, pour décidée au souhait des femmes; & pour moi, je penserois bien aussi qu'il vaut mieux que l'enfant suce le lait d'une nourrice en santé, que d'une mere gâtée, s'il avoit quelque nouveau mal à craindre du même sang dont il est formé.

Mais la question doit-elle s'envisager seulement par le côté physique, & l'enfant a-t-il moins besoin des soins d'une mere que de sa mamelle? D'autres femmes, des bêtes mêmes, pourront lui donner le lait qu'elle lui refuse: la sollicitude maternelle ne se supplée point. Celle qui nourrit l'enfant d'une autre,

dre à marcher; voilà pourquoi ils marchent tout seuls; & ainsi du reste. Où l'instinct manque, il faut de la raison.

(*) M. F. *Pour d'autres que vous.*] Trait de la Satyre la plus virulente, qui n'assortit pas au but d'un Ouvrage didactique, où l'on prétend porter les hommes à prêter une attention favorable aux matieres les plus importantes.

tre, au lieu du ſien, eſt une mauvaiſe mere ; comment ſera-t-elle une bonne nourrice ? Elle pourra le devenir, mais lentement, il faudra que l'habitude change la nature ; & l'enfant mal ſoigné aura le tems de périr cent fois, avant que ſa nourrice ait pris pour lui une tendreſſe de mere (*).

De cet avantage-même réſulte un inconvénient, qui ſeul devroit ôter à toute femme ſenſible le courage de faire nourrir ſon enfant par une autre : c'eſt celui de partager le droit de mere, ou plutôt de l'aliéner ; de voir ſon enfant aimer une autre femme, autant & plus qu'elle ; de ſentir que la tendreſſe qu'il conſerve pour ſa propre mere eſt une grace, & que celle qu'il a pour ſa mere adoptive eſt un devoir : car où j'ai trouvé les ſoins d'un mere, ne dois-je pas l'attachement d'un fils ?

La maniere dont on remédie à cet inconvénient, eſt d'inſpirer aux enfans du mépris pour leur nourrice, en les traitant en véritables ſervantes. Quand leur ſervice eſt achevé, on retire l'enfant, ou l'on congédie la nourrice ; à force de la mal recevoir, on la rebute de venir voir ſon nourriçon. Au bout de quelques années, il ne la voit plus, il ne la connoît plus. La mere qui croit ſe ſubſtituer à elle, & réparer ſa négligence par ſa cruauté, ſe trompe. Au lieu de faire un tendre fils d'un nourriçon dénaturé, elle l'exerce à l'ingratitude ; elle lui apprend à mépriſer un jour celle qui lui donna la vie, comme celle qui l'a nourri de ſon lait.

Combien j'inſiſterois ſur ce point, s'il étoit moins décourageant de rebattre en vain des ſujets utiles ? Ceci

---

(*) M. F. *Avant que ſa nourrice ait pris pour lui une tendreſſe de mere.*] Il y a de mauvaiſes meres ; il y a de mauvaiſes nourrices ; & ſous ce point de vue parité de danger pour l'enfant. Quand

Ceci tient à plus de choses qu'on ne pense. Voulez-vous rendre chacun à ses premiers devoirs, commencez par les meres; vous serez étonnés des changemens que vous produirez. Tout vient successivement de cette premiere dépravation : tout l'ordre moral s'altere ; le naturel s'éteint dans tous les cœurs; l'intérieur des maisons prend un air moins vivant; le spectacle touchant d'une famille naissante n'attache plus les maris, n'impose plus d'égards aux étrangers; on respecte moins la mere dont on ne voit pas les enfans; il n'y a point de résidence dans les familles; l'habitude ne renforce plus les liens du sang; il n'y a plus ni peres, ni meres, ni enfans, ni freres, ni sœurs ; tous se connoissent à peine, comment s'aimeroient-ils? Chacun ne songe plus qu'à soi. Quand la maison n'est qu'une triste solitude, il faut bien aller s'égayer ailleurs.

Mais que les meres daignent nourrir leurs enfans, les mœurs vont se réformer d'elles-mêmes, les sentimens de la nature se réveiller dans tous les cœurs; l'Etat va se repeupler ; ce premier point, ce point seul va tout réunir. L'attrait de la vie domestique est le meilleur contre-poison des mauvaises mœurs. Le tracas des enfans qu'on croit importun devient agréable ; il rend le pere & la mere plus nécessaires, plus chers l'un à l'autre, il resserre entre eux le lien conjugal. Quand la famille est vivante & animée, les soins domestiques font la plus chere occupation de la femme & le plus doux amusement du mari. Ainsi de ce seul abus corrigé résulteroit bientôt une réforme générale ; bientôt la nature

Quand une nourrice est d'ailleurs une honnête personne, elle prend promtement pour l'enfant une tendresse qui ne cede point à celle des meres.

nature auroit repris tous ſes droits. Qu'une fois les ſemmes redeviennent meres, bientôt les hommes redeviendront peres & maris (*).

Diſcours ſuperflus! l'ennui même des plaiſirs du monde ne ramene jamais à ceux-là. Les femmes ont ceſſé d'être meres; elles ne le ſeront plus; elles ne veulent plus l'être. Quand elles le voudroient, à peine le pourroient-elles: aujourd'hui que l'uſage contraire eſt établi, chacune auroit à combattre l'oppoſition de toutes celles qui l'approchent, liguées contre un exemple que les unes n'ont pas donné & que les autres ne veulent pas ſuivre.

Il ſe trouve pourtant quelquefois encore de jeunes perſonnes d'un bon naturel, qui, ſur ce point oſant braver l'empire de la mode & les clameurs de leur ſexe, rempliſſent avec une vertueuſe intrépidité ce devoir ſi doux que la nature leur impoſe. Puiſſe leur nombre augmenter par l'attrait des biens deſtinés à celles qui s'y livrent! Fondé ſur des conſéquences que donne le plus ſimple raiſonnement, & ſur des obſervations que je n'ai jamais vû démenties, j'oſe promettre à ces dignes meres un attachement ſolide & conſtant de la part de leurs maris, une tendreſſe vraiment filiale de la part de leurs enfans, l'eſtime & le reſpect du public, d'heureuſes couches ſans accident & ſans ſuite, une ſanté ferme & vigoureuſe, enfin le plaiſir de ſe voir un jour imiter par leurs filles, & citer en exemple à celles d'autrui.

Point de mere, point d'enfant. Entre eux les devoirs ſont réciproques, & s'ils ſont mal remplis d'un côté, ils ſeront négligés de l'autre. L'enfant doit aimer

---

(*) M. F. *Qu'une fois les femmes redeviennent meres; bientôt les hommes redeviendront peres & maris.*] Ceci, & tout ce qui le précéde immédiatement, eſt excellent: je me fais un plaiſir de le remarquer. La Critique embraſſe l'art de relever les beau-

THETIS, Livre I.

mer ſa mere avant de ſavoir qu'il le doit. Si la voix du ſang n'eſt fortifiée par l'habitude & les ſoins, elle s'éteint dans les premieres années, & le cœur meurt, pour ainſi dire, avant que de naître. Nous voilà dès les premiers pas hors de la nature.

On en ſort encore par une route oppoſée, lorſqu'au lieu de négliger les ſoins de mere, une femme les porte à l'excès; lorſqu'elle fait de ſon enfant ſon idole; qu'elle augmente & nourrit ſa foibleſſe pour l'empêcher de la ſentir, & qu'eſpérant le ſouſtraire aux loix de la nature, elle écarte de lui des atteintes pénibles, ſans ſonger combien, pour quelques incommodités dont elle le préſerve un moment, elle accumule au loin d'accidens & de périls ſur ſa tête, & combien c'eſt une précaution barbare de prolonger la foibleſſe de l'enfance ſous les fatigues des hommes faits. Thétis, pour rendre ſon fils invulnérable, le plongea, dit la fable, dans l'eau du Styx. Cette allégorie eſt belle & claire. Les meres cruelles, dont je parle, font autrement: à force de plonger leurs enfans dans la molleſſe, elles les préparent à la ſouffrance, elles ouvrent leurs pores aux maux de toute eſpece, dont ils ne manqueront pas d'être la proie étant grands.

Obſervez la nature, & ſuivez la route qu'elle vous trace. Elle exerce continuellement les enfans; elle endurcit leur tempérament par des épreuves de toute eſpece; elle leur apprend de bonne heure ce que c'eſt que peine & douleur. Les dents qui percent leur donnent la fiévre: des coliques aigües leur donnent des convulſions; de longues toux les ſuffoquent;

---

beautés & les défauts, de louer & de reprendre. Si l'on ne fait pas l'un & l'autre avec une égale impartialité, on ceſſe d'être un Ariſtarque pour devenir un Zoïle.

quent; les vers les tourmentent; la pléthore corrompt leur sang; des levains divers y fermentent, & causent des éruptions périlleuses. Presque tout le premier âge est maladie & danger: la moitié des enfans qui naissent, périt avant la huitieme année. Les épreuves faites, l'enfant a gagné des forces, & sitôt qu'il peut user de la vie, le principe en devient plus assuré.

Voilà la regle de la nature. Pourquoi la contrariez-vous? Ne voyez-vous pas qu'en pensant la corriger, vous détruisez son ouvrage, vous empêchez l'effet de ses soins? Faire au-dehors ce qu'elle fait au-dedans, c'est, selon vous, redoubler le danger; & au contraire c'est y faire diversion, c'est l'exténuer. L'expérience apprend qu'il meurt encore plus d'enfans élevés délicatement que d'autres. Pourvû qu'on ne passe pas la mesure de leurs forces, on risque moins à les employer qu'à les ménager. Exercez-les donc aux atteintes qu'ils auront à supporter un jour. Endurcissez leur corps aux intempéries des saisons, des climats, des élémens; à la faim, à la soif, à la fatigue; trempez-les dans l'eau du Styx. Avant que l'habitude du corps soit acquise, on lui donne celle qu'on veut sans danger: mais quand une fois il est dans sa consistance, toute altération lui devient périlleuse. Un enfant supportera des changemens que ne supporteroit pas un homme: les fibres du premier, molles & flexibles, prennent sans effort le pli qu'on leur donne; celles de l'homme, plus endurcies, ne changent plus qu'avec violence le pli qu'elles ont reçu. On peut donc rendre un enfant robuste sans exposer sa vie & sa santé; & quand il y auroit quelque risque, encore ne faudroit-il pas balancer. Puisque ce sont des risques inséparables de la vie humaine, peut-on mieux faire que de les rejetter sur le tems de sa durée où ils sont le moins désavantageux?

Un

Un enfant devient plus précieux en avançant en âge. Au prix de sa personne se joint celui des soins qu'il a coutés ; à la perte de sa vie se joint en lui le sentiment de la mort. C'est donc surtout à l'avenir qu'il faut songer en veillant à sa conservation ; c'est contre les maux de la jeunesse qu'il faut l'armer, avant qu'il y soit parvenu : car si le prix de la vie augmente jusqu'à l'âge de la rendre utile, quelle folie n'est-ce point d'épargner quelques maux à l'enfance, en les multipliant sur l'âge de raison ? Sont-ce là les leçons du maître ?

Le sort de l'homme est de souffrir dans tous les tems. Le soin même de sa conservation est attaché à la peine. Heureux de ne connoître dans son enfance que les maux physiques ! maux bien moins cruels, bien moins douloureux que les autres, & qui bien plus rarement qu'eux nous font renoncer à la vie. On ne se tue point pour les douleurs de la goute ; il n'y a gueres que celles de l'ame qui produisent le désespoir. Nous plaignons le sort de l'enfance, & c'est le nôtre qu'il faudroit plaindre. Nos plus grands maux nous viennent de nous.

En naissant, un enfant crie ; sa premiere enfance se passe à pleurer. Tantôt on l'agite, on le flatte pour l'appaiser ; tantôt on le menace, on le bat pour le faire taire. Ou nous faisons ce qui lui plaît, ou nous en exigeons ce qui nous plaît : ou nous nous soumettons à ses fantaisies, ou nous le soumettons aux nôtres : point de milieu, il faut qu'il donne des ordres, ou qu'il en reçoive. Ainsi ses premieres idées sont celles d'empire & de servitude. Avant de savoir parler, il commande ; avant de pouvoir agir, il obéit ; & quelquefois on le châtie avant qu'il puisse connoître ses fautes ou plutôt en commettre (*). C'est

(*) M. F. *Quelquefois on le châtie avant qu'il puisse connoître ses*

C'est ainsi qu'on verse de bonne heure dans son jeune cœur les passions qu'on impute ensuite à la nature, & qu'après avoir pris peine à le rendre méchant, on se plaint de le trouver tel.

Un enfant passe six ou sept ans de cette maniere entre les mains des femmes, victime de leur caprice & du sien : & après lui avoir fait apprendre ceci & cela ; c'est-à-dire, après avoir chargé sa mémoire ou de mots qu'il ne peut entendre, ou de choses qui ne lui sont bonnes à rien ; après avoir étouffé le naturel par les passions qu'on a fait naître, on remêt cet être factice entre les mains d'un précepteur, lequel acheve de développer les germes artificiels qu'il trouve déja tout formés, & lui apprend tout, hors à se connoître, hors à tirer parti de lui-même, hors à savoir vivre & se rendre heureux. Enfin quand cet enfant esclave & tyran, plein de science & dépourvû de sens, également débile de corps & d'ame, est jetté

---

ses fautes, ou plutôt en commettre.] Ce que M. R. blâme ici, est peut-être le grand secret de l'éducation, la seule pratique fondamentale qui décide du reste, soit pour le physique, soit pour le moral dans les enfans. Si vous attendez à les former, à les dresser, qu'on puisse leur parler raison, comptez que vous ne leur ferez jamais entendre raison. L'enfant est d'abord un automate, un petit animal ; il faut vaincre, & s'il est possible, détruire en lui toutes les répugnances qui seroient dans la suite préjudiciables à sa santé, à son éducation, aux mœurs qu'on veut lui donner. Cela ne peut se faire que par la rigueur, en le frappant même, mais avec cette prudence que des personnes éclairées peuvent seules posséder. Rien de plus agréable que de voir les progrès de la docilité dans un enfant au berceau ; & quand on veut l'élever dans la suite, le plus fort de la tâche est fait, la route est applanie. Qu'on ne craigne point d'abâtardir l'enfant & d'émousser ses facultés, c'est tout le contraire ; on les dégage, on en facilite l'exercice. L'enfant indocile est par-là-même indisciplinable. Qu'on dise tout ce qu'on voudra contre cette assertion, elle est également fondée sur la raison & sur l'expérience ; tous les *Emiles* du monde ne viendront pas à bout de l'infirmer. Il n'y va pas moins que de la vie pour les enfans dans certains cas de cette nature.

jetté dans le monde; en y montrant son ineptie, son orgueil & tous ses vices, il fait déplorer la misere & la perversité humaines (*). On se trompe; c'est là l'homme de nos fantaisies: celui de la nature est fait autrement.

Voulez-vous donc qu'il garde sa forme originelle? Conservez-la dès l'instant qu'il vient au monde. Sitôt qu'il naît, emparez-vous de lui, & ne le quittez plus qu'il ne soit homme: vous ne réussirez jamais sans cela. Comme la véritable nourrice est la mere, le véritable précepteur est le pere. Qu'ils s'accordent dans l'ordre de leurs fonctions ainsi que dans leur systême: que des mains de l'un l'enfant passe dans celles de l'autre. Il sera mieux élevé par un pere judicieux & borné, que par le plus habile maître du monde; car le zele suppléera mieux au talent, que le talent au zele.

Mais les affaires, les fonctions, les devoirs..... Ah

---

re. Un Médecin du premier ordre me racontoit dernierement la mort d'un enfant de quatre ans, uniquement causée par la foiblesse que ses parens avoient pour lui, en ne le contraignant jamais à rien. N'ayant pu, ni voulu, prendre aucun des remedes qui lui ont été ordonnés, cet enfant a été la victime de sa mutinerie; mais ses parens ont eu les reproches les plus amers à se faire. Il en est de même des remedes de l'ame, lorsque le tems vient de les administrer. Peres & meres, faites-vous d'abord obéir; & vous vous ferez ensuite infailliblement aimer, en supposant que vous suiviez d'ailleurs toutes les régles d'une bonne éducation.

(*) M. F. *Il fait déplorer la misere & la perversité humaines.*] M. R. oseroit-il soutenir que c'est-là le fruit de toutes les éducations différentes de celles d'Emile? Oseroit-il envelopper dans cette proscription un Duc de Bourgogne, tel qu'il étoit en sortant des mains de l'Auteur du Télémaque, un Daguesseau, tel que ses divers Eloges nous le représentent, & qu'il a été en effet, & tant d'autres personnages également illustres par leur savoir & par leur sagesse, vis à vis desquels tout *Emile* ne sera jamais qu'un original, dont il n'est pas à souhaiter que les copies se multiplient.

Ah les devoirs! ſans doute le dernier eſt celui de pere (9)? (*) Ne nous étonnons pas qu'un homme, dont la femme a dédaigné de nourrir le fruit de leur union, dédaigne de l'élever. Il n'y a point de tableau plus charmant que celui de la famille, mais un ſeul trait manqué défigure tous les autres. Si la mere a trop peu de ſanté pour être nourrice, le pere aura trop d'affaires pour être précepteur. Les enfans éloignés, diſperſés, dans des penſions, dans des couvens, dans des colleges, porteront ailleurs l'amour de la maiſon paternelle, ou pour mieux dire, ils y rapporteront l'habitude de n'être attachés à rien. Les freres & les ſœurs ſe connoîtront à peine. Quand tous ſeront raſſemblés en cérémonie, ils pourront être fort polis entre eux; ils ſe traiteront en étrangers. Sitôt qu'il n'y a plus d'intimité entre les parens, ſitôt que la ſociété de la famille ne fait plus la douceur de la vie, il faut bien recourir aux mauvaiſes mœurs pour y ſuppléer. Où eſt l'homme aſſez ſtupide pour ne pas voir la chaîne de tout cela?

Un pere, quand il engendre & nourrit des enfans, ne fait en cela que le tiers de ſa tâche. Il doit des hommes à ſon eſpece, il doit à la ſociété des hommes ſociables, il doit des citoyens à l'Etat. Tout homme qui peut payer cette triple dette, & ne le fait

(9) Quand on lit dans Plutarque que Caton le Cenſeur, qui gouverna Rome avec tant de gloire, éleva lui-même ſon fils dès le berceau, & avec un tel ſoin, qu'il quittoit tout pour être préſent quand la Nourrice, c'eſt-à-dire, la Mere le remuoit & le lavoit; quand on lit dans Suétone qu'Auguſte, maître du monde qu'il avoit conquis & qu'il régiſſoit lui-même, enſeignoit lui-même à ſes petits-fils à écrire, à nager, les élémens des Sciences, & qu'il les avoit ſans ceſſe autour de lui; on ne peut s'empêcher de rire des petites bonnes-gens de ce tems-là, qui s'amuſoient à de pareilles niaiſeries; trop bornés, ſans doute, pour ſavoir vaquer aux grandes affaires des grands hommes de nos jours.

fait pas, est coupable, & plus coupable, peut-être, quand il la paye à demi. Celui qui ne peut remplir les devoirs de pere n'a point droit de le devenir. Il n'y a ni pauvreté, ni travaux, ni respect humain qui le dispensent de nourrir ses enfans, & de les élever lui-même. Lecteurs, vous pouvez m'en croire. Je prédis à quiconque a des entrailles & néglige de si saints devoirs, qu'il versera long-tems sur sa faute des larmes ameres, & n'en sera jamais consolé.

Mais que fait cet homme riche, ce pere de famille si affairé, & forcé selon lui de laisser ses enfans à l'abandon? Il paye un autre homme pour remplir ses soins qui lui sont à charge. Ame venale! crois-tu donner à ton fils un autre pere avec de l'argent? Ne t'y trompes point; ce n'est pas même un maître que tu lui donnes, c'est un valet. Il en formera bientôt un second.

On raisonne beaucoup sur les qualités d'un bon gouverneur. La premiere que j'en exigerois, & celle-là seule en suppose beaucoup d'autres, c'est de n'être point un homme à vendre. Il y a des métiers si nobles qu'on ne peut les faire pour de l'argent sans se montrer indigne de les faire: tel est celui de l'homme de guerre; tel est celui de l'instituteur. Qui donc élevera mon enfant? Je te l'ai déja dit, toi-même. Je

(*) M. F. *Ah! les devoirs! Sans doute le dernier est celui de pere!*] Ce devoir est sans doute le premier; mais il ne s'ensuit pas que l'obligation étroite d'élever immédiatement ses enfans, d'être à la lettre leur gouverneur & leur précepteur, en découle immédiatement. Sans parler de la capacité qui manque à la plûpart des peres, les charges & les occupations ordinaires de la vie sont presque toujours incompatibles avec les détails de l'éducation. Le Négociant, l'Artisan, le Soldat, ne sauroient quitter leur comptoir, leur métier, leur tente, pour y vaquer. Quand les précepteurs dans le goût de celui d'*Emile* seroient aussi excellens que le suppose l'Auteur, où en trouver autant qu'il y a d'enfans à élever.

Je ne le peux. Tu ne le peux!... Fais-toi donc un ami (*). Je ne vois point d'autre ressource.

Un gouverneur! ô quelle ame sublime.... en vérité, pour faire un homme, il faut être ou pere, ou plus qu'homme soi-même. Voilà la fonction que vous confiez tranquillement à des mercenaires.

Plus on y pense, plus on apperçoit de nouvelles difficultés. Il faudroit que le gouverneur eût été élevé pour son éleve, que ses domestiques eussent été élevés pour leur maître, que tous ceux qui l'approchent eussent reçu les impressions qu'ils doivent lui communiquer; il faudroit d'éducation en éducation remonter jusqu'on ne sait où. Comment se peut-il qu'un enfant soit bien élevé par qui n'a pas été bien élevé lui-même?

Ce rare mortel est-il introuvable? Je l'ignore. En ces tems d'avilissement, qui sait à quel point de vertu peut atteindre encore une ame humaine? Mais supposons ce prodige trouvé. C'est en considérant ce qu'il doit faire, que nous verrons ce qu'il doit être. Ce que je crois voir d'avance est qu'un pere qui sentiroit tout le prix d'un bon gouverneur, prendroit le parti de s'en passer; car il mettroit plus de peine à l'acquerir qu'à le devenir lui-même. Veut-il donc se faire un ami? Qu'il éleve son fils pour l'être; le voilà dispensé de le chercher ail-

(*) M. F. Ici la chimere du projet sur lequel roule cet Ouvrage devient manifeste. Trouver un homme d'une capacité consommée, qui consente par un pur motif d'amitié à n'être rien dans le monde, pour se livrer uniquement à élever un enfant qu'il reçoit entre ses bras au moment de sa naissance, & dont il ne cesse de diriger toutes les actions jusqu'à ce qu'il soit un homme fait; trouver, dis-je, un semblable personnage pour un seul enfant, ce seroit déjà une supposition voisine de l'impossibilité. Mais que sera-ce si l'on regarde Emile & son Instituteur comme des modeles d'après lesquels toutes les éducations doivent desormais être copiées? Quand donc, peu

ailleurs, & la nature a déja fait la moitié de l'ouvrage.

Quelqu'un dont je ne connois que le rang, m'a fait proposer d'élever son fils. Il m'a fait beaucoup d'honneur sans doute; mais loin de se plaindre de mon refus, il doit se louer de ma discrétion. Si j'avois accepté son offre & que j'eusse erré dans ma méthode, c'étoit une éducation manquée: si j'avois réussi, c'eût été bien pis. Son fils auroit renié son titre; il n'eût plus voulu être Prince.

Je suis trop pénétré de la grandeur des devoirs d'un Précepteur, je sens trop mon incapacité pour accepter jamais un pareil emploi de quelque part qu'il me soit offert; & l'intérêt de l'amitié même, ne seroit pour moi qu'un nouveau motif de refus. Je crois qu'après avoir lû ce livre, peu de gens seront tentés de me faire cette offre, & je prie ceux qui pourroient l'être, de n'en plus prendre l'inutile peine. J'ai fait autrefois un suffisant essai de ce métier pour être assuré que je n'y suis pas propre, & mon état m'en dispenseroit quand mes talens m'en rendroient capable. J'ai cru devoir cette déclaration publique à ceux qui paroissent ne pas m'accorder assez d'estime pour me croire sincere & fondé dans mes résolutions.

Hors d'état de remplir la tâche la plus utile, j'oserai

---

peu après, l'Auteur ajoûte, *supposons ce prodige trouvé*, il fait un acte de création plutôt que d'invention; & l'on ne peut plus continuer la lecture de son Ouvrage que par un principe de curiosité & d'amusement, comme on lit l'Utopie & les autres Républiques imaginaires. Surtout le genre-humain doit perdre l'espérance de voir exécuter le plan de l'éducation d'un *Emile* réel, dès là que M. R. déclare solemnellement, comme il le fait, qu'il n'acceptera jamais l'emploi de Précepteur, de quelque part qu'il lui soit offert. Ç'auroit pourtant été l'unique moyen de le convaincre qu'on ne trace pas aussi aisément des caracteres sur une ame que sur le papier.

ſerai du moins eſſayer de la plus aiſée; à l'exemple de tant d'autres je ne mettrai point la main à l'œuvre, mais à la plume, & au lieu de faire ce qu'il faut, je m'efforcerai de le dire.

Je ſais que dans les entrepriſes pareilles à celle-ci, l'Auteur, toujours à ſon aiſe dans des ſyſtêmes qu'il eſt diſpenſé de mettre en pratique, donne ſans peine beaucoup de beaux préceptes impoſſibles à ſuivre, & que faute de détails & d'exemples, ce qu'il dit même de pratiquable reſte ſans uſage, quand il n'en a pas montré l'application.

J'ai donc pris le parti de me donner un éleve imaginaire, de me ſuppoſer l'âge, la ſanté, les connoiſſances, & tous les talens convenables pour travailler à ſon éducation, de la conduire depuis le moment de ſa naiſſance juſqu'à celui où, devenu homme fait, il n'aura plus beſoin d'autre guide que de lui-même. Cette méthode me paroît utile pour empêcher un auteur qui ſe défie de lui, de s'égarer dans des viſions; car dès qu'il s'écarte de la pratique ordinaire, il n'a qu'à faire l'épreuve de la ſienne ſur ſon éleve; il ſentira bientôt, ou le lecteur ſentira pour lui, s'il ſuit le progrès de l'enfance, & la marche naturelle au cœur humain.

Voilà ce que j'ai tâché de faire dans toutes les difficultés qui ſe ſont préſentées. Pour ne pas groſſir inutilement le Livre, je me ſuis contenté de poſer les principes dont chacun devoit ſentir la vérité. Mais quant aux regles qui pouvoient avoir beſoin de preuves, je les ai toutes appliquées à mon Emile ou à d'autres exemples, & j'ai fait voir dans des détails très-étendus, comment ce que j'établiſſois pouvoit être pratiqué: tel eſt du moins le plan que je me ſuis propoſé de ſuivre. C'eſt au lecteur à juger ſi j'ai réuſſi.

Il eſt arrivé de-là que j'ai d'abord peu parlé d'Emile, parceque mes premieres maximes d'éducation, bien que contraires à celles qui ſont établies, ſont d'une évidence à laquelle il eſt difficile à tout homme me raiſonnable de refuſer ſon conſentement. Mais à meſure que j'avance, mon éleve, autrement conduit que les vôtres, n'eſt plus un enfant ordinaire; il lui faut un régime exprès pour lui. Alors il paroît plus fréquemment ſur la ſcene, & vers les derniers tems je ne le perds plus un moment de vue juſqu'à ce que, quoi qu'il en diſe, il n'ait plus le moindre beſoin de moi.

Je ne parle point ici des qualités d'un bon Gouverneur, je les ſuppoſe, & je me ſuppoſe moi-même doué de toutes ces qualités. En liſant cet Ouvrage, on verra de quelle libéralité j'uſe envers moi.

Je remarquerai ſeulement, contre l'opinion commune, que le Gouverneur d'un enfant doit être jeune, & même auſſi jeune que peut l'être un homme ſage. Je voudrois qu'il fût lui-même enfant s'il étoit poſſible, qu'il pût devenir le compagnon de ſon Eleve, & s'attirer ſa confiance en partageant ſes amuſemens. Il n'y a pas aſſez de choſes communes entre l'enfance & l'âge mûr, pour qu'il ſe forme jamais un attachement bien ſolide à cette diſtance. Les enfans flattent quelquefois les vieillards, mais ils ne les aiment jamais.

On voudroit que le Gouverneur eût déjà fait une éducation. C'eſt trop; un même homme n'en peut faire qu'une: s'il en falloit deux pour réuſſir, de quel droit entreprendroit-on la premiere?

Avec plus d'expérience on ſauroit mieux faire, mais on ne le pourroit plus. Quiconque a rempli cet état une fois aſſez bien pour en ſentir toutes les peines, ne tente point de s'y rengager, & s'il l'a mal rempli la premiere fois, c'eſt un mauvais préjugé pour la ſeconde.

Il eſt fort différent, j'en conviens, de ſuivre un jeune homme durant quatre ans, ou de le conduire durant vingt-cinq. Vous donnez un Gouverneur à votre fils déja tout formé; moi je veux qu'il en ait un avant que de naître. Votre homme à chaque lustre peut changer d'éleve ; le mien n'en aura jamais qu'un. Vous distinguez le Précepteur, du Gouverneur : autre folie ! Distinguez-vous le Disciple, de l'Eleve ? Il n'y a qu'une science à enseigner aux enfans ; c'est celle des devoirs de l'homme. Cette science est une, &, quoi qu'ait dit Xenophon de l'Education des Perses, elle ne se partage pas. Au reste, j'appelle plutôt Gouverneur que Précepteur le Maître de cette science ; parcequ'il s'agit moins pour lui d'instruire que de conduire. Il ne doit point donner de préceptes, il doit les faire trouver.

S'il faut choisir avec tant de soin le Gouverneur, il lui est bien permis de choisir aussi son Eleve, surtout quand il s'agit d'un modele à proposer. Ce choix ne peut tomber ni sur le génie ni sur le caractere de l'enfant, qu'on ne connoît qu'à la fin de l'ouvrage, & que j'adopte avant qu'il soit né. Quand je pourrois choisir, je ne prendrois qu'un esprit commun tel que je suppose mon Eleve. On n'a besoin d'élever que les hommes vulgaires ; leur éducation doit seule servir d'exemple à celle de leurs semblables. Les autres s'élevent malgré qu'on en ait.

Le pays n'est pas indifférent à la culture des hommes ; ils ne sont tout ce qu'ils peuvent être que dans les climats tempérés. Dans les climats extrêmes le désavantage est visible. Un homme n'est pas planté comme un arbre dans un pays pour y demeurer toujours, & celui qui part d'un des extrêmes pour arriver à l'autre, est forcé de faire le double du chemin que fait pour arriver au même terme celui qui part du terme moyen.

Que l'habitant d'un pays tempéré parcoure successivement les deux extrêmes, son avantage est encore évident : car bien qu'il soit autant modifié que celui qui va d'un extrême à l'autre, il s'éloigne pourtant de la moitié moins de sa constitution naturelle.

Un

Un François vit en Guinée & en Laponie; mais un Négre ne vivra pas de même à Tornea, ni un Samoyéde au Benin. Il paroît encore que l'organisation du cerveau est moins parfaite aux deux extrêmes. Les Négres ni les Lapons n'ont pas le sens des Européens. Si je veux donc que mon éleve puisse être habitant de la terre, je le prendrai dans une zone tempérée, en France, par exemple, plutôt qu'ailleurs.

Dans le Nord les hommes consomment beaucoup sur un sol ingrat; dans le Midi ils consomment peu sur un sol fertile. De-là naît une nouvelle différence qui rend les uns laborieux & les autres contemplatifs. La société nous offre en un même lieu l'image de ces différences entre les pauvres & les riches. Les premiers habitent le sol ingrat, & les autres le pays fertile.

Le pauvre n'a pas besoin d'éducation; celle de son état est forcée, il n'en sauroit avoir d'autre: au contraire, l'éducation que le riche reçoit de son état, est celle qui lui convient le moins & pour lui-même & pour la société. D'ailleurs l'éducation naturelle doit rendre un homme propre à toutes les conditions humaines: or il est moins raisonnable d'élever un pauvre pour être riche, qu'un riche pour être pauvre; car à proportion du nombre des deux états, il y a plus de ruinés que de parvenus. Choisissons donc un riche: nous serons sûrs au moins d'avoir fait un homme de plus, au lieu qu'un pauvre peut devenir homme de lui-même.

Par la même raison, je ne serai pas fâché qu'Emile ait de la naissance. Ce sera toujours une victime arrachée au préjugé.

Emile est orphelin. Il n'importe qu'il ait son pere & sa mere. Chargé de leurs devoirs, je succede à tous leurs droits. Il doit honorer ses parens, mais il ne doit obéir qu'à moi. C'est ma premiere ou plutôt ma seule condition.

J'y dois ajouter celle-ci, qui n'en eſt qu'une ſuite, qu'on ne nous ôtera jamais l'un à l'autre que de notre conſentement. Cette clauſe eſt eſſentielle, & je voudrois même que l'Eleve & le Gouverneur ſe regardaſſent tellement comme inſéparables (*), que le ſort de leurs jours fût toujours entre eux un objet commun. Sitôt qu'ils enviſagent dans l'éloignement leur ſéparation, ſitôt qu'ils prévoient le moment qui doit les rendre étrangers l'un à l'autre, ils le ſont déjà: chacun fait ſon petit ſyſtême à part, & tous deux, occupés du tems où ils ne ſeront plus enſemble, n'y reſtent qu'à contre-cœur. Le Diſciple ne regarde le Maître que comme l'enſeigne & le fléau de l'enfance; le Maître ne regarde le Diſciple que comme un lourd fardeau dont il brûle d'être déchargé: ils aſpirent de concert au moment de ſe voir délivrés l'un de l'autre, & comme il n'y a jamais entre eux de véritable attachement, l'un doit avoir peu de vigilance, l'autre peu de docilité.

Mais quand ils ſe regardent comme devant paſſer leurs jours enſemble, il leur importe de ſe faire aimer l'un de l'autre, & par cela même ils ſe deviennent chers. L'Eleve ne rougit point de ſuivre dans ſon enfance l'ami qu'il doit avoir étant grand; le Gouverneur prend intérêt à des ſoins dont il doit re-

---

(*) M. F. *L'Eleve & le Gouverneur . . . . inſéparables.*] En ſuivant les idées de M. R. il en coûteroit toujours un homme fait, & un excellent homme à la ſociété, pour élever un enfant. Il ne feroit que cela pendant ſa vie, ou pendant les vingt-cinq plus belles années de cette vie, ce qui revient au même. Ce genre de dévouement eſt l'idée la plus romaneſque qui fut jamais. Quelle apparence, quelle poſſibilité, qu'un homme uniquement occupé de cette tâche, renonce, pour ainſi dire, à ſoi-même, à ſon établiſſement, & ſoit content pourvû qu'il puiſſe dire avant que de mourir: J'ai fait un Emile!

(**) M. F. *Je ne me chargerois pas d'un enfant maladif.*] Dans le choix il eſt aſſurement bien plus agréable de gouverner un en-

recueillir le fruit, & tout le mérite qu'il donne à son Eleve est un fond qu'il place au profit de ses vieux jours.

Ce traité, fait d'avance, suppose un accouchement heureux, un enfant bien formé, vigoureux & sain. Un pere n'a point de choix & ne doit point avoir de préférence dans la famille que Dieu lui donne : tous ses enfans sont également ses enfans ; il leur doit à tous les mêmes soins & la même tendresse. Qu'ils soient estropiés ou non, qu'ils soient languissans ou robustes, chacun d'eux est un dépôt dont il doit compte à la main dont il le tient, & le mariage est un contract fait avec la nature aussi bien qu'entre les conjoints.

Mais quiconque s'impose un devoir que la nature ne lui a point imposé, doit s'assurer auparavant des moyens de le remplir ; autrement il se rend comptable, même de ce qu'il n'aura pu faire. Celui qui se charge d'un Eleve infirme & valétudinaire, change sa fonction de Gouverneur en celle de Garde-malade ; il perd, à soigner une vie inutile, le tems qu'il destinoit à en augmenter le prix ; il s'expose à voir une mere éplorée lui reprocher un jour la mort d'un fils qu'il lui aura long-tems conservé.

Je ne me chargerois pas d'un enfant maladif (**) &

enfant bien constitué ; mais faut-il pour cela négliger le soin de tous ceux dont on ne peut pas faire des sauteurs, des lutteurs, des coureurs ? Ce sont presque toujours les enfans délicats & valétudinaires en qui l'esprit se dévelope le plus heureusement ; & je crois avoir observé qu'il y a pour l'ordinaire une compensation à cet égard, suivant laquelle un enfant vigoureux est plus borné du côté de l'esprit & réciproquement. Après cela les tempéramens des enfans souffrent de grandes variations ; ils s'affoiblissent, ou se fortifient, soit par des causes secrettes, soit à la suite des maladies auxquelles ils sont exposés. Quand on aura conduit un enfant jusqu'à 8 ou 10 ans, l'abandonnera-t-on s'il devient infirme ? Toutes les sup-

& cacochime, dût-il vivre quatre-vingts ans. Je ne veux point d'un éleve toujours inutile à lui-même & aux autres, qui s'occupe uniquement à se conserver, & dont le corps nuise à l'éducation de l'ame. Que ferois-je en lui prodigant vainement mes soins, sinon doubler la perte de la société & lui ôter deux hommes pour un? Qu'un autre à mon défaut se charge de cet infirme, j'y consens, & j'approuve sa charité; mais mon talent à moi n'est pas celui-là: je ne sais point apprendre à vivre à qui ne songe qu'à s'empêcher de mourir.

Il faut que le corps ait de la vigueur pour obéir à l'ame: un bon serviteur doit être robuste. Je sais que l'intempérance excite les passions; elle exténue aussi le corps à la longue; les macérations, les jeûnes produisent souvent le même effet par une cause opposée. Plus le corps est foible, plus il commande; plus il est fort, plus il obéit. Toutes les passions sensuelles logent dans des corps efféminés; ils s'en irritent d'autant plus qu'ils peuvent moins les satisfaire.

Un corps débile affoiblit l'ame (*). De-là l'empire de la Médecine, art plus pernicieux aux hommes que tous les maux qu'il prétend guérir (**). Je ne sais, pour moi, de quelle maladie nous guérissent les Médecins, mais je sais qu'ils nous en donnent

---

suppositions de l'Auteur sont pleines d'inconséquences que l'enthousiasme lui a dérobées.

(*) M. F. *Un corps débile affoiblit l'ame.*] Je maintiens positivement le contraire. C'est dans des corps originairement débiles qu'ont habité les ames les plus fortes & les plus philosophiques. Il a aussi été très-souvent salutaire à des personnes nées vigoureuses d'avoir des maladies, qui les ont tourné du côté de la réflexion, & de demeurer même dans un état d'infirmité qui a confirmé en elles l'habitude de penser, de méditer, d'approfondir. M. R. qui se représente depuis si longtems comme valétudinaire, comme mourant, devroit, suivant ses

nent de bien funestes; la lâcheté, la pusillanimité, la crédulité, la terreur de la mort: s'ils guérissent le corps, ils tuent le courage. Que nous importe qu'ils fassent marcher des cadavres? Ce sont des hommes qu'il nous faut, & l'on n'en voit point sortir de leurs mains.

La Médecine est à la mode parmi nous; elle doit l'être. C'est l'amusement des gens oisifs & désœuvrés, qui ne sachant que faire de leur tems, le passent à se conserver. S'ils avoient eu le malheur de naître immortels, ils seroient les plus misérables des êtres. Une vie qu'ils n'auroient jamais peur de perdre, ne seroit pour eux d'aucun prix. Il faut à ces gens-là des Médecins qui les menacent pour les flatter, & qui leur donnent chaque jour le seul plaisir dont ils soient susceptibles; celui de n'être pas morts.

Je n'ai nul dessein de m'étendre ici sur la vanité de la Médecine. Mon objet n'est que de la considérer par le côté moral. Je ne puis pourtant m'empêcher d'observer que les hommes font, sur son usage, les mêmes sophismes que sur la recherche de la vérité. Ils supposent toujours qu'en traitant un malade on le guérit, & qu'en cherchant une vérité on la trouve: ils ne voient pas qu'il faut balancer l'avantage d'une guérison que le Médecin opere, par la mort de cent malades qu'il a tués, & l'utilité d'une vérité

ses principes, avoir une ame bien foible. Voudroit-il qu'Héloïse, ou Emile passassent pour les enfans d'un pere cacochime, ou épuisé?

(**) *Qu'il prétend guérir.*] L'art est excellent, mais il est souvent mal exercé. Tel qu'il est, plusieurs malades lui doivent la guérison, plusieurs valétudinaires une santé robuste. Le nombre de ceux auxquels il est funeste est éxagéré. Il n'est point vrai que les Médecins tuent le courage: que résulte-t-il de ces assertions? que M. R. outre les abus & les dangers de nos institutions. Mais la Médecine lui avoit échapé; il étoit juste qu'elle eût son tour, ainsi que les autres Sciences.

vérité découverte, par le tort que font les erreurs qui passent en même-tems. La Science qui instruit & la Médecine qui guérit sont fort bonnes, sans doute; mais la Science qui trompe & la Médecine qui tue sont mauvaises. Apprenez-nous donc à les distinguer. Voilà le nœud de la question: si nous savions ignorer la vérité, nous ne serions jamais les dupes du mensonge; si nous savions ne vouloir pas guérir malgré la nature, nous ne mourrions jamais par la main du Médecin. Ces deux abstinences seroient sages; on gagneroit évidemment à s'y soumettre. Je ne dispute donc pas que la Médecine ne soit utile à quelques hommes, mais je dis qu'elle est funeste au genre-humain.

On me dira, comme on fait sans cesse, que les fautes sont du Médecin, mais que la Médecine en elle-même est infaillible. A la bonne heure; mais qu'elle vienne donc sans le Médecin: car tant qu'ils viendront ensemble, il y aura cent fois plus à craindre des erreurs de l'artiste, qu'à espérer du secours de l'art.

Cet art mensonger, plus fait pour les maux de l'esprit que pour ceux du corps, n'est pas plus utile aux uns qu'aux autres: il nous guérit moins de nos maladies qu'il ne nous en imprime l'effroi. Il recule moins la mort qu'il ne la fait sentir d'avance; il use la vie au lieu de la prolonger: & quand il la prolongeroit, ce seroit encore au préjudice de l'espece; puisqu'il nous ôte à la société par les soins qu'il nous impose, & à nos devoirs par les frayeurs qu'il nous donne. C'est la connoissance des dangers qui nous les fait craindre: celui qui se croiroit invulnérable n'auroit peur de rien. A force d'armer Achille contre le péril, le Poëte lui ôte le mérite de la valeur: tout autre à sa place eût été un Achille au même prix.

Voulez-vous trouver des hommes d'un vrai courage?

rage? cherchez-les dans les lieux où il n'y a point de Médecins, où l'on ignore les conséquences des maladies, & où l'on ne songe guere à la mort. Naturellement l'homme sait souffrir constamment, & meurt en paix. Ce sont les Médecins avec leurs ordonnances, les Philosophes avec leurs préceptes, les Prêtres avec leurs exhortations, qui l'avilissent de cœur, & lui font désapprendre à mourir.

Qu'on me donne donc un éleve qui n'ait pas besoin de tous ces gens-là, ou je le refuse. Je ne veux point que d'autres gâtent mon ouvrage: je veux l'élever seul, ou ne m'en pas mêler. Le sage Locke, qui avoit passé une partie de sa vie à l'étude de la Médecine, recommande fortement de ne jamais droguer les enfans, ni par précaution, ni pour de légeres incommodités. J'irai plus loin, & je déclare que n'appellant jamais de Médecin pour moi, je n'en appellerai jamais pour mon Emile, à moins que sa vie ne soit dans un danger évident; car alors il ne peut pas lui faire pis que de le tuer.

Je sais bien que le Médecin ne manquera pas de tirer avantage de ce délai. Si l'enfant meurt, on l'aura appellé trop tard; s'il réchappe, ce sera lui qui l'aura sauvé. Soit: que le Médecin triomphe; mais sur-tout qu'il ne soit appellé qu'à l'extrêmité.

Faute de savoir se guérir, que l'enfant sache être malade; cet art supplée à l'autre, & souvent réussit beaucoup mieux; c'est l'art de la nature. Quand l'animal est malade, il souffre en silence & se tient coi: or on ne voit pas plus d'animaux languissans que d'hommes. Combien l'impatience, la crainte, l'inquiétude, & sur-tout les remedes ont tué de gens que leur maladie auroit épargnés, & que le tems seul auroit guéris? On me dira que les animaux vivant d'une maniere plus conforme à la nature, doivent être sujets à moins de maux que nous. Hé! bien, cette maniere de vivre est précisément celle que je veux donner à mon éleve; il en doit donc tirer le même profit.

. La ſeule partie utile de la Médecine eſt l'hygiene. Encore l'hygiene eſt-elle moins une ſcience qu'une vertu. La tempérance & le travail ſont les deux vrais Médecins de l'homme: le travail aiguiſe ſon appétit, & la tempérance l'empêche d'en abuſer.

Pour ſavoir quel régime eſt le plus utile à la vie & à la ſanté, il ne faut que ſavoir quel régime obſervent les Peuples qui ſe portent le mieux, ſont les plus robuſtes, & vivent le plus long-tems. Si par les obſervations générales on ne trouve pas que l'uſage de la Médecine donne aux hommes une ſanté plus ferme ou une plus longue vie; par cela même que cet art n'eſt pas utile, il eſt nuiſible, puiſqu'il emploie le tems, les hommes & les choſes à pure perte. Non-ſeulement le tems qu'on paſſe à conſerver la vie étant perdu pour en uſer, il l'en faut déduire; mais quand ce tems eſt employé à nous tourmenter, il eſt pis que nul, il eſt négatif; & pour calculer équitablement, il en faut ôter autant de celui qui nous reſte. Un homme qui vit dix ans ſans Médecins, vit plus pour lui-même & pour autrui, que celui qui vit trente ans leur victime. Ayant fait l'une & l'autre épreuve, je me crois plus en droit que perſonne d'en tirer la concluſion.

Voilà mes raiſons pour ne vouloir qu'un Eleve robuſte & ſain, & mes principes pour le maintenir tel. Je

(10) En voici un exemple tiré des papiers anglois, lequel je ne puis m'empêcher de rapporter, tant il offre de réflexions à faire, rélatives à mon ſujet.

„ Un Particulier nommé *Patrice Oneil*, né en 1647, vient „ de ſe remarier en 1760, pour la ſeptieme fois. Il ſervit dans „ les Dragons la dix ſeptieme année du regne de Charles II, „ & dans différens corps juſqu'en 1740, qu'il obtint ſon congé. „ Il a fait toutes les Campagnes du Roi Guillaume & du Duc „ de Marlborough. Cet homme n'a jamais bu que de la bierre „ ordi-

Je ne m'arrêterai pas à prouver au long l'utilité des travaux manuels & des exercices du corps pour renforcer le tempéramment & la santé ; c'est ce que personne ne dispute : les exemples des plus longues vies se tirent presque tous d'hommes qui ont fait le plus d'exercice, qui ont supporté le plus de fatigue & de travail (10). Je n'entrerai pas, non plus, dans de longs détails sur les soins que je prendrai pour ce seul objet. On verra qu'ils entrent si nécessairement dans ma pratique, qu'il suffit d'en prendre l'esprit pour n'avoir pas besoin d'autre explication.

Avec la vie commencent les besoins. Au nouveau-né il faut une nourrice. Si la mere consent à remplir son devoir, à la bonne heure ; on lui donnera ses directions par écrit : car cet avantage a son contre-poids & tient le Gouverneur un peu plus éloigné de son éleve. Mais il est à croire que l'intérêt de l'enfant, & l'estime pour celui à qui elle veut bien confier un dépôt si cher, rendront la mere attentive aux avis du maître ; & tout ce qu'elle voudra faire, on est sûr qu'elle le fera mieux qu'une autre. S'il nous faut une nourrice étrangere, commençons par la bien choisir.

Une des miseres des gens riches est d'être trompés en tout. S'ils jugent mal des hommes, faut-il s'en étonner? Ce sont les richesses qui les corrompent ; & par un juste retour, ils sentent les premiers le défaut du seul instrument qui leur soit connu. Tout

„ ordinaire ; il s'est toujours nourri de végétaux, & n'a mangé de la viande, que dans quelques repas qu'il donnoit à sa famille. Son usage a toujours été de se lever & de se coucher avec le Soleil, à moins que ses devoirs ne l'en aient empêché. Il est à présent dans sa cent treizieme année, entendant bien, se portant bien, & marchant sans canne. Malgré son grand âge, il ne reste pas un seul moment oisif, & tous les Dimanches il va à sa Paroisse, accompagné de ses enfans, petit-enfans, & arriere petit-enfans.

Tout eſt mal fait chez eux, excepté ce qu'ils y font eux-mêmes, & ils n'y font preſque jamais rien. S'agit-il de chercher une nourrice, on la fait choiſir par l'Accoucheur. Qu'arrive-t-il de-là? que la meilleure eſt toujours celle qui l'a le mieux payé. Je n'irai donc pas conſulter un Accoucheur pour celle d'Emile; j'aurai ſoin de la choiſir moi-même. Je ne raiſonnerai peut-être pas là-deſſus ſi diſertement qu'un Chirurgien; mais à coup ſûr je ſerai de meilleure foi, & mon zele me trompera moins que ſon avarice.

Ce choix n'eſt point un ſi grand myſtere; les regles en ſont connues: mais je ne ſais ſi l'on ne devroit pas faire un peu plus d'attention à l'âge du lait auſſi bien qu'à ſa qualité. Le nouveau lait eſt tout-à-fait ſéreux; il doit preſqu'être apéritif pour purger les reſtes du *meconium* épaiſſi dans les inteſtins de l'enfant qui vient de naître. Peu-à-peu le lait prend de la conſiſtance & fournit une nourriture plus ſolide à l'enfant devenu plus fort pour la digérer. Ce n'eſt ſûrement pas pour rien que dans les femelles de toute eſpece la nature change la conſiſtance du lait ſelon l'âge du nourriſſon.

Il faudroit donc une nourrice nouvellement accouchée à un enfant nouvellement né (*). Ceci a ſon em-

(*) M. F. *Une nourrice nouvellement accouchée à un enfant nouveau né.*] Les ſacrifices ſe multiplient & ne coûtent rien à notre Auteur. Nous avons vû celui du Gouverneur qui s'immole à l'éducation d'un éleve; à préſent, pour allaiter cet enfant naiſſant, il faudra ôter un autre enfant du ſein de ſa mere, ſous prétexte que le lait en ſera meilleur. Mais un enfant n'en vaut-il pas un autre, ſurtout dans le ſyſtême d'égalité ſi cher à M. R.? Les *Emiles*, à ce compte, coûteroient furieuſement à la ſociété; je les comparerois à cette plante qu'on ſuppoſe brouter tout ce qui ſe trouve autour d'elle.

(**) M. F. *Son nourriſſon ne doit point avoir d'autre gouvernante qu'elle*, (ſa nourrice,) *comme il ne doit point avoir d'autre Pré-*

embarras, je le fais: mais fitôt qu'on fort de l'ordre naturel, tout a fes embarras pour bien faire. Le feul expédient commode eft de faire mal; c'eft auffi celui qu'on choifit.

Il faudroit une nourrice auffi faine de cœur que de corps: l'intempérie des paffions peut comme celle des humeurs altérer fon lait; de plus, s'en tenir uniquement au phyfique, c'eft ne voir que la moitié de l'objet. Le lait peut être bon, & la nourrice mauvaife; un bon caractere eft auffi effentiel qu'un bon tempéramment. Si l'on prend une femme vicieufe, je ne dis pas que fon nourriffon contractera fes vices, mais je dis qu'il en pâtira. Ne lui doit-elle pas, avec fon lait des foins qui demandent du zéle, de la patience, de la douceur, de la propreté? fi elle eft gourmande, intempérante, elle aura bien-tôt gâté fon lait; fi elle eft négligente ou emportée, que va devenir, à fa merci, un pauvre malheureux qui ne peut ni fe défendre, ni fe plaindre? Jamais en quoi que ce puiffe être les méchans ne font bons à rien de bon.

Le choix de la nourrice importe d'autant plus, que fon nourriffon ne doit point avoir d'autre gouvernante qu'elle (**), comme il ne doit point avoir d'autre Précepteur que fon Gouverneur. Cet ufage étoit

---

Précepteur que fon Gouverneur.] Oui, l'un eft auffi faifable que l'autre, mais ce n'eft que dans le Pays des *Emiles*. Une nourrice Villageoife, ou femme de condition abjecte, fi elle eft d'un bon tempérament & d'un bon caractere, s'acquittera fort bien de la fonction de nourrir un enfant, & méritera, par ce feul endroit, une reconnoiffance qui dure autant que fa vie. Mais elle n'eft pas plus propre à devenir de Nourrice Gouvernante qu'un Précepteur le feroit pour l'ordinaire à devenir Gouverneur. Cette métamorphofe les dérouteroit entierement; ils auroient l'air auffi gauche dans leurs nouvelles fonctions, & s'en acquitteroient auffi mal qu'ils fe démêloient habilement des premieres.

étoit celui des Anciens, moins raiſonneurs & plus ſages que nous. Après avoir nourri des enfans de leur ſexe, les nourrices ne les quittoient plus. Voilà pourquoi dans leurs Pieces de théâtre la plûpart des confidentes ſont des nourrices. Il eſt impoſſible qu'un enfant qui paſſe ſucceſſivement par tant de mains différentes, ſoit jamais bien élevé. A chaque changement il fait de ſecrettes comparaiſons qui tendent toujours à diminuer ſon eſtime pour ceux qui le gouvernent, & conſéquemment leur autorité ſur lui. S'il vient une fois à penſer qu'il y a de grandes perſonnes qni n'ont pas plus de raiſon que des enfans, toute l'autorité de l'âge eſt perdue, & l'éducation manquée. Un enfant ne doit connoître d'autres ſupérieurs que ſon pere & ſa mere, ou à leur défaut ſa Nourrice & ſon Gouverneur : encore eſt-ce déjà trop d'un des deux ; mais ce partage eſt inévitable, & tout ce qu'on peut faire pour y remédier, eſt que les perſonnes des deux ſexes qui le gouvernent, ſoient ſi bien d'accord ſur ſon compte que les deux ne ſoient qu'un pour lui.

Il faut que la nourrice vive un peu plus commodément, qu'elle prenne des alimens un peu plus ſubſtantiels, mais non qu'elle change tout à-fait de maniere de vivre; car un changement prompt & total, même de mal en mieux, eſt toujours dangereux pour la ſanté; & puiſque ſon régime ordinaire l'a laiſſée ou rendue ſaine & bien conſtituée, à quoi bon lui en faire changer?

Les Payſanes mangent moins de viande & plus de légumes que les femmes de la ville ; ce régime végétal paroît plus favorable que contraire à elles & à leurs enfans. Quand elles ont des nourriſſons bour-

(11) Les femmes mangent du pain, des légumes, du laitage: les femelles des chiens & des chats en mangent auſſi, les louves mêmes paiſſent. Voilà des ſucs végétaux pour leur lait;

bourgeois, on leur donne des pot-au-feux, persuadé que le potage & le bouillon de viande leur font un meilleur chile & fournissent plus de lait. Je ne suis point du tout de ce sentiment, & j'ai pour moi l'expérience, qui nous apprend que les enfans ainsi nourris sont plus sujets à la colique & aux vers que les autres.

Cela n'est guere étonnant, puisque la substance animale en putréfaction fourmille de vers, ce qui n'arrive pas de même à la substance végétale. Le lait, bien qu'élaboré dans le corps de l'animal est une substance vegétale (11); son analyse le démontre; il tourne facilement à l'acide, &, loin de donner aucun vestige d'alcali volatile, comme font les substances animales, il donne comme les plantes, un sel neutre essentiel.

Le lait des femelles herbivores est plus doux & plus salutaire que celui des carnivores. Formé d'une substance homogene à la sienne, il en conserve mieux sa nature, & devient moins sujet à la putréfaction. Si l'on regarde à la quantité, chacun sait que les farineux font plus de sang que la viande; ils doivent donc faire aussi plus de lait. Je ne puis croire qu'un enfant qu'on ne sévreroit point trop tôt, ou qu'on ne sévreroit qu'avec des nourritures végétales, & dont la nourrice ne vivroit aussi que de végétaux, fût jamais sujet aux vers.

Il se peut que les nourritures végétales donnent un lait plus prompt à s'aigrir; mais je suis fort éloigné de regarder le lait aigri comme une nourriture mal saine : des Peuples entiers qui n'en ont point d'autre, s'en trouvent fort bien, & tout cet appareil d'absorbans me paroît une pure charlatanerie. Il y

lait; reste à examiner celui des especes qui ne peuvent absolument se nourrir que de chair, s'il y en a de telles; de quoi je doute.

y a des tempéramens auxquels le lait ne convient point, & alors nul absorbant ne le leur rend supportable; les autres le supportent sans absorbans. On craint le lait trié ou caillé, c'est une folie, puisqu'on sait que le lait se caille toujours dans l'estomac. C'est ainsi qu'il devient un aliment assez solide pour nourrir les enfans, & les petits des animaux: s'il ne se cailloit point, il ne feroit que passer, il ne les nourriroit pas (12). On a beau couper le lait de mille manieres, user de mille absorbans, quiconque mange du lait, digere du fromage; cela est sans exception. L'estomac est si bien fait pour cailler le lait, que c'est avec l'estomac de veau que se fait la présure.

Je pense donc qu'au lieu de changer la nourriture ordinaire des nourrices, il suffit de la leur donner plus abondante, & mieux choisie dans son espece (*). Ce n'est pas par la nature des alimens que le maigre échauffe. C'est leur assaisonnement seul qui les rend mal-sains. Réformez les regles de votre cuisine; n'ayez ni roux ni friture; que le beurre, ni le sel, ni

(12) Bien que les sucs qui nous nourrissent soient en liqueur, ils doivent être exprimés d'alimens solides. Un homme au travail qui ne vivroit que de bouillon, dépériroit très-promptement. Il se soutiendroit beaucoup mieux avec du lait, parce qu'il se caille.

(*) M. F. *Il suffit de la leur donner plus abondante & mieux choisie dans son espece.*] Tout ce qui est dit ici du régime des nourrices paroît en général bon; mais ce sont des choses assez communes, & sur lesquelles, n'en déplaise à M. R. les Médecins doivent prononcer en dernier ressort. Je me contenterai de relever la contradiction entre les paroles qu'on vient de lire, & celles qu'on trouve un peu plus bas: *je ne serois pas d'avis qu'on tirât une paysanne de son Village*, &c. Si l'on envoye l'enfant chez sa nourrice, il ne faut plus se mettre en peine du régime, elle vivra à sa façon; car je pense qu'on ne lui enverra pas tous les jours ses deux repas hors de la Ville. Mais l'essentiel, c'est que voilà l'enfant hors de des-

ni le laitage ne passent point sur le feu; que vos légumes cuits à l'eau ne soient assaisonnés qu'arrivant tout chauds sur la table; le maigre, loin d'échauffer la nourrice, lui fournira du lait en abondance & de la meilleure qualité (13). Se pourroit-il que, le régime végétal étant reconnu le meilleur pour l'enfant, le régime animal fût le meilleur pour la nourrice? il y a de la contradiction à cela.

C'est sur-tout dans les premieres années de la vie, que l'air agit sur la constitution des enfans. Dans une peau délicate & molle il pénetre par tous les pores, il affecte puissamment ces corps naissans, il leur laisse des impressions qui ne s'effacent point. Je ne ferois donc pas d'avis qu'on tirât une paysane de son village pour l'enfermer en ville dans une chambre, & faire nourrir l'enfant chez soi. J'aime mieux qu'il aille respirer le bon air de la campagne, qu'elle le mauvais air de la ville. Il prendra l'état de sa nouvelle mere, il habitera sa maison rustique, & son Gouverneur l'y suivra. Le Lecteur se souviendra bien que ce Gouverneur n'est pas un homme à gages; c'est

(13) Ceux qui voudront discuter plus au long les avantages & les inconvéniens du régime Pithagoricien, pourront consulter les Traités que les Docteurs Cocchi, & Bianchi son adversaire, ont faits sur cet important sujet.

---

dessous les yeux de sa mere, & livré à la discrétion d'une nourrice, sur la vigilance & l'affection de laquelle on ne peut avoir que de simples présomptions, qui ne balancent pas la probabilité contraire, prise de la nonchalance commune à presque toutes les personnes chargées de soins trop pénibles. Mais ne craignons rien: M. R. y a pourvû. Le Gouverneur qui *n'est pas un homme à gages, c'est l'ami du pere*, suivra l'enfant sous ce toit rustique, & y demeurera autant que lui. On a peine à en croire ses yeux, quand on lit de pareilles visions. L'Auteur l'a senti dans cet endroit, il lâche à peu près l'aveu que tout cela n'est pas faisable: pourquoi donc le proposer?

c'eſt l'ami du pere. Mais quand cet ami ne ſe trouve pas; quand ce tranſport n'eſt pas facile; quand rien de ce que vous conſeillez n'eſt faiſable, que faire à la place, me dira-t-on? .... Je vous l'ai déjà dit; ce que vous faites: on n'a pas beſoin de conſeil pour cela.

Les hommes ne ſont point faits pour être entaſſés en fourmillieres, mais épars ſur la terre qu'ils doivent cultiver. Plus ils ſe raſſemblent, plus ils ſe corrompent. Les infirmités du corps, ainſi que les vices de l'ame, ſont l'infaillible effet de ce concours trop nombreux. L'homme eſt de tous les animaux celui qui peut le moins vivre en troupeaux. Des hommes entaſſés comme des moutons périroient tous en très-peu de tems. L'haleine de l'homme eſt mortelle à ſes ſemblables: cela n'eſt pas moins vrai, au propre, qu'au figuré.

Les villes ſont le gouffre de l'eſpece humaine. Au bout de quelques générations, les races périſſent ou dégénerent; il faut les renouveller, & c'eſt toujours la campagne qui fournit à ce renouvellement. Envoyez donc vos enfans ſe renouveller, pour ainſi dire, eux-mêmes, & reprendre au milieu des champs, la vigueur qu'on perd dans l'air mal-ſain des lieux trop peuplés. Les femmes groſſes qui ſont à la campagne, ſe hâtent de revenir accoucher à la ville; elles devroient faire tout le contraire; celles ſur-tout qui veulent nourrir leurs enfans. Elles auroient moins à regretter qu'elles ne penſent; & dans un ſéjour plus naturel à l'eſpece, les plaiſirs, attachés aux devoirs de la nature, leur ôteroient bientôt le goût de ceux qui ne s'y rapportent pas.

D'abord après l'accouchement on lave l'enfant avec quelque eau tiéde où l'on méle ordinairement du vin. Cette addition du vin me paroît peu néceſſaire. Comme la nature ne produit rien de fermenté, il n'eſt pas à croire que l'uſage d'une liqueur

queur artificielle importe à la vie de ses créatures.

Par la même raison, cette précaution de faire tiédir, l'eau, n'est pas non plus indispensable, & en effet des multitudes de peuples lavent les enfans nouveau-nés dans les rivieres ou à la mer sans autre façon : mais les nôtres, amolis avant que de naître par la molesse des peres & des meres, apportent en venant au monde, un tempérament déjà gâté, qu'il ne faut pas exposer d'abord à toutes les épreuves qui doivent le rétablir. Ce n'est que par dégrés qu'on peut les ramener à leur vigueur primitive. Commencez donc d'abord par suivre l'usage, & ne vous en écartez que peu-à-peu. Lavez souvent les enfans; leur mal-propreté en montre le besoin : quand on ne fait que les essuyer, on les déchire. Mais à mesure qu'ils se renforcent, diminuez par dégré la tiédeur de l'eau, jusqu'à ce qu'enfin vous les laviez été & hiver à l'eau froide & même glacée. Comme pour ne pas les exposer, il importe que cette diminution soit lente, successive & insensible, on peut se servir du thermometre pour la mesurer exactement.

Cet usage du bain une fois établi ne doit plus être interrompu, & il importe de le garder toute sa vie. Je le considere, non-seulement du côté de la propreté & de la santé actuelle, mais aussi comme une précaution salutaire pour rendre plus flexible la texture des fibres, & les faire céder sans effort & sans risque aux divers dégrés de chaleur & de froid. Pour cela je voudrois qu'en grandissant on s'accoutumât peu-à-peu à se baigner, quelquefois dans des eaux chaudes à tous les dégrés supportables, & souvent dans des eaux froides à tous les dégrés possibles. Ainsi après s'être habitué à supporter les diverses températures de l'eau, qui étant un fluide plus dense, nous touche par plus de points & nous affecte davantage, on deviendroit presque insensible à celles de l'air.

Au moment que l'enfant respire en sortant de ses envelopes, ne souffrez pas qu'on lui en donne d'autres qui le tiennent plus à l'étroit. Point de têtieres, point de bandes, point de maillot; des langes flottans & larges, qui laissent tous ses membres en liberté, & ne soient, ni assez pésans pour gêner ses mouvemens, ni assez chauds pour empêcher qu'il ne sente les impressions de l'air (14). Placez-le dans un grand berceau (15) bien rembourré où il puisse se mouvoir à l'aise & sans danger. Quand il commence à se fortifier, laissez-le ramper par la chambre; laissez-lui développer, étendre ses petits membres, vous le verrez se renforcer de jour en jour. Comparez-le avec un enfant bien emmaillotté du même âge, vous serez étonné de la différence de leur progrès (16).

On doit s'attendre à de grandes oppositions de la part des Nourrices à qui l'enfant bien garroté, donne moins de peine que celui qu'il faut veiller incessamment. D'ailleurs sa mal-propreté devient plus sensible dans un habit ouvert; il faut le nettoyer plus

(14) On étouffe les enfans dans les Villes à force de les tenir renfermés & vêtus. Ceux qui les gouvernent, en sont encore à savoir que l'air froid, loin de leur faire du mal, les renforce, & que l'air chaud les affoiblit, leur donne la fiévre & les tue.

(15) Je dis *un berceau* pour employer un mot usité, faute d'autre: car d'ailleurs je suis persuadé qu'il n'est jamais nécessaire de bercer les enfans, & que cet usage leur est souvent pernicieux.

(16) „ Les anciens Péruviens laissoient les bras libres aux „ enfans dans un maillot fort large; lorsqu'ils les en tiroient, „ ils les mettoient en liberté dans un trou fait en terre & garni „ de linges, dans lequel ils les descendoient jusqu'à la moitié „ du corps; de cette façon ils avoient les bras libres, & ils „ pouvoient mouvoir leur tête & fléchir leur corps à leur gré „ sans tomber & sans se blesser: dès qu'ils pouvoient faire un „ pas, on leur présentoit la mammelle d'un peu loin, comme „ un appas pour les obliger à marcher. Les petits Négres sont „ quel-

plus souvent. Enfin, la coûtume est un argument qu'on ne réfutera jamais en certains pays au gré du peuple de tous les états.

Ne raisonnez point avec les Nourrices. Ordonnez, voyez faire, & n'épargnez rien pour rendre aisés dans la pratique les soins que vous aurez prescrits. Pourquoi ne les partageriez-vous pas ? Dans les nourritures ordinaires où l'on ne regarde qu'au physique, pourvu que l'enfant vive & qu'il ne dépérisse point, le reste n'importe gueres : mais ici où l'éducation commence avec la vie, en naissant l'enfant est déjà disciple, non du Gouverneur, mais de la nature. Le Gouverneur ne fait qu'étudier sous ce premier Maître & empêcher que ses soins ne soient contrariés. Il veille le nourrisson, il l'observe, il le suit ; il épie avec vigilance la premiere lueur de son foible entendement, comme aux approches du premier quartier les Musulmans épient l'instant du lever de la lune.

Nous naissons capables d'apprendre, mais ne sachant rien, ne connoissant rien. L'ame, enchaînée dans

„ quelquefois dans une situation bien plus fatigante pour téter ; „ ils embrassent l'une des hanches de la mere avec leurs genoux „ & leurs pieds, & ils la serrent si bien qu'ils peuvent s'y sou- „ tenir sans le secours des bras de la mere ; ils s'attachent à „ la mammelle avec leurs mains, & ils la sucent constamment „ sans se déranger & sans tomber, malgré les différens mou- „ vemens de la mere, qui pendant ce tems travaille à son or- „ dinaire. Ces enfans commencent à marcher dès le second „ mois, ou plutôt à se traîner sur les genoux & sur les mains, „ cet exercice leur donne pour la suite la facilité de courir „ dans cette situation presque aussi vîte que s'ils étoient sur „ leurs pieds. *Hist. Nat. T. IV.* in-12. *page* 192.

A ces exemples M. de Buffon auroit pu ajoûter celui de l'Angleterre, où l'extravagante & barbare pratique du maillot s'abolit de jour en jour. Voyez aussi la Loubere, Voyage de Siam, le Sieur le Beau, Voyage du Canada, &c. Je remplirois vingt pages de citations, si j'avois besoin de confirmer ceci par des faits.

dans des organes imparfaits & demi-formés, n'a pas même le ſentiment de ſa propre exiſtence. Les mouvemens, les cris de l'enfant qui vient de naître, ſont des effets purement mécaniques, dépourvus de connoiſſance & de volonté.

Suppoſons qu'un enfant eût à ſa naiſſance la ſtature & la force d'un homme fait, qu'il ſortît, pour ainſi dire, tout armé du ſein de ſa mere, comme Pallas du cerveau de Jupiter; cet homme-enfant ſeroit un parfait imbecille, un automate, une ſtatue immobile & preſque inſenſible (*). Il ne verroit rien, il n'entendroit rien, il ne connoîtroit perſonne, il ne ſauroit pas tourner les yeux vers ce qu'il auroit beſoin de voir. Non-ſeulement il n'appercevroit aucun objet hors de lui, il n'en rapporteroit même aucun dans l'organe du ſens qui le lui feroit appercevoir; les couleurs ne ſeroient point dans ſes yeux, les ſons ne ſeroient point dans ſes oreilles, les corps qu'il toucheroit, ne ſeroient point ſur le ſien, il ne ſauroit pas même qu'il en a un: le contact de ſes mains ſeroit dans ſon cerveau; toutes ſes ſenſations ſe réuniroient dans un ſeul point; il n'exiſteroit que dans le commun *ſenſorium*; il n'auroit qu'une ſeule idée, ſavoir celle du *moi*, à laquelle il rapporteroit toutes ſes ſenſations, & cette idée ou plutôt ce ſentiment ſeroit la ſeule choſe qu'il auroit de plus qu'un enfant ordinaire.

Cet homme formé tout-à-coup, ne ſauroit pas non plus ſe redreſſer ſur ſes pieds, il lui faudroit beaucoup de tems pour apprendre à s'y ſoutenir en équilibre; peut-

(*) M. F. *Un automate, une ſtatue . . .*] L'Auteur auroit pu ſe diſpenſer de tout détail à cet égard. On ſait aſſez que l'homme apprend à ſe ſervir de ſes ſens; & que, lorſqu'il acquiert à l'improviſte un ſens dont il n'avoit pas joui auparavant, il commence par de longs tâtonnemens, & de fréquentes mépriſes.

peut-être n'en feroit-il pas même l'essai, & vous verriez ce grand corps fort & robuste rester en place comme une pierre, ou ramper & se traîner comme un jeune chien.

Il sentiroit le mal-aise des besoins sans les connoître, & sans imaginer aucun moyen d'y pouvoir. Il n'y a nulle immédiate communication entre les muscles de l'estomac & ceux des bras & des jambes, qui, même entouré d'alimens, lui fît faire un pas pour en approcher, ou étendre la main pour les saisir; & comme son corps auroit pris son accroissement, que ses membres seroient tout développés, qu'il n'auroit par conséquent, ni les inquiétudes ni les mouvemens continuels des enfans, il pourroit mourrir de faim avant de s'être mû pour chercher sa subsistance. Pour peu qu'on ait réfléchi sur l'ordre & le progrès de nos connoissances, on ne peut nier que tel ne fut à peu près l'état primitif d'ignorance & de stupidité, naturel à l'homme, avant qu'il eût rien appris de l'expérience ou de ses semblables.

On connoît donc, ou l'on peut connoître, le premier point d'où part chacun de nous pour arriver au dégré commun de l'entendement; mais qui est-ce qui connoît l'autre extrêmité? chacun avance plus ou moins selon son génie, son goût, ses besoins, ses talens, son zele, & les occasions qu'il a de s'y livrer. Je ne sache pas qu'aucun Philosophe ait encore été assez hardi pour dire: voilà le terme où l'homme peut parvenir & qu'il ne sauroit passer (*).

Nous

(*) M. F. *Voilà le terme, . . .*] Cette réflexion est juste; mais elle n'empêche pas que les bornes de nos connoissances, ne soient déterminées à certains égards. Jamais, par exemple, nous ne pousserons l'analyse des composés jusqu'à l'intuition des simples. Jamais nous ne pourrons prévoir les futurs contin-

Nous ignorons ce que notre nature nous permét d'etre; nul de nous n'a mesuré la distance qui peut se trouver entre un homme & un autre homme. Quelle est l'ame basse que cette idée n'échauffa jamais, & qui ne se dit pas quelquefois dans son orgueil : combien j'en ai déjà passés ! combien j'en puis encore atteindre ! pourquoi mon égal iroit-il plus loin que moi ?

Je le répete: l'éducation de l'homme commence à sa naissance; avant de parler, avant que d'entendre il s'instruit déjà. L'expérience prévient les leçons; au moment qu'il connoît sa Nourrice il a déjà beaucoup acquis. On seroit surpris des connoissances de l'homme le plus grossier, si l'on suivoit son progrès depuis le moment où il est né jusqu'à celui où il est parvenu. Si l'on partageoit toute la science humaine en deux parties, l'une commune à tous les hommes, l'autre particuliere aux savans, celle-ci seroit très-petite en comparaison de l'autre; mais nous ne songeons guere aux acquisitions générales, parcequ'elles se font sans qu'on y pense & même avant l'âge de raison, que d'ailleurs le savoir ne se fait remarquer que par ses différences, & que, comme dans les équations d'algebre, les quantités communes se comptent pour rien.

Les animaux mêmes acquierent beaucoup. Ils ont des sens, il faut qu'ils apprennent à en faire usage; ils ont des besoins, il faut qu'ils apprennent à y pourvoir: il faut qu'ils apprennent à manger, à marcher, à voler. Les quadrupedes, qui se tiennent sur leurs pieds dès leur naissance, ne savent pas marcher pour cela; on voit à leurs premiers pas que ce sont des

---

tingens. Jamais nous ne pourrons vérifier, non seulement si l'ame pense toujours, mais même si elle a une suite non interrom-

des essais mal assurés : les Serins échappés de leurs cages ne savent point voler, parcequ'ils n'ont jamais volé. Tout est instruction pour les êtres animés & sensibles. Si les plantes avoient un mouvement progressif, il faudroit qu'elles eussent des sens & qu'elles acquissent des connoissances, autrement les especes périroient bientôt.

Les premieres sensations des enfans sont purement affectives, ils n'apperçoivent que le plaisir & la douleur. Ne pouvant ni marcher ni saisir, ils ont besoin de beaucoup de tems pour se former peu-à-peu les sensations représentatives qui leur montrent les objets hors d'eux-mêmes ; mais en attendant que ces objets s'étendent, s'éloignent, pour ainsi dire, de lenrs yeux, & prennent pour eux des dimensions & des figures, le retour des sensations affectives commence à les soumettre à l'empire de l'habitude ; on voit leurs yeux se tourner sans cesse vers la lumiere, & si elle leur vient de côté, prendre insensiblement cette direction ; ensorte qu'on doit avoir soin de leur opposer le visage au jour, de peur qu'ils ne deviennent louches ou ne s'accoutument à regarder de travers. Il faut aussi qu'ils s'habituent de bonne-heure aux ténebres ; autrement ils pleurent & crient si tôt qu'ils se trouvent à l'obscurité. La nourriture & le sommeil trop exactement mesurés, leur deviennent nécessaires au bout des mêmes intervalles, & bientôt le désir ne vient plus du besoin, mais de l'habitude, ou plutôt, l'habitude ajoûte un nouveau besoin à celui de la nature : voilà ce qu'il faut prévenir.

La seule habitude qu'on doit laisser prendre à l'enfant

rompue de perceptions. Peut-être même que nous ne pourrons jamais résoudre le probléme de la liberté.

fant eſt de n'en contracter aucune ; qu'on ne le porte pas plus ſur un bras que ſur l'autre, qu'on ne l'accoutume pas à préſenter une main plutôt que l'autre, à s'en ſervir plus ſouvent, à vouloir manger, dormir, agir aux mêmes heures, à ne pouvoir reſter ſeul ni nuit ni jour. Préparez de loin le regne de ſa liberté & l'uſage de ſes forces, en laiſſant à ſon corps l'habitude naturelle, en le mettant en état d'être toujours maître de lui-même, & de faire en toute choſe ſa volonté, ſi-tôt qu'il en aura une.

Dès que l'enfant commence à diſtinguer les objets, il importe de mettre du choix dans ceux qu'on lui montre. Naturellement tous les nouveaux objets intéreſſent l'homme. Il ſe ſent ſi foible qu'il craint tout ce qu'il ne connoît pas : l'habitude de voir des objets nouveaux, ſans en être affecté, détruit cette crainte. Les enfans élevés dans des maiſons propres où l'on ne ſouffre point d'araignées, ont peur des araignées, & cette peur leur demeure ſouvent étant grands. Je n'ai jamais vû de payſans, ni homme, ni femme, ni enfant, avoir peur des araignées.

Pourquoi donc l'éducation d'un enfant ne commenceroit-elle pas avant qu'il parle & qu'il entende, puiſque le ſeul choix des objets qu'on lui préſente, eſt propre à le rendre timide ou courageux ? Je veux qu'on l'habitue à voir des objets nouveaux, des animaux laids, dégoûtans, biſarres ; mais peu à peu, de loin, juſqu'à ce qu'il y ſoit accoutumé, & qu'à force de les voir manier à d'autres il les manie enfin lui-même. Si durant ſon enfance il a vu ſans effroi des crapauds, des ſerpens, des écreviſſes, il verra ſans horreur, étant grand, quelque animal que ce ſoit. Il n'y a plus d'objets affreux pour qui en voit tous les jours.

Tous les enfans ont peur des maſques. Je commence par montrer à Emile un maſque d'un figure agréable. Enſuite, quelqu'un s'applique devant lui ce ce masque sur le visage; je me mets à rire, tout le monde rit, & l'enfant rit comme les autres. Peu-à-peu je l'accoutume à des masques moins agréables, & enfin à des figures hideuses. Si j'ai bien ménagé ma gradation, loin de s'effrayer au dernier masque, il en rira comme du premier. Après cela je ne crains plus qu'on l'effraye avec des masques.

Quand, dans les adieux d'Andromaque & d'Hector, le petit Astyanax, effrayé du panache qui flotte sur le casque de son pere, le méconnoît, se jette en criant sur le sein de sa nourrice, & arrache à sa mere un souris mêlé de larmes, que faut-il faire pour guérir cet effroi? précisément ce que fait Hector; poser le casque à terre, & puis caresser l'enfant. Dans un moment plus tranquille on ne s'en tiendroit pas là: on s'approcheroit du casque, on joueroit avec les plumes, on les feroit manier à l'enfant, enfin la nourrice prendroit le casque & le poseroit en riant sur sa propre tête; si toutefois la main d'une femme osoit toucher aux armes d'Hector.

S'agit-il d'exercer Emile au bruit d'une arme à feu? je brûle d'abord une amorce dans un pistolet. Cette flame brusque & passagere, cette espece d'éclair le réjouit; je répete la même chose avec plus de poudre: peu-à-peu j'ajoûte au pistolet une petite charge sans bourre, puis une plus grande: enfin, je l'accoûtume aux coups de fusil, aux boëtes, aux canons, aux détonations les plus terribles.

J'ai remarqué que les enfans ont rarement peur du tonnerre, à moins que les éclats ne soient affreux & ne blessent réellement l'organe de l'ouie. Autrement cette peur ne leur vient que quand ils ont appris que le tonnerre blesse ou tue quelquefois. Quand la raison commence à les effrayer, faites que l'habitude les rassure. Avec une gradation lente & ménagée on rend l'homme & l'enfant intrépide à tout.

Dans le commencement de la vie, où la mémoire

&

& l'imagination ſont encore inactives, l'enfant n'eſt attentif qu'à ce qui affecte actuellement ſes ſens. Ses ſenſations étant les premiers matériaux de ſes connoiſſances, les lui offrir dans un ordre convenable, c'eſt préparer ſa mémoire à les fournir un jour dans le même ordre à ſon entendement : mais comme il n'eſt attentif qu'à ſes ſenſations, il ſuffit d'abord de lui montrer bien diſtinctement la liaiſon de ces mêmes ſenſations avec les objets qui les cauſent. Il veut tout toucher, tout manier ; ne vous oppoſez point à cette inquiétude : elle lui ſuggere un apprentiſſage très-néceſſaire. C'eſt ainſi qu'il apprend à ſentir la chaleur, le froid, la dureté, la molleſſe, la péſanteur, la légereté des corps ; à juger de leur grandeur, de leur figure & de toutes leurs qualités ſenſibles, en regardant, palpant (17), écoutant, ſur-tout en comparant la vue au toucher, en eſtimant à l'œil la ſenſation qu'ils feroient ſous ſes doigt.

Ce n'eſt que par le mouvement, que nous apprenons qu'il y a des choſes qui ne ſont pas nous ; & ce n'eſt que par notre propre mouvement, que nous acquérons l'idée de l'étendue. C'eſt parceque l'enfant n'a point cette idée, qu'il tend indifféremment la main pour ſaiſir l'objet qui le touche, ou l'objet qui eſt à cent pas de lui. Cet effort qu'il fait, vous paroît un ſigne d'empire, un ordre qu'il donne à l'objet de s'approcher ou à vous de le lui apporter ; & point du tout, c'eſt ſeulement que les mêmes objets qu'il voyoit d'abord dans ſon cerveau, puis ſur ſes yeux, il les voit maintenant au bout de ſes bras ;

(17) L'odorat eſt de tous les ſens celui qui ſe développe le plus tard dans les enfans ; juſqu'à l'âge de deux ou trois ans il ne paroît pas qu'ils ſoient ſenſibles ni aux bonnes ni aux mauvaiſes odeurs ; ils ont à cet égard l'indifférence, ou plutôt l'inſenſibilité qu'on remarque dans pluſieurs animaux.

bras; & n'imagine d'étendue que celle où il peut atteindre. Ayez donc soin de le promener souvent, de le transporter d'une place à l'autre, de lui faire sentir le changement de lieu, afin de lui apprendre à juger des distances. Quand il commencera de les connoître, alors il faut changer de méthode, & ne le porter que comme il vous plaît & non comme il lui plaît; car sitôt qu'il n'est plus abusé par le sens, son effort change de cause: ce changement est remarquable, & demande explication.

Le mal-aise des besoins s'exprime par des signes, quand le secours d'autrui est nécessaire pour y pourvoir. De-là les cris des enfans. Ils pleurent beaucoup: cela doit être. Puisque toutes leurs sensations sont affectives, quand elles sont agréables, ils en jouissent en silence; quand elles sont pénibles ils le disent dans leur langage & demandent du soulagement. Or tant qu'ils sont éveillés, ils ne peuvent presque rester dans un état d'indifférence; ils dorment ou sont affectés.

Toutes nos Langues sont des ouvrages de l'art. On a long-tems cherché s'il y avoit une Langue naturelle (*) & commune à tous les hommes: sans doute, il y en a une; & c'est celle que les enfans parlent avant de savoir parler. Cette Langue n'est pas articulée, mais elle est accentuée, sonore, intelligible. L'usage des nôtres nous l'a fait négliger au point de l'oublier tout-à-fait. Etudions les enfans, & bientôt nous la rapprendrons auprès d'eux. Les nourrices sont nos maîtres dans cette Langue, elles entendent tout ce que disent leurs nourrissons, elles

---

(*) M. F. *S'il y avoit une Langue naturelle.*] On ne fera pas des grandes découvertes là-dessus par la route que M. R. trace. C'est très-improprement qu'il donne le nom de Langue aux divers sons inarticulés que les enfans poussent.

elles leur répondent, elles ont avec eux des dialogues très-bien ſuivis, & quoiqu'elles prononcent des mots, ces mots ſont parfaitement inutiles, ce n'eſt point le ſens du mot qu'ils entendent, mais l'accent dont il eſt accompagné.

Au langage de la voix ſe joint celui du geſte non moins énergique. Ce geſte n'eſt pas dans les foibles mains des enfans, il eſt ſur leurs viſages. Il eſt étonnant combien ces phyſionomies mal formées ont déjà d'expreſſion : leurs traits changent d'un inſtant à l'autre avec une inconcevable rapidité. Vous y voyez le ſourire, le déſir, l'effroi, naître & paſſer comme autant d'éclairs; à chaque fois vous croyez voir un autre viſage. Ils ont certainement les muſcles de la face plus mobiles que nous. En revanche leurs yeux ternes ne diſent preſque rien. Tel doit être le genre de leurs ſignes dans un âge où l'on n'a que des beſoins corporels; l'expreſſion des ſenſations eſt dans les grimaces, l'expreſſion des ſentimens eſt dans les regards.

Comme le premier état de l'homme eſt la miſere & la foibleſſe, ſes premieres voix ſont la plainte & les pleurs. L'enfant ſent ſes beſoins & ne les peut ſatisfaire, il implore le ſecours d'autrui par des cris; s'il a faim ou ſoif, il pleure; s'il a trop froid ou trop chaud, il pleure; s'il a beſoin de mouvement & qu'on le tienne en repos, il pleure; s'il veut dormir & qu'on l'agite, il pleure. Moins ſa maniere d'être eſt à ſa diſpoſition, plus il demande fréquemment qu'on la change. Il n'a qu'un langage, parcequ'il n'a, pour ainſi dire, qu'une ſorte de mal-être: dans l'imperfection de ſes organes, il ne diſtingue point leurs impreſſions diverſes; tous les maux ne forment pour lui qu'une ſenſation de douleur.

De

(*) M. F. *Des ménagemens exceſſifs.*] Le dépit, l'emportement des enfans, eſt beaucoup plus facile à vaincre que l'Au

De ces pleurs qu'on croiroit ſi peu dignes d'attention, naît le premier rapport de l'homme à tout ce qui l'environne: ici ſe forge le premier anneau de cette longue chaîne dont l'ordre ſocial eſt formé.

Quand l'enfant pleure, il eſt mal à ſon aiſe, il a quelque beſoin qu'il ne ſauroit ſatisfaire; on examine, on cherche ce beſoin, on le trouve, on y pourvoit. Quand on ne le trouve pas ou quand on n'y peut pourvoir, les pleurs continuent, on en eſt importuné; on flatte l'enfant pour le faire taire, on le berce, on lui chante pour l'endormir: s'il s'opiniâtre, on s'impatiente, on le menace; des nourrices brutales le frappent quelquefois. Voilà d'étranges leçons pour ſon entrée à la vie.

Je n'oublierai jamais d'avoir vu un de ces incommodes pleureurs ainſi frappé par ſa nourrice. Il ſe tut ſur-le-champ, je le crus intimidé. Je me diſois, ce ſera une ame ſervile dont on n'obtiendra rien que par la rigueur. Je me trompois; le malheureux ſuffoquoit de colere, il avoit perdu la reſpiration, je le vis devenir violet. Un moment après vinrent les cris aigus, tous les ſignes du reſſentiment, de la fureur, du déſeſpoir de cet âge, étoient dans ſes accens. Je craignis qu'il n'expirât dans cette agitation. Quand j'aurois douté que le ſentiment du juſte & de l'injuſte fût inné dans le cœur de l'homme, cet exemple ſeul m'auroit convaincu. Je ſuis ſûr qu'un tiſon ardent tombé par haſard ſur la main de cet enfant, lui eût été moins ſenſible que ce coup aſſez léger, mais donné dans l'intention manifeſte de l'offenſer.

Cette diſpoſition des enfans à l'emportement, au dépit, à la colere, demande des ménagemens exceſſifs (*). Boerhave penſe que leurs maladies ſont pour la plûpart de la claſſe des convulſives, parce que

l'Auteur ne le croit; & on ne court pas de grands riſques en le combattant, non brutalement, mais fortement, en ne cédant

que la tête étant proportionnellement plus grosse & le systême des nerfs plus étendu que dans les adultes, le genre nerveux est plus susceptible d'irritation. Eloignez d'eux avec le plus grand soin les domestiques qui les agacent, les irritent, les impatientent; ils leur sont cent fois plus dangereux, plus funestes que les injures de l'air & des saisons. Tant que les enfans ne trouveront de résistance que dans les choses & jamais dans les volontés, ils ne deviendront ni mutins ni coleres, & se conserveront mieux en santé. C'est ici une des raisons pourquoi les enfans du Peuple, plus libres, plus indépendans, sont généralement moins infirmes, moins délicats, plus robustes que ceux qu'on prétend mieux élever en les contrariant sans cesse: mais il faut songer toujours qu'il y a bien de la différence entre leur obéir & ne les pas contrarier.

Les premieres pleurs des enfans sont des prieres: si on n'y prend garde, elles deviennent bientôt des ordres; ils commencent par se faire assister, ils finissent par se faire servir. Ainsi de leur propre foiblesse, d'où vient d'abord le sentiment de leur dépendance, naît ensuite l'idée de l'empire & de la domination; mais cette idée étant moins excitée par leurs besoins que par nos services, ici commencent à se faire appercevoir les effets moraux dont la cause immédiate n'est pas dans la nature, & l'on voit déjà pourquoi dès ce premier âge, il importe de démêler

---

dant jamais aux enfans mutins, même dès le berceau. Tous les risques sont dans une condescedance mal-entendue. Si l'on craint les convulsions machinales des enfans d'un ou de deux ans, on sera temoin des convulsions de leurs caprices & de leurs passions au bout de quelques années. C'est une plaisante idée que celle de cet enfant, qui, ayant été frappé mal à propos, devient violet par un sentiment du juste & de l'injuste.

mêler l'intention ſecrette que diƈte le geſte ou le cri.

Quand l'enfant tend la main avec effort ſans rien dire, il croit atteindre à l'objet, parcequ'il n'en eſtime pas la diſtance; il eſt dans l'erreur: mais quand il ſe plaint & crie en tendant la main, alors il ne s'abuſe plus ſur la diſtance, il commande à l'objet de s'approcher, ou à vous de le lui apporter. Dans le premier cas portez-le à l'objet lentement & à petits pas: dans le ſecond, ne faites pas ſeulement ſemblant de l'entendre; plus il criera, moins vous devez l'écouter. Il importe de l'accoûtumer de bonne heure à ne commander, ni aux hommes, car il n'eſt pas leur maître, ni aux choſes, car elles ne l'entendent point. Ainſi quand un enfant déſire quelque choſe qu'il voit & qu'on veut lui donner, il vaut mieux porter l'enfant à l'objet que d'apporter l'objet à l'enfant: il tire de cette pratique une concluſion qui eſt de ſon âge, & il n'y a point d'autre moyen de la lui ſuggérer.

L'Abbé de Saint Pierre appelloit les hommes de grands enfans; on pourroit appeller réciproquement les enfans de petits hommes. Ces propoſitions ont leur vérité comme ſentences; comme principes elles ont beſoin d'éclairciſſemens: mais quand Hobbes appelloit le méchant un enfant robuſte, il diſoit une choſe abſolument contradiƈtoire. Toute méchanceté vient de foibleſſe; l'enfant n'eſt méchant que parcequ'il eſt foible; rendez-le fort, il ſera bon: celui qui pourroit tout, ne feroit jamais de mal (*). De tous les

(*) M. F. *Celui qui pourroit tout, ne feroit jamais de mal.*] Cette aſſertion & celles qui la précédent ſont capricieuſes & inſuffiſamment déterminées. La méchanceté eſt l'effet d'une paſſion aveugle dont les enfans ſont ſuſceptibles. Elle augmenteroit avec leur force; elle deviendroit tyrannie, fureur, ſi vous ne les éclairiez pas. Ce ſont les lumieres qui rendent bon. Le Duc de Bourgogne ne l'étoit pas naturellement: les inſtructions de Fénelon le rendirent excellent.

les attributs de la Divinité toute-puiſſante, la bonté eſt celui ſans lequel on la peut le moins concevoir. Tous les Peuples qui ont reconnu deux principes, ont toujours regardé le mauvais comme inférieur au bon, ſans quoi ils auroient fait une ſuppoſition abſurde. Voyez ci-après la profeſſion de foi du Vicaire Savoyard.

La raiſon ſeule nous apprend à connoître le bien & le mal. La conſcience qui nous fait aimer l'un & haïr l'autre, quoiqu'indépendante de la raiſon, ne peut donc ſe développer ſans elle. Avant l'âge de raiſon nous faiſons le bien & le mal ſans le connoître; & il n'y a point de moralité dans nos actions, quoiqu'il y en ait quelquefois dans le ſentiment des actions d'autrui qui ont rapport à nous. Un enfant veut déranger tout ce qu'il voit, il caſſe, il briſe tout ce qu'il peut atteindre, il empoigne un oiſeau comme il empoigneroit une pierre, & l'étouffe ſans ſavoir ce qu'il fait.

Pourquoi cela? D'abord la Philoſophie en va rendre raiſon par des vices naturels; l'orgueil, l'eſprit de domination, l'amour-propre, la méchanceté de l'homme; le ſentiment de ſa foibleſſe, pourra-t-elle ajouter, rend l'enfant avide de faire des actes de force, & de ſe prouver à lui-même ſon propre pouvoir. Mais voyez ce Vieillard infirme & caſſé, ramené par le cercle de la vie humaine à la foibleſſe de l'enfance; non-ſeulement il reſte immobile & paiſible, il veut encore que tout y reſte autour de lui; le moindre changement le trouble & l'inquiette, il voudroit voir regner un calme univerſel. Comment la même impuiſſance jointe aux mêmes paſſions produiroit-elle des effets ſi différens dans les deux âges, ſi la cauſe primitive n'étoit changée? & où peut-on chercher cette diverſité de cauſes, ſi ce n'eſt dans l'état phyſique des deux individus? Le principe actif commun à tous deux ſe développe

dans

dans l'un & s'éteint dans l'autre; l'un se forme & l'autre se détruit, l'un tend à la vie, & l'autre à la mort. L'activité défaillante se concentre dans le cœur du vieillard; dans celui de l'enfant elle est surabondante & s'étend au-dehors; il se sent, pour ainsi dire, assez de vie pour animer tout ce qui l'environne. Qu'il fasse ou qu'il défasse, il n'importe, il suffit qu'il change l'état des choses, & tout changement est une action. Que s'il semble avoir plus de penchant à détruire, ce n'est point par méchanceté; c'est que l'action qui forme est toujours lente, & que celle qui détruit, étant plus rapide, convient mieux à sa vivacité.

En même-tems que l'Auteur de la nature donne aux enfans ce principe actif, il prend soin qu'il soit peu nuisible, en leur laissant peu de force pour s'y livrer. Mais sitôt qu'ils peuvent considérer les gens qui les environnent comme des instrumens qu'il dépend d'eux de faire agir, ils s'en servent pour suivre leur penchant & suppléer à leur propre foiblesse. Voilà comment ils deviennent incommodes, tyrans, impérieux, méchans, indomptables; progrès qui ne vient pas d'un esprit naturel de domination, mais qui le leur donne; car il ne faut pas une longue expérience pour sentir combien il est agréable d'agir par les mains d'autrui, & de n'avoir besoin que de remuer la langue pour faire mouvoir l'Univers.

En grandissant on acquiert des forces, on devient moins inquiet, moins remuant, on se renferme davantage en soi-même. L'ame & le corps se mettent, pour ainsi dire, en équilibre, & la nature ne nous demande plus que le mouvement nécessaire à notre conservation. Mais le désir de commander ne s'éteint pas avec le besoin qui l'a fait naître; l'empire éveille & flatte l'amour-propre, & l'habitude le fortifie: ainsi succede la fantaisie au besoin; ainsi prennent leurs premieres racines les préjugés & l'opinion.

Le principe une fois connu, nous voyons clairement le point où l'on quitte la route de la nature : voyons ce qu'il faut faire pour s'y maintenir.

Loin d'avoir des forces superflues, les enfans n'en ont pas même de suffisantes pour tout ce que leur demande la nature : il faut donc leur laisser l'usage de toutes celles qu'elle leur donne & dont ils ne sauroient abuser. Premiere maxime.

Il faut les aider, & suppléer à ce qui leur manque, soit en intelligence, soit en force, dans tout ce qui est du besoin physique. Deuxieme maxime.

Il faut dans les secours qu'on leur donne se borner uniquement à l'utile réel, sans rien accorder à la fantaisie ou au désir sans raison ; car la fantaisie ne les tourmentera point quand on ne l'aura pas fait naître, attendu qu'elle n'est pas de la nature. Troisieme maxime.

Il faut étudier avec soin leur langages & leurs signes, afin que dans un âge où ils ne savent point dissimuler, on distingue dans leurs désirs ce qui vient immédiatement de la nature, & ce qui vient de l'opinion. Quatrieme maxime.

L'esprit de ces regles (*) est d'accorder aux enfans plus de liberté véritable & moins d'empire, de leur laisser plus faire par eux-mêmes & moins exiger d'autrui. Ainsi s'accoûtumant de bonne heure à borner

(*) M. F. *L'esprit de ces régles...*] Les regles ou maximes, que l'Auteur vient de prescrire, sont judicieuses ; mais comprendre dans la liberté qu'on veut procurer aux enfans l'usage des bras pendant les premieres semaines qu'ils passent au maillot, c'est assurément prendre un souci inutile. Ce n'est pas alors qu'il auront des fantaisies & un désir de domination. M. R. suppose constamment que le maillot par lui-même fait pleurer les enfans ; & il se trompe. En leur dégageant les bras, comme on ne tarde pas à le faire, ils obtiennent assez tôt la liberté qui leur convient ; & pendant leur esclavage apparent, ils sont réellement plus à leur aise, & surtout

ner leurs désirs à leurs forces, ils sentiront peu la privation de ce qui ne sera pas en leur pouvoir.

Voilà donc une raison nouvelle & très-importante pour laisser les corps & les membres des enfans absolument libres, avec la seule précaution de les éloigner du danger des chûtes, & d'écarter de leurs mains tout ce qui peut les blesser.

Infailliblement un enfant dont le corps & les bras sont libres, pleurera moins qu'un enfant embandé dans un maillot. Celui qui ne connoît que les besoins physiques ne pleure que quand il souffre, & c'est un très-grand avantage; car alors on sait à point nommé, quand il a besoin de secours, & l'on ne doit pas tarder un moment à le lui donner s'il est possible. Mais si vous ne pouvez le soulager, restez tranquille, sans le flatter pour l'appaiser; vos caresses ne guériront pas sa colique (*): cependant il se souviendra de ce qu'il faut faire pour être flatté, & s'il sait une fois vous occuper de lui à sa volonté, le voilà devenu votre maître; tout est perdu.

Moins contrariés dans leurs mouvemens, les enfans pleureront moins; moins importuné de leurs pleurs on se tourmentera moins pour les faire taire; menacés ou flattés moins souvent, ils seront moins craintifs ou moins opiniâtres, & resteront mieux dans leur état naturel. C'est moins en laissant pleurer les enfans

---

tout ils sont moins exposés à souffrir que si tous ceux qui les prennent, manioient à nud leurs membres délicats.

(*) M. F. *Vos caresses ne guériront pas sa colique.*] Non: mais elles feront quelque diversion à sa douleur. S'il y a des caresses superflues, ou même indiscrettes, il y en a de nécessaires, soit pour calmer un enfant, soit parce qu'une bonne mere, une nourrice affectionnée, qui voyent un enfant aux prises avec la douleur, ne peuvent s'empêcher de lui donner des marques de leur sensibilité & de leur tendresse. Substituer de la Philosophie à tout cela, c'est ne pas connoître la nature.

enfans qu'en s'empressant pour les appaiser, qu'on leur fait gagner des descentes, & ma preuve est que les enfans les plus négligés y sont bien moins sujets que les autres. Je suis fort éloigné de vouloir pour cela qu'on les néglige; au contraire il importe qu'on les prévienne, & qu'on ne se laisse pas avertir de leurs besoins par leurs cris. Mais je ne veux pas, non plus, que les soins qu'on leur rend, soient mal-entendus. Pourquoi se feroient-ils faute de pleurer dès qu'ils voient que leurs pleurs sont bonnes à tant de choses? Instruits du prix qu'on mêt à leur silence, ils se gardent bien de le prodiguer. Ils le font à la fin tellement valoir qu'on ne peut plus le payer, & c'est alors qu'à force de pleurer sans succès, ils s'efforcent, s'épuisent & se tuent.

Les longues pleurs d'un enfant qui n'est ni lié ni malade & qu'on ne laisse manquer de rien, ne sont que des pleurs d'habitude & d'obstination. Elles ne sont point l'ouvrage de la nature, mais de la Nourrice, qui, pour n'en savoir endurer l'importunité, la multiplie, sans songer qu'en faisant taire l'enfant aujourd'hui, on l'excite à pleurer demain davantage.

Le seul moyen de guérir ou prévenir cette habitude, est de n'y faire aucune attention. Personne n'aime à prendre une peine inutile, pas même les enfans. Ils sont obstinés dans leurs tentatives; mais si vous

---

(*) M. R. *Bien ménagé il est très-utile.*] Ceci est important, & mérite encore plus d'attention que M. R. n'y en fait. Je suis convaincu par une expérience réitérée que les enfans sont non seulement très-amusables, en quoi ils différent essentiellement des vieillards, (on sait le mot de Madame de Maintenon,) mais qu'on leur fait un tort irréparable en ne les amusant pas. C'est le seul moyen de conserver leur gayeté naturelle, & de les rendre doux. Or les domestiques qui sont autour d'eux, ne pensent à rien moins qu'à cela; une fille, ou femme tient un enfant sur ses bras, & croit que cela suffit; elle parle avec d'autres, ou s'occupe à quelque chose; l'en-

vous avez plus de constance, qu'eux d'opiniâtreté, ils se rebutent, & n'y reviennent plus. C'est ainsi qu'on leur épargne des pleurs, & qu'on les accoûtume à n'en verser que quand la douleur les y force.

Au reste, quand ils pleurent par fantaisie ou par obstination, un moyen sûr pour les empêcher de continuer est de les distraire par quelque objet agréable & frappant, qui leur fasse oublier qu'ils vouloient pleurer. La plûpart des Nourrices excellent dans cet art, & bien ménagé il est très-utile (*); mais il est de la derniere importance que l'enfant n'apperçoive pas l'intention de le distraire, & qu'il s'amuse sans croire qu'on songe à lui: or voilà sur quoi toutes les Nourrices sont mal-adroites.

On sevre trop tôt tous les enfans. Le tems où l'on doit les sévrer est indiqué par l'éruption des dents, & cette éruption est communément pénible & douloureuse. Par un instinct machinal l'enfant porte alors fréquemment à sa bouche tout ce qu'il tient, pour le mâcher. On pense faciliter l'opération en lui donnant pour hochet quelques corps durs, comme l'ivoire ou la dent de loup. Je crois qu'on se trompe. Ces corps durs appliqués sur les gencives loin de les ramollir les rendent calleuses, les endurcissent, préparent un déchirement plus pénible & plus douloureux. Prenons toujours l'instinct pour exemple. On ne voit point les

l'enfant s'ennuye, s'impatiente, se fâche; on le gronde, on le bat; & ces scenes renouvellées tous les jours abyment le corps & l'esprit de cet enfant. Au lieu qu'en s'asseyant devant une table, en y posant les moindres jouets & en prenant soin que l'enfant les conserve à sa portée, ou si l'on veut mieux faire, en jouant avec lui, il passera des heures entieres de la sorte; & ses journées seront également saines & agréables. Au lieu de cela, ce ne sont que cris aigus, que pleurs & sanglots, qu'on attribue mal à propos à la méchanceté des enfans, ou à quelque état de souffrance. Plus un enfant est vif, plus il est dans le cas que j'indique.

les jeunes chiens exercer leurs dents naiſſantes ſur des cailloux, ſur du fer, ſur des os, mais ſur du bois, du cuir, des chiffons, des matieres molles qui cédent & où la dent s'imprime.

On ne ſait plus être ſimple en rien; pas même autour des enfans. Des grelots d'argent, d'or, du corail, des criſtaux à facettes, des hochets de tout prix & de toute eſpece. Que d'apprets inutiles & pernicieux! Rien de tout cela. Point de grelots, point de hochets; de petites branches d'arbre avec leurs fruits & leurs feuilles, une tête de pavot dans laquelle on entend ſonner les graines, un bâton de régliſſe qu'il peut ſucer & macher, l'amuſeront autant que ces magnifiques colifichets, & n'auront pas l'inconvénient de l'accoûtumer au luxe dès ſa naiſſance.

Il a été reconnu que la bouillie n'eſt pas une nourriture fort ſaine. Le lait cuit & la farine crue font beaucoup de ſaburre & conviennent mal à notre eſtomac. Dans la bouillie la farine eſt moins cuite que dans le pain, & de plus elle n'a pas fermenté; la panade, la crême de riz me paroiſſent préférables. Si l'on veut abſolument faire de la bouillie, il convient de griller un peu la farine auparavant. On fait dans mon pays, de la farine ainſi torréfiée, une ſoupe fort agréable & fort ſaine. Le bouillon de viande & le potage ſont encore un médiocre aliment dont il ne faut uſer que le moins qu'il eſt poſſible. Il importe que les enfans s'accoûtument d'abord à mâcher; c'eſt le vrai moyen de faciliter l'éruption des dents: & quand ils commencent d'avaler, les ſucs ſalivaires mêlés avec les alimens en facilitent la digeſtion.

Je leur ferois donc mâcher d'abord des fruits ſecs, des croûtes. Je leur donnerois pour jouer de petits bâtons de pain dur ou de biſcuit ſemblable au pain de Piémont qu'on appelle dans le pays des *Griſſes*. A force de ramollir ce pain dans leur bouche ils en avale-

avaleroient enfin quelque peu, leurs dents se trouveroient sorties, & ils se trouveroient sevrés presque avant qu'on s'en fût apperçu. Les Paysans ont pour l'ordinaire l'estomac fort bon, & l'on ne les sévre pas avec plus de façon que cela.

Les enfans entendent parler dès leur naissance; on leur parle non-seulement avant qu'ils comprennent ce qu'on leur dit, mais avant qu'ils puissent rendre les voix qu'ils entendent. Leur organe encore engourdi ne se prête que peu-à-peu aux imitations des sons qu'on leur dicte, & il n'est pas même assuré que ces sons se portent d'abord à leur oreille aussi distinctement qu'à la nôtre. Je ne désapprouve pas que la Nourrice amuse l'enfant par des chants & par des accens très-gais & très-variés; mais je désapprouve qu'elle l'étourdisse incessamment d'une multitude de paroles inutiles auxquelles il ne comprend rien que le ton qu'elle y mét. Je voudrois que les premieres articulations qu'on lui fait entendre fussent rares, faciles, distinctes, souvent répétées, & que les mots qu'elles expriment, ne se rapportassent qu'à des objets sensibles qu'on pût d'abord montrer à l'enfant. La malheureuse facilité que nous avons à nous payer de mots que nous n'entendons point, commence plutôt qu'on ne pense. L'Ecolier écoute en classe le verbiage de son Régent, comme il écoutoit au maillot le babil de sa Nourrice. Il me semble que ce seroit l'instruire fort utilement que de l'élever à n'y rien comprendre.

Les réflexions naissent en foule quand on veut s'occuper de la formation du langage & des premiers discours des enfans. Quoi qu'on fasse, ils apprendront toujours à parler de la même maniere, & toutes les speculations philosophiques sont ici de la plus grande inutilité.

D'abord ils ont, pour ainsi dire, une grammaire de leur âge, dont la syntaxe a des regles plus générales que la nôtre; & si l'on y faisoit bien attention, l'on seroit étonné de l'exactitude avec laquelle ils suivent certaines analogies, très-vicieuses, si l'on veut, mais très-régulieres, & qui ne sont choquantes que par leur dureté, ou parce que l'usage ne les admèt pas. Je viens d'entendre un pauvre enfant bien grondé par son pere pour lui avoir dit; *mon pere, irai-je-t-y?* Or, on voit que cet enfant suivoit mieux l'analogie que nos Grammairiens; car puisqu'on lui disoit, *vas-y*, pourquoi n'auroit-il pas dit, *irai-je-t-y?* Remarquez de plus, avec quelle adresse il évitoit l'hiatus de *irai-je-y*, ou, *y irai-je?* Est-ce la faute du pauvre enfant si nous avons mal-à-propos ôté de la phrase cet adverbe déterminant, *y*, parce que nous n'en savions que faire? C'est une pédanterie insupportable & un soin des plus superflus de s'attacher à corriger dans les enfans toutes ces petites fautes contre l'usage, desquelles ils ne manquent jamais de se corriger d'eux-mêmes avec le tems. Parlez toujours correctement devant eux, faites qu'ils ne se plaisent avec personne autant qu'avec vous, & soyez sûrs qu'insensiblement leur langage s'épurera sur le vôtre, sans que vous les ayez jamais repris.

Mais un abus d'une toute autre importance & qu'il n'est pas moins aisé de prévenir, est qu'on se presse trop de les faire parler, comme si l'on avoit peur qu'ils n'apprissent pas à parler d'eux-mêmes. Cet empressement indiscret produit un effet directement contraire à celui qu'on cherche. Ils en parlent plus tard, plus confusément: l'extrême attention qu'on donne à tout ce qu'ils disent, les dispense de bien articuler; & comme ils daignent à peine ouvrir la bouche, plusieurs d'entre eux en conservent toute leur vie un vice de prononciation, & un parler confus qui les rend presque inintelligibles.

J'ai beaucoup vécu parmi les Paysans, & n'en ouis jamais grasseyer aucun, ni homme ni femme, ni

fille

fille ni garçon. D'où vient cela? les organes des Payſans ſont-ils autrement conſtruits que les nôtres? Non, mais ils ſont autrement exercés. Vis-à-vis de ma fenêtre eſt un tertre ſur lequel ſe raſſemblent, pour jouer, les enfans du lieu. Quoiqu'ils ſoient aſſez éloignés de moi, je diſtingue parfaitement tout ce qu'ils diſent, & j'en tire ſouvent de bons mémoires pour cet Ecrit. Tous les jours mon oreille me trompe ſur leur âge; j'entends des voix d'enfans de dix ans, je regarde, je vois la ſtature & les traits d'enfans de trois à quatre. Je ne borne pas à moi ſeul cette expérience; les Urbains qui me viennent voir & que je conſulte là-deſſus, tombent tous dans la même erreur.

Ce qui la produit eſt que juſqu'à cinq ou ſix ans les enfans des Villes élevés dans la chambre & ſous l'aîle d'une Gouvernante, n'ont beſoin que de marmoter pour ſe faire entendre; ſitôt qu'ils remuent les lévres on prend peine à les écouter; on leur dicte des mots qu'ils rendent mal, & à force d'y faire attention, les mêmes gens étant ſans ceſſe autour d'eux, devinent ce qu'ils ont voulu dire plutôt que ce qu'ils ont dit.

A la campagne c'eſt toute autre choſe. Une Payſane n'eſt pas ſans ceſſe autour de ſon enfant, il eſt forcé d'apprendre à dire très-nettement & très-haut ce qu'il a beſoin de lui faire entendre. Aux champs les enfans épars, éloignés du pere, de la mere & des autres enfans, s'exercent à ſe faire entendre à diſtance, & à meſurer la force de la voix ſur l'intervalle qui les ſépare de ceux dont ils veulent être entendus. Voilà comment on apprend véritablement à prononcer, & non pas en bégayant quelques voyelles à l'oreille d'une Gouvernante attentive. Auſſi quand on interroge l'enfant d'un Payſan, la honte peut l'empêcher de répondre, mais ce qu'il dit il le dit nettement; au lieu qu'il faut que la Bonne ſerve d'interprete à l'enfant de la Ville, ſans quoi l'on n'entend

tend rien à ce qu'il grommelle entre ses dents (18).

En grandissant, les garçons devroient se corriger de ce défaut dans les Colléges, & les filles dans les Couvens ; en effet, les uns & les autres parlent en général plus distinctement que ceux qui ont été toujours élevés dans la maison paternelle. Mais ce qui les empêche d'acquérir jamais une prononciation aussi nette que celle des Paysans, c'est la nécessité d'apprendre par cœur beaucoup de choses, & de réciter tout haut ce qu'ils ont appris : car en étudiant, ils s'habituent à barbouiller ; à prononcer négligemment & mal : en récitant c'est pis encore ; ils recherchent leurs mots avec effort, ils traînent & allongent leurs syllabes : il n'est pas possible que quand la mémoire vacille, la langue ne balbutie aussi. Ainsi se contractent ou se conservent les vices de la prononciation. On verra ci-après que mon Emile n'aura pas ceux-là, ou du moins qu'il ne les aura pas contractés par les mêmes causes.

Je conviens que le Peuple & les Villageois tombent dans une autre extrémité, qu'ils parlent presque toujours plus haut qu'il ne faut, qu'en prononçant trop exactement ils ont les articulations fortes & rudes, qu'ils ont trop d'accent, qu'ils choisissent mal leurs termes, &c.

Mais premierement, cette extrémité me paroît beaucoup moins vicieuse que l'autre, attendu que la premiere loi du discours étant de se faire entendre, la

(18) Ceci n'est pas sans exception ; souvent les enfans qui se font d'abord le moins entendre, deviennent ensuite les plus étourdissans quand ils ont commencé d'élever la voix. Mais s'il falloit entrer dans toutes ces minuties je ne finirois pas ; tout Lecteur sensé doit voir que l'excès & le défaut dérivés du même abus sont également corrigés par ma méthode. Je regarde ces deux maximes comme inséparables ; *toujours assez* ; & *jamais trop*. De la premiere bien établie, l'autre s'ensuit nécessairement.

la plus grande faute qu'on puiſſe faire eſt de parler ſans être entendu. Se piquer de n'avoir point d'accent, c'eſt ſe piquer d'ôter aux phraſes leur grace & leur énergie. L'accent eſt l'ame du diſcours ; il lui donne le ſentiment & la vérité. L'accent ment moins que la parole (*) ; c'eſt peut-être pour cela que les gens bien élevés le craignent tant. C'eſt de l'uſage de tout dire ſur le même ton qu'eſt venu celui de perſiffler les gens ſans qu'ils le ſentent. A l'accent proſcrit ſuccedent des manieres de prononcer ridicules, affectées, & ſujettes à la mode, telles qu'on les remarque ſur-tout dans les jeunes gens de la Cour. Cette affectation de parole & de maintien eſt ce qui rend généralement l'abord du François repouſſant & déſagréable aux autres Nations. Au lieu de mettre de l'accent dans ſon parler, il y met de l'air. Ce n'eſt pas le moyen de prévenir en ſa faveur.

Tous ces petits défauts de langage qu'on craint tant de laiſſer contracter aux enfans ne ſont rien, on les prévient ou on les corrige avec la plus grande facilité : mais ceux qu'on leur fait contracter en rendant leur parler ſourd, confus, timide, en critiquant inceſſamment leur ton, en épluchant tous leurs mots, ne ſe corrigent jamais. Un homme qui n'apprit à parler que dans les ruelles, ſe fera mal entendre à la tête d'un Bataillon, & n'en impoſera gueres au Peuple dans une émeute. Enſeignez premierement aux enfans à parler aux hommes ; ils ſauront bien parler aux femmes quand il faudra.

Nour-

(*) *L'accent ment moins que la parole.*] L'obſervation eſt fine, & digne d'un ſpectateur tel que M. R. l'art de corriger ſon accent, n'eſt donc que l'art de tromper dans le diſcours, & le François, (ſurtout celui de la Capitale,) qui travaille plus que tout autre peuple à ſe défaire de ſon accent, eſt celui dont il faut le plus ſe défier.

Nourris à la campagne dans toute la rusticité champêtre, vos enfans y prendront une voix plus sonore, ils n'y contracteront point le confus bégayement des enfans de la Ville ; ils n'y contracteront pas non plus les expressions ni le ton du Village, ou du moins ils les perdront aisément, lorsque le Maître vivant avec eux dès leur naissance, & y vivant de jour en jour plus exclusivement, préviendra ou effacera par la correction de son langage l'impression du langage des Paysans. Emile parlera un François tout aussi pur que je peux le savoir, mais il le parlera plus distinctement, & l'articulera beaucoup mieux que moi.

L'enfant qui veut parler ne doit écouter que les mots qu'il peut entendre, ni dire que ceux qu'il peut articuler. Les efforts qu'il fait pour cela le portent à redoubler la même syllabe, comme pour s'exercer à la prononcer plus distinctement. Quand il commence à balbutier, ne vous tourmentez pas si fort à deviner ce qu'il dit. Prétendre être toujours écouté est encore une sorte d'empire, & l'enfant n'en doit exercer aucun. Qu'il vous suffise de pourvoir très-attentivement au nécessaire ; c'est à lui de tâcher de vous faire entendre ce qui ne l'est pas. Bien moins encore faut-il se hâter d'exiger qu'il parle : il saura bien parler de lui-même à mesure qu'il en sentira l'utilité.

On remarque, il est vrai, que ceux qui commencent à parler fort tard, ne parlent jamais si distinctement que les autres ; mais ce n'est pas parce qu'ils ont parlé tard que l'organe reste embarrassé, c'est au contraire parce qu'ils sont nés avec un organe embarrassé qu'ils commencent tard à parler ; car sans cela pourquoi parleroient-ils plus tard que les autres ? ont-ils moins l'occasion de parler, & les y excite-t-on moins ? au contraire l'inquiétude que donne ce retard, aussi-tôt qu'on s'en apperçoit, fait qu'on se

tour-

tourmente beaucoup plus à les faire balbutier que ceux qui ont articulé de meilleure heure ; & cet empressement mal-entendu peut contribuer beaucoup à rendre confus leur parler, qu'avec moins de précipitation ils auroient eu le tems de perfectionner davantage.

Les enfans qu'on presse trop de parler n'ont le tems ni d'apprendre à bien prononcer ni de bien concevoir ce qu'on leur fait dire. Au lieu que quand on les laisse aller d'eux-mêmes, ils s'exercent d'abord aux syllabes les plus faciles à prononcer, & y joignant peu-à-peu quelque signification qu'on entend par leurs gestes, ils vous donnent leurs mots avant de recevoir les vôtres ; cela fait qu'ils ne reçoivent ceux-ci qu'après les avoir entendus. N'etant point pressés de s'en servir, ils commencent par bien observer quel sens vous leur donnez, & quand ils s'en sont assurés ils les adoptent.

Le plus grand mal de la précipitation avec laquelle on fait parler les enfans avant l'âge, n'est pas que les premiers discours qu'on leur tient & les premiers mots qu'ils disent, n'aient aucun sens pour eux, mais qu'ils aient un autre sens que le nôtre sans que nous sachions nous en appercevoir, en sorte que paroissant nous répondre fort exactement, ils nous parlent sans nous entendre & sans que nous les entendions. C'est pour l'ordinaire à de pareilles équivoques qu'est due la surprise où nous jettent quelquefois leurs propos auxquels nous prêtons des idées qu'ils n'y ont point jointes. Cette inattention de notre part au véritable sens que les mots ont pour les enfans, me paroît être la cause de leurs premieres erreurs ; & ces erreurs, même après qu'ils en sont guéris, influent sur leur tour d'esprit pour le reste de leur vie. J'aurai plus d'une occasion dans la suite d'éclaircir ceci par des exemples.

Resserrez donc le plus qu'il est possible le vocabulaire

laire de l'enfant. C'eſt un très-grand inconvénient qu'il ait plus de mots que d'idées, qu'il ſache dire plus de choſes qu'il n'en peut penſer. Je crois qu'une des raiſons pourquoi les Payſans ont généralement l'eſprit plus juſte que les gens de la Ville, eſt que leur Dictionnaire eſt moins étendu. Ils ont peu d'idées, mais ils les comparent très-bien.

Les premiers développemens de l'enfance ſe font preſque tous à la fois. L'enfant apprend à parler, à manger, à marcher, à-peu-prés dans le même tems. C'eſt ici proprement la premiere époque de ſa vie. Auparavant il n'eſt rien de plus que ce qu'il étoit dans le ſein de ſa mere, il n'a nul ſentiment, nulle idée, à peine a-t-il des ſenſations; il ne ſent pas même ſa propre exiſtence.

Vivit, & eſt vitæ neſcius ipſe ſuæ (19).

(19) Ovid. Triſt. I. 3.

Fin du premier Livre.

EMILE

EMILE CHRETIEN.

LIVRE SECOND.

C'EST ici le second terme de la vie, & celui auquel proprement finit l'enfance; car les mots *infans* & *peur* ne sont pas synonymes. Le premier est compris dans l'autre, & signifie *qui ne peut parler*, d'où vient que dans Valere Maxime on trouve *puerum infantem*. Mais je continue à me servir de ce mot selon l'usage de notre Langue, jusqu'à l'âge pour lequel elle a d'autres noms.

Quand les enfans commencent à parler, ils pleurent moins. Ce progrès est naturel; un langage est substitué à l'autre. Sitôt qu'ils peuvent dire qu'ils souffrent, avec des paroles, pourquoi le diroient-ils avec des cris, si ce n'est quand la douleur est trop vive pour que la parole puisse l'exprimer? s'ils continuent alors à pleurer, c'est la faute des gens qui sont autour d'eux. Dès qu'une fois Emile aura dit, *j'ai mal*, il faudra des douleurs bien vives pour le forcer de pleurer.

Si l'enfant est délicat, sensible, que naturellement il se mette à crier pour rien, en rendant ses cris inutiles & sans effet, j'en taris bientôt la source. Tant qu'il pleure je ne vais point à lui; j'y cours sitôt qu'il s'est s'eſt tû. Bientôt ſa maniere de m'appeller ſera de ſe taire, ou tout au plus de jetter un ſeul cri. C'eſt par l'effet ſenſible des ſignes, que les enfans jugent de leur ſens; il n'y a point d'autre convention pour eux: quelque mal qu'un enfant ſe faſſe, il eſt très-rare qu'il pleure, quand il eſt ſeul, à moins qu'il n'ait l'eſpoir d'être entendu.

S'il tombe, s'il ſe fait une boſſe à la tête, s'il ſaigne du nez, s'il ſe coupe les doigts; au lieu de m'empreſſer autour de lui d'un air allarmé, je reſterai tranquille, au moins pour un peu de tems. Le mal eſt fait, c'eſt une néceſſité qu'il l'endure; tout mon empreſſement ne ſerviroit qu'à l'effrayer davantage & augmenter ſa ſenſibilité. Au fond, c'eſt moins le coup, que la crainte qui tourmente, quand on s'eſt bleſſé. Je lui épargnerai du moins cette derniere angoiſſe; car très-ſûrement il jugera de ſon mal comme il verra que j'en juge: s'il me voit accourir avec inquiétude, le conſoler, le plaindre, il s'eſtimera perdu: s'il me voit garder mon ſang froid, il reprendra bientôt le ſien, & croira le mal guéri, quand il ne le ſentira plus. C'eſt à cet âge qu'on prend les premieres leçons de courage, & que, ſouffrant ſans effroi de légeres douleurs, on apprend par dégrés à ſupporter les grandes.

Loin d'être attentif à éviter qu'Emile ne ſe bleſſe, je ſerois fort fâché qu'il ne ſe bleſſât jamais & qu'il grandît ſans connoître la douleur. Souffrir eſt la premiere choſe qu'il doit apprendre, & celle qu'il aura le plus grand beſoin de ſavoir. Il ſemble que les enfans ne ſoient petits & foibles que pour prendre ces im-

(1) Il n'y a rien de plus ridicule & de plus mal aſſuré que la démarche des gens qu'on a trop menés par la liſiere étant petits (*); c'eſt encore ici une de ces obſervations triviales à force d'être juſtes, & qui ſont juſtes en plus d'un ſens.

(*) M. F. *Qu'on a trop menés par la liſiere étant petits.*] Si cela

importantes leçons sans danger. Si l'enfant tombe de son haut il ne se cassera pas la jambe; s'il se frappe avec un bâton il ne se cassera pas le bras; s'il saisit un fer tranchant, il ne serrera gueres, & ne se coupera pas bien avant. Je ne sache pas qu'on ait jamais vû d'enfant en liberté se tuer, s'estropier ni se faire un mal considérable, à moins qu'on ne l'ait indiscrettement exposé sur des lieux élevés, ou seul autour du feu, ou qu'on n'ait laissé des instrumens dangereux à sa portée. Que dire de ces magasins de machines, qu'on rassemble autour d'un enfant pour l'armer de toutes pieces contre la douleur, jusqu'à ce que devenu grand, il reste à sa merci, sans courage & sans expérience, qu'il se croye mort à la premiere piquure, & s'évanouisse, en voyant la premiere goute de son sang?

Notre manie enseignante & pédantesque est toujours d'apprendre aux enfans ce qu'ils apprendroient beaucoup mieux d'eux-mêmes, & d'oublier ce que nous aurions pu seuls leur enseigner. Y a-t-il rien de plus sot que la peine qu'on prend pour leur apprendre à marcher, comme si l'on en avoit vû quelqu'un, qui par la négligence de sa nourrice ne sût pas marcher étant grand? Combien voit-on de gens au contraire marcher mal toute leur vie, parce qu'on leur a mal appris à marcher?

Emile n'aura ni bourlets, ni paniers roulans, ni charriots, ni lisieres, ou du moins dès qu'il commencera de savoir mettre un pied devant l'autre, on ne le soutiendra que sur les lieux pavés, & l'on ne fera qu'y passer en hâte (1). Au lieu de le laisser croupir dans

---

cela est quelquefois vrai, cela ne l'est pas toujours. Je connois des gens de très-bon air, des Officiers même à contenance martiale, pour qui l'on a eu ces attentions outrées, & qui ont été excessivement dorlotés dans leur enfance. Je n'ai garde cependant de contester les assertions de M. R. à ce sujet.

dans l'air usé d'une chambre, qu'on le mene journellement au milieu d'un pré. Là qu'il coure, qu'il s'ébatte, qu'il tombe cent fois le jour, tant mieux : il en apprendra plutôt à se relever. Le bien-être de la liberté rachette beaucoup de blessures. Mon Eleve aura souvent des contusions ; en revanche il sera toujours gai : si les vôtres en ont moins, ils sont toujours contrariés, toujours enchaînés, toujours tristes. Je doute que le profit soit de leur côté.

Un autre progrès rend aux enfans la plainte moins nécessaire, c'est celui de leurs forces. Pouvant plus par eux-mêmes, ils ont un besoin moins fréquent de recourir à autrui. Avec leur force se dévelope la connoissance qui les mêt en état de la diriger. C'est à ce second dégré que commence proprement la vie de l'individu : c'est alors qu'il prend la conscience de lui-même. La mémoire étend le sentiment de l'identité sur tous les momens de son existence ; il devient véritablement un, le même, & par conséquent déjà capable de bonheur ou de misere. Il importe donc de commencer à le considérer ici comme un être moral.

Quoiqu'on assigne à-peu-près le plus long terme de la vie humaine & les probabilités qu'on a d'approcher de ce terme à chaque âge, rien n'est plus incertain que la durée de la vie de chaque homme en particulier ; très-peu parviennent à ce plus long terme. Les plus grands risques de la vie sont dans son commencement ; moins on a vécu, moins on doit esperer de vivre. Des enfans qui naissent, la moitié, tout au plus, parvient à l'adolescence, & il est probable que votre Eleve n'atteindra pas l'âge d'homme.

Que

---

jet. Je le prierois seulement de conserver les bourlets : parmi les chûtes perpétuelles que fait un enfant, & surtout un enfant qu'on ne ménage pas, il y en auroit immanquablement de

Que faut-il donc penser de cette éducation barbare qui sacrifie le présent à un avenir incertain, qui charge un enfant de chaînes de toute espece, & commence par le rendre misérable pour lui préparer au loin je ne sais quel prétendu bonheur dont il est à croire qu'il ne jouira jamais? Quand je supposerois cette éducation raisonnable dans son objet, comment voir sans indignation de pauvres infortunés soumis à un joug insupportable, & condamnés à des travaux continuels comme des galériens, sans être assuré que tant de soins leur seront jamais utiles? L'âge de la gayeté se passe au milieu des pleurs, des châtimens, des menaces, de l'esclavage. On tourmente le malheureux pour son bien, & l'on ne voit pas la mort qu'on appelle, & qui va le saisir au milieu de ce triste appareil. Qui sait combien d'enfans périssent victimes de l'extravagante sagesse d'un pere ou d'un maître? Heureux d'échapper à sa cruauté, le seul avantage qu'ils tirent des maux qu'il leur a fait souffrir, est de mourir sans regretter la vie dont il n'a connu que les tourmens.

Hommes, soyez humains, c'est votre premier devoir: soyez-le pour tous les états, pour tous les âges, pour tout ce qui n'est pas étranger à l'homme. Quelle sagesse y a-t-il pour vous hors de l'humanité? Aimez l'enfance; favorisez ses jeux, ses plaisirs, son aimable instinct. Qui de vous n'a pas regretté quelquefois cet âge où le rire est toujours sur les lévres, & où l'ame est toujours en paix? Pourquoi voulez-vous ôter à ces petits innocens la jouissance d'un tems si court qui leur échappe, & d'un bien si précieux dont ils ne sauroient abuser? Pour-

de funestes sans ces précautions. Les petits paysans y sont moins exposés, parce qu'ils courent sur la terre, le sable, le gazon.

Pourquoi voulez-vous remplir d'amertume & de douleurs ces premiers ans si rapides, qui ne reviendront pas plus pour eux qu'ils ne peuvent revenir pour vous? Peres, savez-vous le moment où la mort attend vos enfans? Ne vous préparez pas des regrets en leur ôtant le peu d'instans que la nature leur donne: aussi tot qu'ils peuvent sentir le plaisir d'être, faites qu'ils en jouissent; faites qu'à quelque heure que Dieu les appelle, ils ne meurent point sans avoir goûté la vie.

Que de voix vont s'élever contre moi! J'entends de loin les clameurs de cette fausse sagesse qui nous jette incessamment hors de nous, qui compte toujours le présent pour rien, & poursuivant sans relâche un avenir qui fuit à mesure qu'on avance, à force de nous transporter où nous ne sommes pas, nous transporte où nous ne serons jamais.

C'est, me répondez-vous, le tems de corriger les mauvaises inclinations de l'homme; c'est dans l'âge de l'enfance, où les peines sont le moins sensibles, qu'il faut les multiplier pour les épargner dans l'âge de raison. Mais qui vous dit que tout cet arrangement est à votre disposition, & que toutes ces belles instructions dont vous accablez le foible esprit d'un enfant, ne lui seront pas un jour plus pernicieuses qu'utiles? Qui vous assure que vous épargnez quelque chose par les chagrins que vous lui prodiguez? Pourquoi lui donnez-vous plus de maux que son état n'en comporte, sans être sûr que ces maux présens sont à la décharge de l'avenir? & com-

(*) M. F. *Malheureuse prévoyance* . . .] Ne semble-t-il pas que l'on n'ait pas continuellement sous les yeux des preuves démonstratives du bon succès des éducations faites suivant les meilleurs usages reçus, & par conséquent dans un goût tout différent de celui de l'éducation d'Emile? N'entend-on pas

comment me prouverez-vous que ces mauvais penchans dont vous prétendez le guérir, ne lui viennent pas de vos ſoins mal entendus, bien plus que de la nature? Malheureuſe prévoyance (*), qui rend un être actuellement miſérable ſur l'eſpoir bien ou mal fondé de le rendre heureux un jour! Que ſi ces raiſonneurs vulgaires confondent la licence avec la liberté, & l'enfant qu'on rend heureux avec l'enfant qu'on gâte, apprenons-leur à les diſtinguer.

Pour ne point courir après des chimeres, n'oublions pas ce qui convient à notre condition. L'humanité a ſa place dans l'ordre des choſes; l'enfance a la ſienne dans l'ordre de la vie humaine; il faut conſidérer l'homme dans l'homme, & l'enfant dans l'enfant. Aſſigner à chacun ſa place & l'y fixer, ordonner les paſſions humaines ſelon la conſtitution de l'homme, eſt tout ce que nous pouvons faire pour ſon bien-être. Le reſte dépend de cauſes étrangeres qui ne ſont point en notre pouvoir.

Nous ne ſavons ce que c'eſt que bonheur ou malheur abſolu. Tout eſt mêlé dans cette vie, on n'y goûte aucun ſentiment pur, on n'y reſte pas deux momens dans le même état. Les affections de nos ames, ainſi que les modifications de nos corps, ſont dans un flux continuel. Le bien & le mal nous ſont communs à tous, mais en différentes meſures. Le plus heureux eſt celui qui ſouffre le moins de peines; le plus miſérable eſt celui qui ſent le moins de plaiſirs. Toujours plus de ſouffrances que de jouiſſan-

---

pas tous les jours des hommes faits remercier leurs peres, ou leurs maîtres, de la ſévérité dont ils ont uſé à leur égard, & convenir que quelques chagrins, quelques châtimens, quelques pleurs, à l'entrée de leur vie, leur en ont épargné de bien plus ameres & plus conſidérables pendant le reſte de leur carriere?

ſances (*); voilà la différence commune à tous. La félicité de l'homme ici-bas n'eſt donc qu'un état négatif, on doit la meſurer par la moindre quantité des maux qu'il ſouffre.

Tout ſentiment de peine eſt inſéparable du déſir de s'en délivrer: toute idée de plaiſir eſt inſéparable du déſir d'en jouir: tout déſir ſuppoſe privation, & toutes les privations qu'on ſent ſont pénibles; c'eſt donc dans la diſproportion de nos déſirs & de nos facultés, que conſiſte notre miſere. Un être ſenſible dont les facultés égaleroient les déſirs ſeroit un être abſolument heureux.

En quoi donc conſiſte la ſageſſe humaine ou la route du vrai bonheur? Ce n'eſt pas préciſément à diminuer nos déſirs; car s'ils étoient au deſſous de notre puiſſance, une partie de nos facultés reſteroit oiſive, & nous ne jouirions pas de tout notre être. Ce n'eſt pas non plus à étendre nos facultés, car ſi nos déſirs s'étendoient à la fois en plus grand rapport, nous n'en deviendrions que plus miſérables: mais c'eſt à diminuer l'excès des déſirs ſur les facultés, & à mettre en égalité parfaite la puiſſance & la volonté. C'eſt alors ſeulement que toutes les forces étant en action, l'ame cependant reſtera paiſible, & que l'homme ſe trouvera bien ordonné.

C'eſt ainſi que la nature (**), qui fait tout pour le mieux, l'a d'abord inſtitué. Elle ne lui donne immédiatement que les déſirs néceſſaires à ſa conſervation, & les facultés ſuffiſantes pour les ſatisfaire. Elle

(*) M F. *Toujours plus de ſouffrances que de jouiſſances.*] C'eſt ce que je nie. Il y a plus de biens que de maux dans la vie, répartition faite ſur le total des tems, des lieux, & des individus. Mais on peut ſe croire malheureux, lorſqu'on ne l'eſt pas; & l'on peut ſe rendre tel, lorſqu'on a les moyens de l'éviter. Ces deux ordres de plaignans, quelque nombreux qu'ils ſoyent,

Elle a mis toutes les autres comme en réſerve au fond de ſon ame, pour s'y développer au beſoin. Ce n'eſt que dans cet état primitif que l'équilibre du pouvoir & du déſir ſe rencontre, & que l'homme n'eſt pas malheureux. Sitôt que ſes facultés virtuelles ſe mettent en action, l'imagination la plus active de toutes, s'éveille & les devance. C'eſt l'imagination qui étend pour nous la meſure des poſſibles ſoit en bien ſoit en mal, & qui par conſéquent excite & nourrit les déſirs par l'eſpoir de les ſatisfaire. Mais l'objet qui paroiſſoit d'abord ſous la main, fuit plus vîte qu'on ne peut le pourſuivre; quand on croit l'atteindre, il ſe transforme & ſe montre au loin devant nous. Ne voyant plus le pays déjà parcouru, nous le comptons pour rien; celui qui reſte à parcourir s'aggrandit, s'étend ſans ceſſe: ainſi l'on s'épuiſe ſans arriver au terme; & plus nous gagnons ſur la jouiſſance, plus le bonheur s'éloigne de nous.

Au contraire, plus l'homme eſt reſté près de ſa condition naturelle, plus la différence de ſes facultés à ſes déſirs eſt petite, & moins par conſéquent il eſt éloigné d'être heureux. Il n'eſt jamais moins miſérable que quand il paroît dépourvu de tout: car la miſere ne conſiſte pas dans la privation des choſes, mais dans le beſoin qui s'en fait ſentir.

Le monde réel a ſes bornes, le monde imaginaire eſt infini: ne pouvant élargir l'un, retréciſſons l'autre; car c'eſt de leur ſeule différence que naiſſent toutes les peines qui nous rendent vraiment malheureux.

ſoyent, ne ſauroient entrer en ligne de compte à la charge de la Nature & de ſon Auteur.

(**) *C'eſt ainſi que la nature . . .*] Tout ceci eſt excellent; des vérités ſi ſages, ſi profondes, ſi philoſophiques excipent bien des paradoxes. O! Rouſſeau! ſi dans le route des vérités, je dois te craindre comme guide, dans l'étude de l'homme, & dans celle de la nature, je dois t'écouter comme un Maître,

reux. Otez la force, la santé, le bon témoignage de soi, tous les biens de cette vie sont dans l'opinion ; ôtez les douleurs du corps & les remords de la conscience, tous nos maux sont imaginaires. Ce principe est commun, dira-t-on : j'en conviens. Mais l'application pratique n'en est pas commune ; & c'est uniquement de la pratique qu'il s'agit ici.

Quand on dit que l'homme est foible, que veut-on dire (*) ? Ce mot de foiblesse indique un rapport ; un rapport de l'être auquel on l'applique. Celui dont la force passe les besoins, fût-il un insecte, un ver, est un être fort : celui dont les besoins passent la force, fût-il un éléphant, un lion ; fût-il un Conquérant, un Héros ; fût-il un Dieu, c'est un être foible. L'Ange rebelle qui méconnut sa nature étoit plus foible que l'heureux mortel qui vit en paix selon la sienne. L'homme est très-fort quand il se contente d'être ce qu'il est : il est très-foible quand il veut s'élever au-dessus de l'humanité. N'allez donc pas vous figurer qu'en étendant vos facultés vous étendez vos forces ; vous les diminuez, au contraire, si votre orgueil s'étend plus qu'elles. Mesurons le rayon de notre sphere, & restons au centre, comme l'insecte au milieu de sa toile : nous nous suffirons toujours à nous-mêmes, & nous n'aurons point

---

(*) *Que veut-on dire?* Ce que M. R. lui-même entend : que les besoins de l'homme passent sa force. Ce n'est point-là un paradoxe. A la naissance de l'homme sa force est nulle, ses besoins sont tout, il n'est que besoins. A mesure qu'il croît, ses facultés se fortifient, mais ses besoins les surmontent toujours. Il a fallu que l'homme vînt au secours de l'homme : ce but de la nature, la société le remplit. Que n'y auroit-il pas à dire sur ce sujet, mais ceci est une note & non une dissertation.

(**) M. F. *L'homme seul en a de superflues.*] L'homme n'a point de facultés superflues, en elles-mêmes, ni dans le dégré auquel il peut les pousser. Toutes sont propres à le rendre

point à nous plaindre de notre foiblesse; car nous ne la sentirons jamais.

Tous les animaux ont exactement les facultés nécessaires pour se conserver. L'homme seul en a de superflues (**). N'est-il pas bien étrange que ce superflu soit l'instrument de sa misere? Dans tout pays les bras d'un homme valent plus que sa subsistance. S'il étoit assez sage pour compter ce superflu pour rien, il auroit toujours le nécessaire, parce qu'il n'auroit jamais rien de trop. Les grands besoins, disoit Favorin (2), naissent des grands biens, & souvent le meilleur moyen de se donner les choses dont on manque est de s'ôter celles qu'on a : c'est à force de nous travailler pour augmenter notre bonheur que nous le changeons en misere. Tout homme qui ne voudroit que vivre, vivroit heureux; par conséquent il vivroit bon, car où seroit pour lui l'avantage d'être méchant?

Si nous étions immortels, nous serions des êtres très-miserables. Il est dur de mourir, sans doute; mais il est doux d'espérer qu'on ne vivra pas toujours, & qu'une meilleure vie finira les peines de celle-ci. Si l'on nous offroit l'immortalité sur la terre, qui est-ce qui voudroit accepter ce triste présent? Quelle ressource, quel espoir, quelle consolation

(2) Noct. Attic. L. IX. C. 8.

dre plus parfait & plus heureux, s'il les rapporte à leur véritable destination. C'est cette destination qu'il faut lui montrer de bonne heure comme le seul objet auquel doivent se rapporter tous ses efforts. Ne vouloir que vivre, ce n'est pas vivre, c'est végéter. Etre bon dans cet état, c'est être stupide. Les progrès du bonheur s'identifiant nécessairement avec ceux de la perfection, on ne peut suivre d'autre route que celle du développement de nos facultés, qui ne sont par conséquent, ni *superflues*, ni *l'instrument de notre misere.*

lation nous resteroit-il contre les rigueurs du sort & contre les injustices des hommes? L'ignorant qui ne prévoit rien, sent peu le prix de la vie & craint peu de la perdre; l'homme éclairé voit des biens d'un plus grand prix qu'il préfere à celui-là. Il n'y a que le demi-savoir & la fausse sagesse qui prolongeant nos vûes jusqu'à la mort, & pas au-delà, en font pour nous le pire des maux. La nécessité de mourir n'est à l'homme sage qu'une raison pour supporter les peines de la vie. Si l'on n'étoit pas sûr de la perdre une fois, elle coûteroit trop à conserver.

Nos maux moraux sont tous dans l'opinion, hors un seul qui est le crime, & celui-là dépend de nous: nos maux physiques se détruisent ou nous détruisent. Le tems ou la mort sont nos remedes: mais nous souffrons d'autant plus que nous savons moins souffrir, & nous nous donnons plus de tourment pour guérir nos maladies, que nous n'en aurions à les supporter. Vis selon la Nature, sois patient, & chasse les Médecins: tu n'éviteras pas la mort, mais tu ne la sentiras qu'une fois, tandis qu'ils la portent chaque jour dans ton imagination troublée, & que leur art mensonger, au lieu de prolonger tes jours, t'en ôte la jouissance. Je demanderai toujours quel vrai bien cet art a fait aux hommes? Quelques-uns de ceux qu'il guérit, mourroient, il est vrai; mais des millions qu'il tue, resteroient en vie. Homme sensé, ne mets point à cette lotterie où trop de chances sont contre toi. Souffre, meurs ou guéris; mais sur-tout vis jusqu'à ta derniere heure.

Tout n'est que folie & contradiction dans les institutions humaines. Nous nous inquiétons plus de notre vie, à mesure qu'elle perd de son prix. Les Vieillards la regrettent plus que les jeunes gens; ils ne veulent pas perdre les apprêts qu'ils ont faits pour

en

en jouir; à soixante ans il est bien cruel de mourir avant d'avoir commencé de vivre. On croit que l'homme a un vif amour pour sa conservation, & cela est vrai; mais on ne voit pas que cet amour, tel que nous le sentons, est en grande partie l'ouvrage des hommes. Naturellement l'homme ne s'inquiete pour se conserver qu'autant que les moyens en sont en son pouvoir; sitôt que ces moyens lui échappent, il se tranquillise & meurt sans se tourmenter inutilement. La premiere loi de la résignation nous vient de la nature. Les Sauvages, ainsi que les bêtes, se débattent fort peu contre la mort, & l'endurent presque sans se plaindre. Cette loi détruite, il s'en forme une autre qui vient de la raison; mais peu savent l'en tirer, & cette résignation factice n'est jamais aussi pleine & entiere que la premiere.

La prévoyance! la prévoyance, qui nous porte sans cesse au-delà de nous & souvent nous place où nous n'arriverons point; voilà la véritable source de toutes nos miseres. Quelle manie à un être aussi passager que l'homme, de regarder toujours au loin dans un avenir qui vient si rarement. & de négliger le présent dont il est sûr! manie d'autant plus funeste qu'elle augmente incessamment avec l'âge, & que les Vieillards, toujours défians, prévoyans, avares, aiment mieux se refuser aujourd'hui le nécessaire, que d'en manquer dans cent ans. Ainsi nous tenons à tout, nous nous accrochons à tout; les tems, les lieux, les hommes, les choses, tout ce qui est, tout ce qui sera, importe à chacun de nous: notre individu n'est plus que la moindre partie de nous-mêmes. Chacun s'étend, pour ainsi dire, sur la terre entiere, & devient sensible sur toute cette grande surface. Est-il étonnant que nos maux se multiplient dans tous les points par où l'on peut nous blesser? Que de Princes se désolent pour la perte d'un pays qu'ils qu'ils n'ont jamais vû? Que de Marchands (*) il suffit de toucher aux Indes, pour les faire crier à Paris?

Est-ce la nature qui porte ainsi les hommes si loin d'eux-mêmes (**)? Est-ce elle qui veut que chacun apprenne son destin des autres, & quelquefois l'apprenne le dernier; en sorte que tel est mort heureux ou misérable, sans en avoir jamais rien su? Je vois un homme frais, gai, vigoureux, bien portant; sa présence inspire la joye; ses yeux annoncent le contentement, le bien-être: il porte avec lui l'image du bonheur. Vient une lettre de la poste; l'homme heureux la regarde; elle est à son adresse, il l'ouvre, il la lit. A l'instant son air change; il pâlit, il tombe en défaillance. Revenu à lui, il pleure, il s'agite, il gémit, il s'arrache les cheveux, il fait retentir l'air de ses cris, il semble attaqué

(*) M. F. *Que de Princes . . . Que de Marchands . . .*] Cela est saillant, & jusqu'à un certain point il y a du vrai. Mais ce Prince qu'on dépouille d'Etats éloignés, a pourtant raison de voir avec peine diminuer sa puissance, la considération qui y étoit attachée, l'influence qu'elle lui donnoit sur les affaires publiques, la gloire même de son régne. Ce Marchand fera bientôt banqueroute à Paris, si on l'a touché trop fortement aux Indes; & cela rendra le reste de sa vie accablant. Dira-t-on: pourquoi être Marchand? Alors pourquoi des Sociétés? Pourquoi des conditions inégales, & les besoins attachés à ces conditions? Soyez Princes; soyez Marchands; sentez vos disgraces & vos pertes, comme vous sentez vos succès & vos prospérités, en hommes raisonnables; & vous tirerez de ces situations un beaucoup meilleur parti que d'une vie isolée, d'un état sauvage.

(**) M. F. *Est-ce la nature qui porte ainsi les hommes si loin d'eux-mêmes?*] Oui sans doute; c'est-elle qui leur donne une activité infatigable, un désir insatiable de jouir, & de changer continuellement de jouissances. Qu'est-ce qui a dicté à M. R. celle multitude d'Ouvrages singuliers qu'il a faits succéder si rapidement les uns aux autres? N'est-ce pas ce prin-

taqué d'affreuses convulsions. Insensé, quel mal t'a donc fait ce papier (***)? quel membre t'a-t-il ôté? quel crime t'a-t-il fait commettre? enfin, qu'a-t-il changé dans toi-même pour te mettre dans l'état où je te vois?

Que la lettre se fût égarée, qu'une main charitable l'eût jettée au feu, le sort de ce mortel heureux & malheureux à la fois, eût été, ce me semble, un étrange problême. Son malheur, direz-vous, étoit réel. Fort bien, mais il ne le sentoit pas: où étoit-il donc? Son bonheur étoit imaginaire: j'entends; la santé, la gayeté, le bien-être, le contentement d'esprit ne sont plus que des visions. Nous n'existons plus où nous sommes, nous n'existons qu'où nous ne sommes pas. Est-ce la peine d'avoir une si grande peur de la mort, pourvû que ce, en quoi nous vivons, reste?

O hom-

---

principe naturel, toujours agissant, toujours inquiet? A chaque Livre qu'il publie, n'est-il pas avide, à sa façon, de jouir de l'effet qui en résultera, du bruit, du fracas qui marche à la suite? s'il étoit bien convaincu que personne ne fait la moindre attention à ses productions, il y a longtems qu'elles auroient cessé. Il se transporte dans tous les lieux où il a des Lecteurs; il se réjouit d'en avoir, il est ravi d'être critiqué, condamné, proscrit. Il y a plus d'*Erostrate* dans son fait qu'il ne le soupçonne lui-même.

(***) M. F. *Insensé! quel mal t'a donc fait ce papier?*] Pure déclamation! Quand on le voudroit, on ne pourroit s'empêcher de tenir aux objets extérieurs & éloignés; mais, en supposant qu'on vint à bout d'affoiblir & de rompre ces liens, ce seroit autant de rabattu sur les plaisirs qui dans d'autres occasions en résultent. Le naufrage d'un Vaisseau afflige aujourd'hui un Négociant qui s'est réjoui de l'heureuse arrivée de cinquante autres. J'ai un fils à la guerre; ses lettres m'intéressent, & m'ont fréquemment ravi: en voici une fâcheuse; il est pris, il est blessé; voudrois-je n'avoir jamais eu ce fils, jamais reçu de lettres de lui? Telle est la vie; c'est à la sagesse à en tirer le meilleur parti & certainement elle le peut.

O homme! resserre ton existence au-dedans de toi, & tu ne seras plus misérable (*). Reste à la place que la nature t'assigne dans la chaîne des êtres, rien ne t'en pourra faire sortir: ne regimbe point contre la dure loi de la nécessité, & n'épuise pas, à vouloir lui résister, des forces que le Ciel ne t'a point données pour étendre ou prolonger ton existence, mais seulement pour la conserver comme il lui plaît, & autant qu'il lui plaît. Ta liberté, ton pouvoir ne s'étendent qu'aussi loin que tes forces naturelles, & pas au-delà; tout le reste n'est qu'esclavage, illusion, prestige. La domination même est servile, quand elle tient à l'opinion: car tu dépends des préjugés de ceux que tu gouvernes par les préjugés. Pour les conduire comme il te plaît, il faut te conduire comme il leur plaît. Ils n'ont qu'à changer de maniere de penser, il faudra bien par force que tu changes de maniere d'agir. Ceux qui t'approchent, n'ont qu'à savoir gouverner les opinions du peuple que tu crois gouverner, ou des favoris qui te gouvernent, ou celles de ta famille, ou les tiennes propres; ces Visirs, ces Courtisans, ces Prêtres, ces Soldats, ces Valets, ces Caillettes, & jusqu'à des enfans, quand tu serois un Thémistocle en génie (3), vont te mener comme un enfant toi-même au milieu de tes légions. Tu as beau faire; jamais

(3) Ce petit garçon que vous voyez là, disoit Thémistocle à ses amis, est l'arbitre de la Grece; car il gouverne sa mere, sa mere me gouverne, je gouverne les Athéniens, & les Athéniens gouvernent les Grecs. Oh! quels petits conducteurs on trouveroit souvent aux plus grands Empires, si du Prince on descendoit par dégrés jusqu'à la premiere main qui donne le branle en secret!

(*) M. F. O *homme! resserre ton existence au-dedans de toi, & tu ne seras plus misérable!*] O homme! resserre ton existence au-dedans de toi, & tu ne seras plus heureux. Cette se-

jamais ton autorité réelle n'ira plus loin que tes facultés réelles. Sitôt qu'il faut voir par les yeux des autres, il faut vouloir par leurs volontés. Mes Peuples sont mes Sujets, dis-tu fierement. Soit; mais toi, qu'es-tu? le sujet de tes Ministres: & tes Ministres à leur tour que sont-ils? les sujets de leurs Commis, de leurs Maîtresses, les Valets de leurs Valets. Prenez tout, usurpez tout, & puis versez l'argent à pleines mains, dressez des batteries de canon, élevez des gibets, des roues, donnez des Loix, des Edits, multipliez les Espions, les Soldats, les Bourreaux, les Prisons, les Chaînes; pauvres petits hommes (*), de quoi vous sert tout cela? vous n'en serez ni mieux servis, ni moins volés, ni moins trompés, ni plus absolus. Vous direz toujours, nous voulons, & vous ferez toujours ce que voudront les autres.

Le seul qui fait sa volonté est celui qui n'a pas besoin, pour la faire, de mettre les bras d'un autre au bout des siens: d'où il suit, que le premier de tous les biens n'est pas l'autorité, mais la liberté. L'homme vraiment libre ne veut que ce qu'il peut, & fait ce qu'il lui plaît. Voilà ma maxime fondamentale. Il ne s'agit que de l'appliquer à l'enfance, & toutes les regles de l'éducation vont en découler.

La société a fait l'homme plus foible, non-seulement

---

seconde proposition est plus vraye que la premiere. M. R. confond perpétuellement l'abus des choses avec leur usage.

(*) M. F. *Pauvres petits hommes!*] Ces petits hommes mériteroient un peu plus d'égards, non seulement parce qu'ils ont les mains longues, mais parce qu'il importe que les impressions du respect qui leur est dû, ne souffrent point d'atteinte dans la Société. C'est aux Rois à se souvenir qu'ils sont hommes, & aux sujets à les envisager comme Rois. Si l'on veut leur donner des conseils, ou même des préceptes, il faut du moins un autre tour, un autre assaisonnement.

ment en lui ôtant le droit qu'il avoit sur ses propres forces, mais sur-tout en les lui rendant insuffisantes. Voilà pourquoi ses désirs se multiplient avec sa foiblesse, & voilà ce qui fait celle de l'enfance comparée à l'âge d'homme. Si l'homme est un être fort & si l'enfant est un être foible, ce n'est pas parce que le premier a plus de force absolue que le second, mais c'est parce que le premier peut naturellement se suffire à lui-même & que l'autre ne le peut. L'homme doit donc avoir plus de volontés & l'enfant plus de fantaisies; mot par lequel j'entends tous les désirs qui ne sont pas de vrais besoins, & qu'on ne peut contenter qu'avec le secours d'autrui.

J'ai dit la raison de cet état de foiblesse. La nature y pourvoit par l'attachement des peres & des meres: mais cet attachement peut avoir son excès, son défaut, ses abus. Des parens qui vivent dans l'état civil y transportent leur enfant avant l'âge. En lui donnant plus de besoins qu'ils n'en a, ils ne soulagent pas sa foiblesse, ils l'augmentent. Ils l'augmentent encore en exigeant de lui ce que la nature n'exigeoit pas; en soumettant à leurs volontés le peu de force qu'il a pour servir les siennes; en changeant de part ou d'autre en esclavage, la dépendance réciproque où le tient sa foiblesse, & où les tient leur attachement.

L'homme sage sait rester à sa place; mais l'enfant qui ne connoît pas la sienne ne sauroit s'y maintenir. Il a parmi nous mille issues pour en sortir; c'est à ceux

---

(*) M. F. *Les Riches, les Grands, les Rois, sont tous des enfans.*] Ce passage mérite la même censure que le précédent, quant au défaut d'égards. Mais on peut dire avec cela qu'il ne s'y trouve, ni justice, ni justesse. Sans les loix & la société, les hommes ne seroient que *ces enfans robustes* dont parle Hobbes, semblables aux sauvages, qui, malgré la précec-

ceux qui le gouvernent à l'y retenir, & cette tâche n'est pas facile. Il ne doit être ni bête ni homme, mais enfant; il faut qu'il sente sa foiblesse & non qu'il en souffre; il faut qu'il dépende & non qu'il obéisse; il faut qu'il demande & non qu'il commande. Il n'est soumis aux autres qu'à cause de ses besoins, & parce qu'ils voient mieux que lui ce qui lui est utile, ce qui peut contribuer ou nuire à sa conservation. Nul n'a droit, pas même le pere, de commander à l'enfant ce qui ne lui est bon à rien.

Avant que les préjugés & les institutions humaines aient altéré nos penchans naturels, le bonheur des enfans ainsi que des hommes consiste dans l'usage de leur liberté; mais cette liberté dans les premiers est bornée par leur foiblesse. Quiconque fait ce qu'il veut est heureux, s'il se suffit à lui-même; c'est le cas de l'homme vivant dans l'état de nature. Quiconque fait ce qu'il veut n'est pas heureux, si ses besoins passent ses forces; c'est le cas de l'enfant dans le même état. Les enfans ne jouissent, même dans l'état de nature, que d'une liberté imparfaite, semblable à celle, dont jouissent les hommes dans l'état civil. Chacun de nous, ne pouvant plus se passer des autres, redevient à cet égard foible & misérable. Nous étions faits pour être hommes; les loix & la société nous ont replongés dans l'enfance. Les Riches, les Grands, les Rois sont tous des enfans (*) qui, voyant qu'on s'empresse à soulager leur misere, tirent de cela même une vanité puérile,

dilection de M. R. pour eux, sont une fort vilaine engeance. Les Rois, les Grands, les Riches, s'ils ont des principes & des vertus, bien loin d'être foibles ont un excédent de forces qu'ils font tourner au profit de la Société : c'est ce qui fait le prix des dignités & des trésors.

le, & ſont tout fiers des ſoins qu'on ne leur rendroit pas s'ils étoient hommes-faits.

Ces conſidérations ſont importantes, & ſervent à réſoudre toutes les contradictions du ſyſteme ſocial. Il y a deux ſortes de dépendances. Celle des choſes qui eſt de la nature; celle des hommes qui eſt de la ſociété. La dépendance des choſes n'ayant aucune moralité, ne nuit point à la liberté, & n'engendre point de vices : la dépendance des hommes étant déſordonnée (4) les engendre tous, & c'eſt par elle que le Maître & l'Eſclave ſe dépravent mutuellement (*). S'il y a quelque moyen de remédier à ce mal dans la ſociété, c'eſt de ſubſtituer la loi à l'homme, & d'armer les volontés générales d'une force réelle ſupérieure à l'action de toute volonté particuliere. Si les Loix des Nations pouvoient avoir comme celles de la nature une inflexibilité que jamais aucune force humaine ne pût vaincre, la dépendance des hommes redeviendroit alors celle des choſes ; on réuniroit dans la République tous les avantages de l'état naturel à ceux de l'état civil; on joindroit à la liberté qui maintient l'homme exempt de vices, la moralité qui l'éleve à la vertu.

Maintenez l'enfant dans la ſeule dépendance des choſes; vous aurez ſuivi l'ordre de la nature dans le progrès de ſon éducation. N'offrez jamais à ſes volontés indiſcretes que des obſtacles phyſiques ou des punitions qui naiſſent des actions mêmes, & qu'il ſe rappelle dans l'occaſion : ſans lui défendre de mal faire, il ſuffit de l'en empêcher. L'expérience ou l'impuiſſance doivent ſeules lui tenir lieu de loi. N'ac-

(4) Dans mes principes du droit politique il eſt démontré que nulle volonté particuliere ne peut être ordonnée dans le ſyſtême ſocial.

(*) M.F. *Le Maître & l'Eſclave ſe dépravent mutuellement.*]

N'accordez rien à ses désirs parce qu'il le demande, mais parce qu'il en a besoin. * Qu'il ne sache ce que c'est qu'obéissance quand il agit, ni ce que c'est qu'empire quand on agit pour lui. Qu'il sente également sa liberté dans ses actions & dans les vôtres. Suppléez à la force qui lui manque, autant précisément qu'il en a besoin pour être libre & non pas impérieux; qu'en recevant vos services avec une sorte d'humiliation, il aspire au moment où il pourra s'en passer, & où il aura l'honneur de se servir lui-même.

La nature a, pour fortifier le corps & le faire croître, des moyens qu'on ne doit jamais contrarier. Il ne faut point contraindre un enfant de rester quand il veut aller, ni d'aller quand il veut rester en place. Quand la volonté des enfans n'est point gâtée par notre faute, ils ne veulent rien inutilement. Il faut qu'ils sautent, qu'ils courent, qu'ils crient quand ils en ont envie. Tous leurs mouvemens sont des besoins de leur constitution qui cherche à se fortifier : mais on doit se défier de ce qu'ils désirent sans le pouvoir faire eux-mêmes, & que d'autres sont obligés de faire pour eux. Alors il faut distinguer avec soin le vrai besoin, le besoin naturel, du besoin de fantaisie qui commence à naître, ou de celui qui ne vient que de la surabondance de vie dont j'ai parlé.

J'ai déja dit ce qu'il faut faire quand un enfant pleure pour avoir ceci ou cela. J'ajouterai seulement que dès qu'il peut demander en parlant ce qu'il désire, & que pour l'obtenir plus vîte ou pour vaincre un refus il appuye de pleurs sa demande, elle lui doit

* Ceci regarde le Systême Social, sur lequel M. R. a écrit un Ouvrage à part. Comme il en a placé le précis vers la fin du Tome IV. d'*Emile*, nous y ferons quelques remarques, lorsque nous en viendrons-là.

doit être irrévocablement refusée. Si le besoin l'a fait parler, vous devez le savoir & faire aussi-tot ce qu'il demande : mais céder quelque chose à ses larmes, c'est l'exciter à en verser, c'est lui apprendre à douter de votre bonne-volonté, & à croire que l'importunité peut plus sur vous que la bienveillance. S'il ne vous croit pas bon, bientôt il sera méchant; s'il vous croit foible, il sera bientôt opiniâtre : il importe d'accorder toujours au premier signe ce qu'on ne veut pas refuser. Ne soyez point prodigue en refus, mais ne les révoquez jamais.

Gardez-vous sur-tout de donner à l'enfant de vaines formules de politesse qui lui servent au besoin de paroles magiques, pour soumettre à ses volontés tout ce qui l'entoure, & obtenir à l'instant ce qu'il lui plaît. Dans l'éducation façonniere des riches, on ne manque jamais de les rendre poliment impérieux, en leur prescrivant les termes dont ils doivent se servir pour que personne n'ose leur résister : leurs enfans n'ont ni tons ni tours supplians, ils sont aussi arrogans, même plus, quand ils prient, que quand ils commandent, comme étant bien plus sûrs d'être obéis. On voit d'abord que *s'il vous plaît* signifie dans leur bouche *il me plaît*, & que *je vous prie* signifie *je vous ordonne*. Admirable politesse, qui n'aboutit pour eux qu'à changer le sens des mots, & à ne pouvoir jamais parler autrement qu'avec empire ! Quant-à-moi qui crains moins qu'Emile ne soit grossier qu'arrogant, j'aime beaucoup mieux qu'il dise en priant *faites cela*, qu'en com-

(*) M. F. *J'aime beaucoup mieux qu'il dise en priant* faites cela, *qu'en commandant*, je vous prie.] Pures singularités qui n'aboutissent pas à grand' chose. Tout ceci ressemble assez aux maximes des Quakers, qui croyent user de plus de franchise, & jouir d'une plus grande liberté, en tutéyant qu'en vousséyant. Les enfans bien élevés, fussent-ils Princes, peuvent être

commandant, *je vous prie* (*). Ce n'eſt pas le terme dont il ſe ſert qui m'importe, mais bien l'acception qu'il y joint.

Il y a un excès de rigueur & un excès d'indulgence, tous deux également à éviter. Si vous laiſſez pâtir les enfans, vous expoſez leur ſanté, leur vie, vous les rendez actuellement miſérables; ſi vous leur épargnez avec trop de ſoin toute eſpece de mal-être, vous leurs préparez de grandes miſeres, vous les rendez délicats, ſenſibles, vous les ſortez de leur état d'hommes dans lequel ils rentreront un jour malgré vous. Pour ne les pas expoſer à quelques maux de la nature, vous êtes l'artiſan de ceux qu'elle ne leur a pas donnés. Vous me direz que je tombe dans le cas de ces mauvais peres, auxquels je reprochois de ſacrifier le bonheur des enfans, à la conſidération d'un tems éloigné qui peut ne jamais être.

Non pas: car la liberté que je donne à mon Eleve, le dédomage amplement des légeres incommodités auxquelles je le laiſſe expoſé. Je vois de petits poliſſons jouer ſur la neige, violets, tranſis, & pouvant à peine remuer les doigts. Il ne tient qu'à eux de s'aller chauffer, ils n'en font rien; ſi on les y forçoit, ils ſentiroient cent fois plus les rigueurs de la contrainte, qu'ils ne ſentent celles du froid. Dequoi donc vous plaignez-vous? Rendrai-je votre enfant miſérable en ne l'expoſant qu'aux incommodités qu'il veut bien ſouffrir? Je fais ſon bien dans le moment préſent en le laiſſant libre; je fais ſon bien dans l'avenir en l'armant contre les maux qu'il doit ſupporter.

être inſtruits & dreſſés de façon qu'en diſant, *je vous prie*, ils ont non ſeulement la politeſſe qui entre dans le plan d'une bonne éducation, mais ils prient effectivement, & n'obtiendroient rien ſi l'on entrevoyoit de l'autorité ou de l'arrogance dans le tour de leur demande.

ter. S'il avoit le choix d'être mon Eleve ou le vôtre, penſez-vous qu'il balançât un inſtant (*)?

Concevez-vous quelque vrai bonheur poſſible pour aucun être hors de ſa conſtitution? & n'eſt-ce pas ſortir l'homme de ſa conſtitution, que de vouloir l'exempter également de tous les maux de ſon eſpece? Oui, je le ſoutiens; pour ſentir les grands biens, il faut qu'il connoiſſe les petits maux; telle eſt ſa nature. Si le phyſique va trop bien, le moral ſe corrompt. L'homme qui ne connoîtroit pas la douleur, ne connoîtroit ni l'attendriſſement de l'humanité ni la douceur de la commiſération; ſon cœur ne ſeroit ému de rien, il ne ſeroit pas ſociable, il ſeroit un monſtre parmi ſes ſemblables.

Savez-vous quel eſt le plus ſûr moyen de rendre votre enfant miſérable? c'eſt de l'accoûtumer à tout obtenir; car ſes déſirs croiſſant inceſſamment par la facilité de les ſatisfaire, tôt ou tard l'impuiſſance vous forcera malgré vous d'en venir au refus, & ce refus inaccoûtumé lui donnera plus de tourment que la privation même de ce qu'il déſire. D'abord il voudra la canne que vous tenez; bientôt il voudra votre montre; enſuite il voudra l'oiſeau qui vole; il voudra l'étoile qu'il voit briller, il voudra tout ce qu'il verra: à moins d'être Dieu, comment le contenterez-vous?

C'eſt une diſpoſition naturelle à l'homme de regarder comme ſien tout ce qui eſt en ſon pouvoir. En ce ſens le principe de Hobbes eſt vrai juſqu'à certain point; multipliez avec nos déſirs les moyens de

(*) M. F. *Penſez-vous qu'il balançât un inſtant?*] Cela ne prouve rien. Un enfant auquel on a d'abord laiſſé la bride ſur le col, aime ſans doute mieux ſe mêler *à de petits poliſſons qui jouent ſur la neige, violets, tranſis, & pouvant à peine remuer les doigts*, que de paſſer une ſuite d'heures avec ſon Précep-

de les satisfaire, chacun se fera le maître de tout. L'enfant donc qui n'a qu'à vouloir pour obtenir, se croit le propriétaire de l'Univers; il regarde tous les hommes comme ses esclaves: & quand enfin l'on est forcé de lui refuser quelque chose; lui, croyant tout possible quand il commande, prend ce refus pour un acte de rebellion; toutes les raisons qu'on lui donne dans un âge incapable de raisonnement, ne sont à son gré que des prétextes; il voit par-tout de la mauvaise volonté: le sentiment d'une injustice prétendue aigrissant son naturel, il prend tout le monde en haine, & sans jamais savoir gré de la complaisance, il s'indigne de toute opposition.

Comment concevrois-je qu'un enfant ainsi dominé par la colere, & dévoré des passions les plus irascibles, puisse jamais être heureux? Heureux, lui! c'est un Despote; c'est à la fois le plus vil des esclaves & la plus misérable des créatures. J'ai vû des enfans élevés de cette maniere, qui vouloient qu'on renversât la maison d'un coup d'épaule; qu'on leur donnât le cocq qu'ils voyoient sur un clocher; qu'on arrêtât un Regiment en marche pour entendre les tambours plus long-tems, & qui perçoient l'air de leurs cris, sans vouloir écouter personne, aussitôt qu'on tardoit à leur obéir. Tout s'empressoit vainement à leur complaire; leurs désirs s'irritant par la facilité d'obtenir, ils s'obstinoient aux choses impossibles, & ne trouvoient par-tout que contradictions, qu'obstacles, que peines, que douleurs. Toujours grondans, toujours mutins, toujours furieux, ils pas-

centeur; ou dans un Classe. Mais donnez le même choix à faire à un enfant qui aura été bien dirigé pendant un ou deux ans; il ne voudra pas être un coureur de rues, non seulement par point d'honneur, mais par goût, & par le plaisir que lui causent des occupations sagement réglées.

passoient les jours à crier, à se plaindre: étoient-ce là des êtres bien fortunés? La foiblesse & la domination réunis n'engendrent que folie & misere. De deux enfans gâtés, l'un bat la table, & l'autre fait fouetter la mer; ils auront bien à fouetter & à battre avant de vivre contens.

Si ces idées d'empire & de tyrannie les rendent misérables dès leur enfance, que sera-ce quand ils grandiront, & que leurs relations avec les autres hommes commenceront à s'étendre & se multiplier? Accoûtumés à voir tout fléchir devant eux, quelle surprise en entrant dans le monde de sentir que tout leur résiste, & de se trouver écrasés du poids de cet Univers qu'ils pensoient mouvoir à leur gré! Leurs airs insolens, leur puérile vanité ne leur attirent que mortifications, dedains, railleries; ils boivent les affronts comme l'eau; de cruelles épreuves leur apprennent bientôt qu'ils ne connoissent ni leur état ni leurs forces; ne pouvant tout, ils croient ne rien pouvoir: tant d'obstacles inaccoûtumés les rebutent, tant de mépris les avilissent; ils deviennent lâches, craintifs, rampans, & retombent autant au-dessous d'eux-mêmes qu'ils s'étoient élevés au-dessus.

Revenons à la régle primitive. La nature a fait les enfans pour être aimés & secourus, mais les a-t-elle faits pour être obéis & craints? Leur a-t-elle donné un air imposant, un œil sévere, une voix rude & menacante pour se faire redouter? Je comprends que le rugissement d'un lion épouvante les animaux, & qu'ils tremblent en voyant sa terrible hure;

(*) M. F. *Un spectacle indécent* . . .] Tout dépend du point de vue sous lequel on envisage les choses, & du but auquel elles se rapportent. Il n'y a rien qu'on ne puisse, sinon rendre ridicule, au moins tourner en ridicule. Les plus belles Piéces de Théâtre donnent ordinairement lieu aux Parodies les plus réjouissantes. La Nation aime ses Maîtres; il nait

hure; mais si jamais on vit un spectacle indécent (*), odieux, risible, c'est un Corps de Magistrats, le Chef à la tête, en habit de cérémonie, prosternés devant un enfant au maillot, qu'ils haranguent en termes pompeux, & qui crie & bave pour toute réponse.

A considérer l'enfance en elle-même, y a-t-il au monde un être plus foible, plus misérable, plus à la merci de tout ce qui l'environne, qui ait si grand besoin de pitié, de soins, de protection qu'un enfant? Ne semble-t-il pas qu'il ne montre une figure si douce & un air si touchant qu'afin que tout ce qui l'approche s'intéresse à sa foiblesse, & s'empresse à le secourir? Qu'y a-t-il donc de plus choquant, de plus contraire à l'ordre, que de voir un enfant impérieux & mutin commander à tout ce qui l'entoure, & prendre impudemment le ton de Maître avec ceux qui n'ont qu'à l'abandonner pour le faire périr?

D'autre part, qui ne voit que la foiblesse du premier âge enchaîne les enfans de tant de manieres, qu'il est barbare d'ajouter à cet assujettissement celui de nos caprices, en leur ôtant une liberté si bornée, de laquelle ils peuvent si peu abuser, & dont il est si peu utile à eux & à nous qu'on les prive? S'il n'y a point d'objet si digne de risée qu'un enfant hautain, il n'y a point d'objet si digne de pitié qu'un enfant craintif. Puisqu'avec l'âge de raison commence la servitude civile, pourquoi la prévenir par la servitude privée? Souffrons qu'un moment de la vie soit exempt de ce joug que la nature ne nous a pas

---

nait dans la Famille Royale un Prince, l'héritier & l'appui du Thrône. Les représentans de cette Nation vont exprimer leurs sentimens en présence de ce nouveau-né; ils font des vœux ardens & sinceres pour sa conservation. Il n'y a rien là qui ne soit décent & touchant.

pas imposé, & laissons à l'enfance l'exercice de la liberté naturelle, qui l'éloigne, au moins pour un tems, des vices que l'on contracte dans l'esclavage. Que ces Instituteurs séveres, que ces peres asservis à leurs enfans, viennent donc les uns & les autres avec leurs frivoles objections, & qu'avant de vanter leurs méthodes, ils apprennent une fois celle de la nature.

Je reviens à la pratique. J'ai déjà dit que votre enfant ne doit rien obtenir parce qu'il le demande, mais parcequ'il en a besoin (5), ni rien faire par obéissance, mais seulement par nécessité; ainsi les mots d'obéir & de commander seront proscrits de son Dictionnaire, encore plus ceux de devoir & d'obligation; mais ceux de force, de nécessité, d'impuissance & de contrainte y doivent tenir une grande place. Avant l'âge de raison l'on ne sauroit avoir aucune idée des êtres moraux ni des relations sociales; il faut donc éviter autant qu'il se peut d'employer des mots qui les expriment, de peur que l'enfant n'attache d'abord à ces mots de fausses idées qu'on ne saura point, ou qu'on ne pourra plus détruire. La premiere fausse idée qui entre dans sa tête, est en lui le germe de l'erreur & du vice; c'est à ce premier pas qu'il faut sur-tout faire attention. Faites que tant qu'il n'est frappé que des choses sensibles, toutes ses idées s'arrêtent aux sensations; faites que de toutes parts il n'apperçoive autour de lui que

(5) On doit sentir que comme la peine est souvent une nécessité, le plaisir est quelquefois un besoin. Il n'y a donc qu'un seul désir des enfans, auquel on ne doive jamais complaire; c'est celui de se faire obéir. D'où il suit, que dans tout ce qu'ils demandent, c'est sur-tout au motif qui les porte à le demander qu'il faut faire attention. Accordez-leur, tant qu'il est possible, tout ce qui peut leur faire un plaisir réel: refusez-leur toujours ce qu'ils ne demandent que par fantaisie, ou pour faire un acte d'autorité.

que le monde phyſique : ſans quoi ſoyez ſûr qu'il ne vous écoutera point du tout, ou qu'il ſe fera du monde moral, dont vous lui parlez, des notions fantaſtiques que vous n'effacerez de la vie.

Raiſonner avec les enfans étoit la grande maxime de Locke: c'eſt la plus en vogue aujourd'hui : ſon ſuccès ne me paroît pourtant pas fort propre à la mettre en crédit; & pour moi je ne vois rien de plus ſot que ces enſans avec qui l'on a tant raiſonné (*). De toutes les facultés de l'homme la raiſon, qui n'eſt, pour ainſi dire, qu'un compoſé de toutes les autres, eſt celle qui ſe développe le plus difficilement & le plus tard : & c'eſt de celle-là qu'on veut ſe ſervir pour développer les premieres! Le chef-d'œuvre d'une bonne éducation eſt de faire un homme raiſonnable: & l'on prétend élever un enfant par la raiſon! C'eſt commencer par la fin, c'eſt vouloir faire l'inſtrument de l'ouvrage. Si les enſans entendoient raiſon, ils n'auroient pas beſoin d'être élevés; mais en leur parlant dès leur bas âge une langue qu'ils n'entendent point, on les accoûtume à ſe payer de mots, à contrôler tout ce qu'on leur dit, à ſe croire auſſi ſages que leurs Maîtres, à devenir diſputeurs & mutins; & tout ce qu'on penſe obtenir d'eux par des motifs raiſonnables, on ne l'obtient jamais que par ceux de convoitiſe ou de crainte ou de vanité, qu'on eſt toujours forcé d'y joindre.
Voici

(*) *Avec qui l'on a tant raiſonné.*] La cenſure de M. R. eſt juſte, & cependant la maxime de Locke eſt bonne. Il faut raiſonner avec les enfans, parce qu'ils ne ſont pas des machines; mais il faut qu'ils agiſſent par le motif de l'autorité, à cauſe que le développement de leur raiſon n'eſt pas aſſez formé. Trop raiſonner, c'eſt ruiner leur eſprit par un exercice pénible. Ne point raiſonner, c'eſt engourdir leurs facultés : c'eſt couvrir d'un toît une terre enſemencée de peur que le ſoleil ne la rende féconde.

Voici la formule à laquelle peuvent se réduire à-peu-près toutes les leçons de morale qu'on fait & qu'on peut faire aux enfans.

LE MAITRE.

Il ne faut pas faire cela.

L'ENFANT.

Et pourquoi ne faut-il pas faire cela?

LE MAITRE.

Parceque c'est mal fait.

L'ENFANT.

Mal fait! Qu'est-ce qui est mal fait?

LE MAITRE.

Ce qu'on vous défend.

L'ENFANT.

Quel mal y a-t-il à faire ce qu'on me défend?

LE MAITRE.

On vous punit pour avoir désobéi.

L'ENFANT.

Je ferai en sorte qu'on n'en sache rien.

LE MAITRE.

On vous épiera.

L'ENFANT.

Je me cacherai.

LE

(*) M. F. *Locke lui-même y eut été à coup sûr fort embarrassé.*] Le Dialogue que M. R. imagine, montre l'opinion qu'il a de ceux qui dirigent les enfans: mais il ne prouve pas qu'elle soit fondée & qu'on se voye obligé à payer les enfans de semblables défaites. Il ne faut pas être un Docteur consommé pour convaincre de bonne heure un enfant qu'il ne doit pas mentir. La seule notion évidente de ne pas faire aux autres ce qu'il ne

LE MAITRE.

On vous questionnera.

L'ENFANT.

Je mentirai.

LE MAITRE.

Il ne faut pas mentir.

L'ENFANT.

Pourquoi ne faut-il pas mentir?

LE MAITRE.

Parce que c'est mal fait, &c.

Voilà le cercle inévitable. Sortez-en; l'enfant ne vous entend plus. Ne sont-ce pas là des instructions fort utiles? Je serois bien curieux de savoir ce qu'on pourroit mettre à la place de ce dialogue? Locke lui-même y eût, à coup sûr, été fort embarrassé (*). Connoître le bien & le mal, sentir la raison des devoirs de l'homme, n'est pas l'affaire d'un enfant.

La nature veut que les enfans soient enfans avant que d'être hommes. Si nous voulons pervertir cet ordre, nous produirons des fruits précoces qui n'auront ni maturité ni saveur, & ne tarderont pas à se corrompre: nous aurons de jeunes docteurs & de vieux enfans. L'enfance a des manieres de voir, de penser, de sentir, qui lui sont propres; rien n'est moins sensé que d'y vouloir substituer les nôtres; & j'ai-

ne voudroit pas qu'on lui fit, notion qu'on peut assurément lui faire comprendre & adopter, suffit pour le conduire à la conviction, tant au sujet du mensonge que de presque toutes les autres fautes dont il se rend coupable. L'Auteur défie Locke d'avoir pu substituer quelque chose à son Dialogue. Sans être Locke, j'en viendrois, je crois, à bout, si je ne voulois ménager l'espace.

j'aimerois autant exiger qu'un enfant eût cinq pieds de haut, que du jugement, à dix ans. En effet, à quoi lui ſerviroit la raiſon à cet âge? Elle eſt le frein de la force, & l'enfant n'a pas beſoin de ce frein.

En eſſayant de perſuader à vos Eleves le devoir de l'obéiſſance, vous joignez à cette prétendue perſuaſion la force & les menaces, ou, qui pis eſt, la flatterie & les promeſſes. Ainſi donc, amorcés par l'intérêt, ou contraints par la force, ils font ſemblant d'être convaincus par la raiſon. Ils voient très-bien que l'obéiſſance leur eſt avantageuſe & la rebellion nuiſible, auſſi-tôt que vous vous appercevez de l'une ou de l'autre. Mais comme vous n'exigez rien d'eux qui ne leur ſoit déſagréable, & qu'il eſt toujours pénible de faire les volontés d'autrui, ils ſe cachent pour faire les leurs, perſuadés qu'ils font bien ſi l'on ignore leur déſobéiſſance, mais prêts à convenir qu'ils font mal, s'ils ſont découverts, de crainte d'un plus grand mal. La raiſon du devoir n'étant pas de leur âge, il n'y a homme au monde qui vînt à bout de la leur rendre vraiment ſenſible : mais la crainte du châtiment, l'eſpoir du pardon, l'importunité, l'embarras de répondre, leur arrachent tous les aveux qu'on exige, & l'on croit les avoir convaincus quand on ne les a qu'ennuyés ou intimidés.

Qu'arrive-t-il de là ? Premierement, qu'en leur impoſant un devoir qu'ils ne ſentent pas, vous les indiſpoſez contre votre tyrannie, & les détournez de vous aimer ; que vous leur apprenez à devenir diſſimulés, faux, menteurs, pour extorquer des récompenſes ou ſe dérober aux châtimens ; qu'enfin, les accoûtumant à couvrir toujours d'un motif apparent un

(6) On doit être ſûr que l'enfant traitera de caprice toute volonté contraire à la ſienne, & dont il ne ſentira pas la raiſon.

un motif secret, vous leur donnez vous-mêmes le moyen de vous abuser sans cesse, de vous ôter la connoissance de leur vrai caractere, & de payer vous & les autres de vaines paroles dans l'occasion. Les loix, direz-vous, quoiqu'obligatoires pour la conscience, usent de même de contrainte avec les hommes faits. J'en conviens : mais que sont ces hommes, sinon des enfans gâtés par l'éducation ? Voilà précisément ce qu'il faut prévenir. Employez la force avec les enfans, & la raison avec les hommes : tel est l'ordre naturel : le sage n'a pas besoin de loix.

Traitez votre Eleve selon son âge. Mettez-le d'abord à sa place, & tenez l'y si bien, qu'il ne tente plus d'en sortir. Alors, avant de savoir ce que c'est que sagesse, il en pratiquera la plus importante leçon. Ne lui commandez jamais rien, quoi que ce soit au monde, absolument rien. Ne lui laissez pas même imaginer que vous prétendiez avoir aucune autorité sur lui. Qu'il sache seulement qu'il est foible & que vous êtes fort, que par son état & le vôtre il est nécessairement à votre merci ; qu'il le sache, qu'il l'apprenne, qu'il le sente : qu'il sente de bonne heure sur sa tête altiere le dur joug que la nature impose à l'homme, le pesant joug de la nécessité, sous lequel il faut que tout etre fini ploye : qu'il voye cette nécessité dans les choses, jamais dans le caprice (6) des hommes ; que le frein qui le retient soit la force & non l'autorité. Ce dont il doit s'abstenir, ne le lui défendez pas, empêchez-le de le faire, sans explications, sans raisonnemens : ce que vous lui accordez, accordez-le à son premier mot, sans sollicitations, sans prieres, sur-tout sans con-

son. Or, un enfant ne sent la raison de rien, dans tout ce qui choque ses fantaisies.

condition. Accordez avec plaiſir, ne refuſez qu'avec répugnance; mais que tous vos refus ſoient irrévocables, qu'aucune importunité ne vous ébranle, que le *non* prononcé ſoit un mur d'airain, contre lequel l'enfant n'aura pas épuiſé cinq ou ſix fois ſes forces, qu'il ne tentera plus de le renverſer.

C'eſt ainſi que vous le rendrez patient, égal, réſigné, paiſible, même quand il n'aura pas ce qu'il a voulu; car il eſt dans la nature de l'homme d'endurer patiemment la néceſſité des choſes, mais non la mauvaiſe volonté d'autrui. Ce mot, *il n'y en a plus*, eſt une réponſe contre laquelle jamais enfant ne s'eſt mutiné à moins qu'il ne crût que c'étoit un menſonge. Au reſte, il n'y a point ici de milieu; il faut n'en rien exiger du tout, ou le plier d'abord à la plus parfaite obéiſſance. La pire éducation eſt de le laiſſer flottant entre ſes volontés & les vôtres, & de diſputer ſans ceſſe entre vous & lui à qui des deux ſera le maître; j'aimerois cent fois mieux qu'il le fût toujours.

Il eſt bien étrange que depuis qu'on ſe mêle d'élever des enfans, on n'ait imaginé d'autre inſtrument pour les conduire que l'émulation, la jalouſie, l'envie, la vanité, l'avidité, la vile crainte, toutes les paſſions les plus dangereuſes, les plus promptes à fermenter, & les plus propres à corrompre l'ame, même avant que le corps ſoit formé. A chaque inſtruction précoce qu'on veut faire entrer dans leur tête, on plante un vice au fond de leur cœur; d'inſenſés Inſtituteurs penſent faire des merveilles en les rendant méchans pour leur apprendre ce que c'eſt que bonté; & puis ils nous diſent gravement, tel eſt l'homme. Oui, tel eſt l'homme que vous avez fait.

On a eſſayé tous les inſtrumens, hors un: le ſeul préciſément qui peut réuſſir; la liberté bien reglée. Il ne faut point ſe mêler d'élever un enfant quand on ne ne ſait pas le conduire où l'on veut par les ſeules loix du poſſible & de l'impoſſible. La ſphere de l'un & de l'autre lui étant également inconnue, on l'étend, on la reſſerre autour de lui comme on veut. On l'enchaîne, on le pouſſe, on le retient avec le ſeul lien de la néceſſité, ſans qu'il en murmure: on le rend ſouple & docile par la ſeule force des choſes, ſans qu'aucun vice ait l'occaſion de germer en lui: car jamais les paſſions ne s'animent, tant qu'elles ſont de nul effet.

Ne donnez à votre Eleve aucune eſpece de leçon verbale, il n'en doit recevoir que de l'expérience; ne lui infligez aucune eſpece de châtiment, car il ne ſait ce que c'eſt qu'être en faute; ne lui faites jamais demander pardon, car il ne ſauroit vous offenſer. Dépourvu de toute moralité dans ſes actions, il ne peut rien faire qui ſoit moralement mal, & qui mérite ni châtiment ni réprimande.

Je vois déja le Lecteur effrayé juger de cet enfant par les nôtres: il ſe trompe. La gêne perpétuelle, où vous tenez vos Eleves, irrite leur vivacité; plus ils ſont contraints ſous vos yeux, plus ils ſont turbulens au moment qu'ils s'échappent; il faut bien qu'ils ſe dédomagent, quand ils peuvent, de la dure contrainte où vous les tenez. Deux Ecoliers de la ville feront plus de dégât dans un pays que la Jeuneſſe de tout un village. Enfermez un petit Monſieur & un petit Payſan dans une chambre; le premier aura tout renverſé, tout briſé, avant que le ſecond ſoit ſorti de ſa place. Pourquoi cela? ſi ce n'eſt que l'un ſe hâte d'abuſer d'un moment de licence, tandis que l'autre, toujours ſûr de ſa liberté, ne ſe preſſe jamais d'en uſer. Et cependant les enfans des villageois ſouvent flattés ou contrariés ſont encore bien loin de l'état où je veux qu'on les tienne.

Poſons pour maxime inconteſtable que les premiers mouvemens de la nature ſont toujours droits: il n'y a point de perverſité originelle dans le cœur humain (*). Il ne s'y trouve pas un ſeul vice dont on ne puiſſe dire comment & par où il y eſt entré. La ſeule paſſion naturelle à l'homme, eſt l'amour de ſoi-même, ou l'amour-propre pris dans un ſens étendu. Cet amour-propre en ſoi ou relativement à nous eſt bon & utile, & comme il n'a point de rapport néceſſaire à autrui, il eſt à cet égard naturellement indifférent; il ne devient bon ou mauvais que par l'application qu'on en fait & les relations qu'on lui donne. Juſqu'à ce que le guide de l'amour-propre, qui eſt la raiſon, puiſſe naître, il importe donc qu'un enfant ne faſſe rien parce qu'il eſt vu ou entendu, rien en un mot par rapport aux autres, mais ſeulement ce que la nature lui demande, & alors il ne fera rien que de bien.

Je n'entends pas qu'il ne fera jamais de dégât, qu'il ne ſe bleſſera point, qu'il ne briſera pas peut-être un meuble de prix s'il le trouve à ſa portée. Il pourroit faire beaucoup de mal ſans mal faire, parce que la mauvaiſe action dépend de l'intention de nuire, & qu'il n'aura jamais cette intention. S'il l'avoit une ſeule fois, tout ſeroit déjà perdu; il ſeroit méchant preſque ſans reſſource.

Telle choſe eſt mal aux yeux de l'avarice, qui ne l'eſt pas aux yeux de la raiſon. En laiſſant les enfans en

---

(*) M. F. *Point de perverſité originelle dans le cœur humain.*] Indépendamment de tout Dogme Théologique, l'expérience atteſte que les enfans en général manifeſtent beaucoup plus de mauvais penchans que de bons, & qu'il y en a qui paroiſſent tout-à-fait portés au mal.

(**) M. F. *Ce n'eſt pas de gagner du tems, c'eſt d'en prendre.*] On peut perdre ce tems mal à propos en ſuivant l'une & l'autre de ces deux voyes. Ceux qui veulent gagner trop de tems, produiſent des ſujets précoces, auxquels conviennent pour l'er-

en pleine liberté d'exercer leur étourderie, il convient d'écarter d'eux tout ce qui pourroit la rendre coûteuse, & de ne laiſſer à leur portée rien de fragile & de précieux. Que leur appartement ſoit garni de meubles groſſiers & ſolides : point de miroirs, point de porcelaines, point d'objets de luxe. Quant à mon Emile que j'éleve à la campagne, ſa chambre n'aura rien qui la diſtingue de celle d'un Payſan. A quoi bon la parer avec tant de ſoin, puiſqu'il y doit reſter ſi peu ? Mais je me trompe ; il la parera lui-même, & nous verrons bientôt de quoi.

Que ſi, malgré vos précautions, l'enfant vient à faire quelque déſordre, à caſſer quelque piece utile, ne le puniſſez point de votre négligence, ne le grondez point ; qu'il n'entende pas un ſeul mot de reproche, ne lui laiſſez pas même entrevoir qu'il vous ait donné du chagrin, agiſſez exactement comme ſi le meuble ſe fût caſſé de lui-même, enfin croyez avoir beaucoup fait, ſi vous pouvez ne rien dire.

Oſerai-je expoſer ici la plus grande, la plus importante, la plus utile regle de toute l'éducation ? ce n'eſt pas de gagner du tems, c'eſt d'en prendre (**). Lecteurs vulgaires, pardonnez-moi mes paradoxes : il en faut faire quand on réfléchit ; & quoi que vous puiſſiez dire, j'aime mieux être homme à paradoxes qu'homme à préjugés. Le plus dangereux intervalle de la vie humaine, eſt celui de la naiſ-

---

l'ordinaire tous les griefs de M. R. contre les éducations ordinaires. Ceux qui veulent prendre trop de tems & ſurtout autant qu'avec Emile, arrivent enſuite trop tard ; ils ſont dans le cas d'un Jardinier qui voudroit mettre en eſpalier un arbre dont les branches ont perdu leur flexibilité. La bonne éducation, qui n'eſt après tout que celle qui eſt pratiquée aujourd'hui par les peres & par les maîtres ſenſés, tient un juſte milieu. Il faut que l'enfant ſoit en haleine, & qu'il y ſoit toujours ; mais il ne faut jamais qu'il perde haleine.

naissance à l'âge de douze ans. C'est le tems où germent les erreurs & les vices, sans qu'on ait encore aucun instrument pour les détruire ; & quand l'instrument vient, les racines sont si profondes, qu'il n'est plus tems de les arracher. Si les enfans sautoient tout d'un coup de la mammelle à l'âge de raison, l'éducation qu'on leur donne pourroit leur convenir ; mais selon le progrès naturel, il leur en faut une toute contraire. Il faudroit qu'ils ne fissent rien de leur ame jusqu'à ce qu'elle eût toutes ses facultés (*) ; car il est impossible qu'elle apperçoive le flambeau que vous lui présentez tandis qu'elle est aveugle, & qu'elle suive dans l'immense plaine des idées une route que la raison trace encore si légérement pour les meilleurs yeux.

La premiere éducation doit donc être purement négative. Elle consiste, non point à enseigner la vertu ni la vérité ; mais à garantir le cœur du vice & l'esprit de l'erreur. Si vous pouviez ne rien faire & ne rien laisser faire : si vous pouviez amener votre Eleve sain & robuste à l'âge de douze ans, sans qu'il sût distinguer sa main droite de sa main gauche, dès vos premieres leçons, les yeux de son entendement s'ouvriroient à la raison ; sans préjugé, sans

---

(*) M. F. *Jusqu'à ce qu'elle eût toutes ses facultés.*] Ne diroit-on pas que les facultés viennent à l'ame à un certain âge, à tel jour de tel mois & de telle année ? Ces facultés existent dans l'ame dès que l'enfant ouvre les yeux à la lumiere. Il s'agit de l'aider à les développer ; & le plutôt, dès que d'ailleurs on s'y prend bien, est toujours le meilleur.

(**) M. F. *Prenez le contrepied de l'usage.*] Cela veut dire assez clairement que M. R. est le premier qui ait vu ce qu'il falloit faire ; qu'il est également l'Instituteur d'Emile & celui de tout le genre-humain ; qu'on n'a fait avant lui que déraisonner & gâter la besogne. L'heureux siecle que le nôtre pour les découvertes !

(***) M. F. *Tenez son ame oisive aussi long-tems qu'il se pourra.*]

fans habitude, il n'auroit rien en lui qui pût contrarier l'effet de vos foins. Bientôt il deviendroit entre vos mains le plus fage des hommes, & en commençant par ne rien faire, vous auriez fait un prodige d'éducation.

Prenez le contre-pied de l'ufage (**), & vous ferez prefque toujours bien. Comme on ne veut pas faire d'un enfant un enfant, mais un Docteur, les Peres & les Maîtres n'ont jamais affez-tôt tancé, corrigé, réprimandé, flatté, menacé, promis, inftruit, parlé raifon. Faites-mieux, foyez raifonnable, & ne raifonnez point avec votre Eleve, furtout pour lui faire approuver ce qui lui déplaît; car amener ainfi toujours la raifon dans les chofes défagréables, ce n'eft que la lui rendre ennuyeufe, & la décréditer de bonne heure dans un efprit qui n'eft pas encore en état de l'entendre. Exercez fon corps, fes organes, fes fens, fes forces, mais tenez fon ame oifive auffi long-tems qu'il fe pourra (***). Redoutez tous les fentimens antérieurs au jugement qui les apprécie. Retenez, arrêtez les impreffions étrangeres: & pour empêcher le mal de naître, ne vous preffez point de faire le bien; car il n'eft jamais tel, que quand la raifon l'éclaire. Regardez tous

---

ra.] Il y a plus à perdre pour l'ame dans cette oifiveté, qu'il n'y auroit à perdre pour le corps, fi elle le concernoit. L'ame d'un enfant de douze ans, qui n'a porté encore aucun jugement fur quoi que ce foit, eft plus engourdie que ne le feroit fon corps, s'il avoit été jufqu'alors emmaillotté. Si c'eft la maturité de l'enfance qu'il faut attendre, & le développement du caractere, ou du génie particulier de l'enfant, un bon Inftituteur fera au fait, & pourra mettre l'ufage des leçons en train, dès l'âge de fix ans au moins. On fent bien que je ne condamne pas moins fortement que M. R. tous les abus d'une éducation gâtée & mal dirigée; mais je n'ai garde de convenir qu'à l'exception de celle d'Emile, elles foient toutes dans le cas.

tous les délais comme des avantages ; c'est gagner beaucoup que d'avancer vers le terme sans rien perdre ; laissez meurir l'enfance dans les enfans. Enfin quelque leçon leur devient-elle nécessaire ? gardez-vous de la donner aujourd'hui, si vous pouvez différer jusqu'à demain sans danger.

Une autre considération qui confirme l'utilité de cette méthode, est celle du génie particulier de l'enfant, qu'il faut bien connoître pour savoir quel régime moral lui convient. Chaque esprit a sa forme propre, selon laquelle il a besoin d'être gouverné ; & il importe au succès des soins qu'on prend, qu'il soit gouverné par cette forme & non par une autre. Homme prudent, épiez long-tems la nature, observez bien votre Eleve avant de lui dire le premier mot ; laissez d'abord le germe de son caractere en pleine liberté de se montrer, ne le contraignez en quoi que ce puisse être, afin de le mieux voir tout entier. Pensez-vous que ce tems de liberté soit perdu pour lui ? tout au contraire, il sera le mieux employé ; car c'est ainsi que vous apprendrez à ne pas perdre un seul moment dans un tems plus précieux : au lieu que si vous commencez d'agir avant de savoir ce qu'il faut faire, vous agirez au hasard ; sujet à vous tromper, il faudra revenir sur vos pas ; vous serez plus éloigné du but que si vous eussiez été moins pressé de l'atteindre. Ne faites donc pas comme l'avare qui perd beaucoup pour ne vouloir rien perdre. Sacrifiez dans le premier age un tems que vous regagnerez avec usure dans un âge plus avancé. Le sage Médecin ne donne pas étourdiment des ordonnances à la premiere vue, mais il étudie premierement le tempérament du malade avant de lui rien prescrire : il commence tard à le traiter, mais il le guérit ; tandis que le Médecin trop pressé le tue.

Mais où placerons-nous cet enfant pour l'élever com-

comme un être insensible, comme un automate? Le tiendrons-nous dans le globe de la Lune, dans une isle déserte? L'écarterons-nous de tous les humains? N'aura-t-il pas continuellement, dans le monde, le spectacle & l'exemple des passions d'autrui? Ne verra-t-il jamais d'autres enfans de son âge? Ne verra-t-il pas ses parens, ses voisins, sa Nourrice, sa Gouvernante, son Laquais, son Gouverneur même, qui après tout ne sera pas un Ange?

Cette objection est forte & solide. Mais vous ai-je dit que ce fût une entreprise aisée qu'une éducation naturelle? O hommes, est-ce ma faute si vous avez rendu difficile tout ce qui est bien? Je sens ces difficultés, j'en conviens: peut-être sont-elles insurmontables. Mais toujours est-il sûr qu'en s'appliquant à les prévenir, on les prévient jusqu'à certain point. Je montre le but qu'il faut qu'on se propose: je ne dis pas qu'on y puisse arriver; mais je dis que celui qui en approchera davantage, aura le mieux réussi.

Souvenez-vous, qu'avant d'oser entreprendre de former un homme, il faut s'être fait homme soi-même; il faut trouver en soi l'exemple qu'il se doit proposer. Tandis que l'enfant est encore sans connoissance, on a le tems de préparer tout ce qui l'approche, à ne frapper ses premiers regards que des objets qu'il lui convient de voir. Rendez-vous respectable à tout le monde; commencez par vous faire aimer, afin que chacun cherche à vous complaire. Vous ne serez point maître de l'enfant, si vous ne l'êtes de tout ce qui l'entoure, & cette autorité ne sera jamais suffisante, si elle n'est fondée sur l'estime de la vertu. Il ne s'agit point d'épuiser sa bourse & de verser l'argent à pleines mains; je n'ai jamais vû que l'argent fit aimer personne. Il ne faut point être avare & dur, ni plaindre la misere qu'on peut soulager; mais vous aurez beau ouvrir vos coffres, si vous n'ouvrez aussi votre cœur, celui des autres vous reſtera toujours fermé. C'eſt votre tems, ce ſont vos ſoins, vos affections, c'eſt vous-même qu'il faut donner; car quoi que vous puiſſiez faire, on ſent toujours que votre argent n'eſt point vous. Il y a des témoignages d'intérêt & de bienveillance qui font plus d'effet, & ſont réellement plus utiles que tous les dons: combien de malheureux, de malades ont plus beſoin de conſolations que d'aumônes! combien d'opprimés à qui la protection ſert plus que l'argent! Racommodez les gens qui ſe brouillent, prévenez les procès, portez les enfans au devoir, les peres à l'indulgence, favoriſez d'heureux mariages, empêchez les vexations, employez, prodiguez le crédit des parens de votre Eleve en faveur du foible à qui on refuſe juſtice, & que le puiſſant accable. Déclarez-vous hautement le protecteur des malheureux. Soyez juſte, humain, bien-faiſant. Ne faites pas ſeulement l'aumône, faites la charité; les œuvres de miſéricorde ſoulagent plus de maux que l'argent: aimez les autres, & ils vous aimeront; ſervez-les, & ils vous ſerviront; ſoyez leur frere, & ils ſeront vos enfans.

C'eſt encore ici une des raiſons pourquoi je veux élever Emile à la campagne, loin de la canaille des valets, les derniers des hommes après leurs maitres (*), loin des noires mœurs des villes que le vernis dont on les couvre, rend ſéduiſantes & contagieuſes pour les enfans; au lieu que les vices des payſans, ſans apprêt & dans toute leur groſſiereté, ſont plus propres à rébuter qu'à ſéduire, quand on n'a nul intérêt à les imiter.

Au village un Gouverneur ſera beaucoup plus maître des objets qu'il voudra préſenter à l'enfant; ſa

(*) M. F. *Loin de la canaille des valets, les derniers des hommes après leurs maîtres.*] J'aurai difficilement bonne opinion de

ſa réputation, ſes diſcours, ſon exemple, auront une autorité qu'ils ne ſauroient avoir à la ville: étant utile à tout le monde, chacun s'empreſſera de l'obliger, d'être eſtimé de lui, de ſe montrer au diſciple tel que le Maître voudroit qu'on fût en effet; & ſi l'on ne ſe corrige pas du vice, on s'abſtiendra du ſcandale; c'eſt tout ce dont nous avons beſoin pour notre objet.

Ceſſez de vous en prendre aux autres de vos propres fautes: le mal que les enfans voient, les corrompt moins que celui que vous leur apprenez. Toujours ſermoneurs, toujours moraliſtes, toujours pédans, pour une idée que vous leur donnez, la croyant bonne, vous leur en donnez à la fois vingt autres qui ne valent rien; plein de ce qui ſe paſſe dans votre tête, vous ne voyez pas l'effet que vous produiſez dans la leur. Parmi ce long flux de paroles dont vous les excédez inceſſamment, penſez-vous qu'il n'y en ait pas une qu'ils ſaiſiſſent à faux? Penſez-vous qu'ils ne commentent pas à leur maniere vos explications diffuſes, & qu'ils n'y trouvent pas de quoi ſe faire un ſyſtême à leur portée qu'ils ſauront vous oppoſer dans l'occaſion?

Ecoutez un petit bon-homme qu'on vient d'endoctriner; laiſſez-le jazer, queſtionner, extravaguer à ſon aiſe, & vous allez être ſurpris du tour étrange qu'ont pris vos raiſonnemens dans ſon eſprit: il confond tout, il renverſe tout, il vous impatiente, il vous déſole quelquefois par des objections imprévues. Il vous réduit à vous taire, ou à le faire taire: & que peut-il penſer de ce ſilence de la part d'un homme qui aime tant à parler? Si jamais il remporte cet avantage, & qu'il s'en apperçoive,

---

de la ſageſſe d'un Gouverneur qui débute par injurier tout le genre-humain.

çoive, adieu l'éducation; tout eſt fini dès ce moment, il ne cherche plus à s'inſtruire, il cherche à vous réfuter.

Maitres zélés, ſoyez ſimples, diſcrets, retenus, ne vous hâtez jamais d'agir que pour empêcher d'agir les autres; je le répeterai ſans ceſſe, renvoyez, s'il ſe peut, une bonne inſtruction, de peur d'en donner une mauvaiſe. Sur cette terre dont la nature eût fait le premier paradis de l'homme, craignez d'exercer l'emploi du tentateur en voulant donner à l'innocence la connoiſſance du bien & du mal: ne pouvant empecher que l'enfant ne s'inſtruiſe au dehors par des exemples, bornez toute votre vigilance à imprimer ces exemples dans ſon eſprit ſous l'image qui lui convient.

Les paſſions impétueuſes produiſent un grand effet ſur l'enfant qui en eſt témoin, parcequ'elles ont des ſignes très-ſenſibles qui le frappent & le forcent d'y faire attention. La colere ſur-tout eſt ſi bruyante dans ſes emportemens, qu'il eſt impoſſible de ne pas s'en appercevoir étant à portée. Il ne faut pas demander ſi c'eſt là pour un Pédagogue l'occaſion d'entamer un beau diſcours. Eh! point de beaux diſcours: rien du tout, pas un ſeul mot. Laiſſez venir l'enfant: étonné du ſpectacle, il ne manquera pas de vous queſtionner. La réponſe eſt ſimple; elle ſe tire des objets mêmes qui frappent ſes ſens. Il voit un

(*) M. F. *Ce pauvre homme eſt malade, il eſt dans un accès de fievre.*] Faire croire à un enfant qu'une perſonne qu'il voit dans l'emportement de la colere a la fievre, eſt un fort mauvais expédient, malgré la complaiſance avec laquelle l'Auteur s'étend ſur ſes heureuſes ſuites. Cet enfant, tout idiot qu'il eſt, & que vous voulez qu'il reſte, découvrira bientôt que la colere n'eſt point une maladie; & alors il ſe défiera de votre ſincérité, il ne vous croira plus, il ne vous écoutera plus. Vous tenez un enfant dans l'ignorance, tant que vous le le

un visage enflammé, des yeux étincelans, un geste menaçant, il entend des cris; tous signes que le corps n'est pas dans son assiete. Dites-lui posément, sans affectation, sans mystere; ce pauvre homme est malade, il est dans un accès de fievre (*). Vous pouvez de-là tirer occasion de lui donner, mais en peu de mots, une idée des maladies & de leurs effets: car cela aussi est de la nature, & c'est un des liens, de la nécessité auxquels il se doit sentir assujetti.

Se peut-il que sur cette idée, qui n'est pas fausse, il ne contracte pas de bonne heure une certaine répugnance à se livrer aux excès des passions, qu'il regardera comme des maladies; & croyez-vous qu'une pareille notion, donnée à propos, ne produira pas un effet aussi salutaire que le plus ennuyeux Sermon de Morale? Mais voyez dans l'avenir les conséquences de cette notion! vous voilà autorisé, si jamais vous y êtes contraint, à traiter un enfant mutin comme un enfant malade; à l'enfermer dans sa chambre, dans son lit s'il le faut, à le tenir au régime, à l'effrayer lui-même de ses vices naissans, à les lui rendre odieux & redoutables, sans que jamais il puisse regarder comme un châtiment la sévérité dont vous serez peut-être forcé d'user pour l'en guérir. Que s'il vous arrive à vous-même, dans quelque moment de vivacité, de sortir du sang froid & de la modération dont vous devez faire votre étude, ne cherchez

---

le pouvez; l'objet que vous lui aviez caché, se présente, le frappe, l'éclaire & l'émeut tout à la fois; mais vous n'êtes plus maître de l'impression, ni de son effet, parce que rien n'a été prêvu, amené, préparé. Toute cette vigueur du corps que vous avez tant cultivée, devient un ressort qui se débande avec impétuosité, malgré vous, & si vous vous y opposez, contre vous. Voilà tout ce qu'on gagneroit à élever de petits sauvages. Emile se plie au gré de son Instituteur; mais Emile est un être de raison, c'est la plus grande de toutes les chimeres.

chez point à lui déguiser votre faute: mais dites-lui franchement avec un tendre reproche : mon ami, vous m'avez fait mal.

Au reste, il importe que toutes les naïvetés que peut produire dans un enfant la simplicité des idées dont il est nourri, ne soient jamais relevées en sa présence, ni citées de maniere qu'il puisse l'apprendre. Un éclat de rire indiscret peut gâter le travail de six mois, & faire un tort irréparable pour toute la vie. Je ne puis assez redire que pour être le maître de l'enfant, il faut être son propre maître. Je me représente mon petit Emile, au fort d'une rixe entre deux voisines, s'avançant vers la plus furieuse, & lui disant d'un ton de commisération : *Ma bonne, vous êtes malade, j'en suis bien fâché.* A coup sûr cette saillie ne restera pas sans effet sur les Spectateurs ni peut-être sur les Actrices. Sans rire, sans le gronder, sans le louer, je l'emmene de gré ou de force avant qu'il puisse appercevoir cet effet, ou du moins avant qu'il y pense, & je me hâte de le distraire sur d'autres objets qui le lui fassent bien vîte oublier.

Mon dessein n'est point d'entrer dans tous les détails, mais seulement d'exposer les maximes générales, & de donner des exemples dans les occasions difficiles. Je tiens pour impossible qu'au sein de la société, l'on puisse amener un enfant à l'âge de douze ans, sans lui donner quelque idée des rapports d'homme à homme, & de la moralité des actions humaines. Il suffit qu'on s'applique à lui rendre ces notions nécessaires le plus tard qu'il se pourra, & que, quand

(7) On ne doit jamais souffrir qu'un enfant se joue aux grandes personnes comme avec ses inférieurs, ni même comme avec ses égaux. S'il osoit frapper sérieusement quelqu'un, fût-ce son Laquais, fût-ce le Bourreau, faites qu'on lui rende toujours ses coups avec usure, & de maniere à lui ôter l'envie d'y revenir. J'ai vû d'imprudentes Gouvernantes animer

quand elles deviendront inévitables, on les borne à l'utilité présente, seulement pour qu'il ne se croye pas le maître de tout, & qu'il ne fasse pas du mal à autrui sans scrupule & sans le savoir. Il y a des caracteres doux & tranquilles qu'on peut mener loin sans danger dans leur premiere innocence; mais il y a aussi des naturels violens dont la férocité se dévelope de bonne heure, & qu'il faut se hâter de faire hommes pour n'être pas obligé de les enchaîner.

Nos premiers devoirs sont envers nous; nos sentimens primitifs se concentrent en nous-mêmes; tous nos mouvemens naturels se rapportent d'abord à notre conservation & à notre bien-être. Ainsi le premier sentiment de la justice ne nous vient pas de celle que nous devons, mais de celle qui nous est due, & c'est encore un des contre-sens des éducations communes, que parlant d'abord aux enfans de leurs devoirs, jamais de leurs droits, on commence par leur dire le contraire de ce qu'il faut, ce qu'ils ne sauroient entendre, & ce qui ne peut les intéresser.

Si j'avois donc à conduire un de ceux que je viens de supposer, je me dirois; un enfant ne s'attaque pas aux personnes (7), mais aux choses; & bientôt il apprend par l'expérience à respecter quiconque le passe en âge & en force, mais les choses ne se défendent pas elle-mêmes. La premiere idée qu'il faut lui donner est donc moins celle de la liberté, que de la propriété; & pour qu'il puisse avoir cette idée, il faut qu'il ait quelque chose en propre. Lui citer ses hardes, ses meubles, ses jouets, c'est ne lui rien dire, puisque bien qu'il dispose de ces choses, il ne sait

mer la mutinerie d'un enfant, l'exciter à battre, s'en laisser battre elles-mêmes, & rire de ses foibles coups, sans songer qu'ils étoient autant de meurtres dans l'intention du petit furieux, & que celui qui veut battre étant jeune, voudra tuer étant grand.

ſait ni pourquoi ni comment il les a. Lui dire qu'il les a parce qu'on les lui a données, c'eſt ne faire gueres mieux, car pour donner il faut avoir : voilà donc une propriété antérieure à la ſienne, & c'eſt le principe de la propriété qu'on lui veut expliquer ; ſans compter que le don eſt une convention ; & que l'enfant ne peut ſavoir encore ce que c'eſt que convention (8). Lecteurs, remarquez, je vous prie, dans cet exemple & dans cent mille autres, comment, fourrant dans la tête des enfans des mots qui n'ont aucun ſens à leur portée, on croit pourtant les avoir fort bien inſtruits.

Il s'agit donc de remonter à l'origine de la propriété; car c'eſt de-là que la premiere idée en doit naître. L'enfant, vivant à la campagne, aura pris quelque notion des travaux champetres; il ne faut pour cela que des yeux, du loiſir; il aura l'un & l'autre. Il eſt de tout âge, ſur-tout du ſien, de vouloir créer, imiter, produire, donner des ſignes de puiſſance & d'activité. Il n'aura pas vû deux fois labourer un jardin, ſemer, lever, croitre des légumes, qu'il voudra jardiner à ſon tour.

Par les principes ci-devant établis, je ne m'oppoſe point à ſon envie; au contraire je la favoriſe, je partage ſon goût, je travaille avec lui, non pour ſon

(8) Voilà pourquoi la plûpart des enfans veulent ravoir ce qu'ils ont donné, & pleurent quand on ne le leur veut pas rendre. Cela ne leur arrive plus quand ils ont bien conçu ce que c'eſt que don (*), ſeulement ils ſont alors plus circonſpects à donner.

(*) M. F. *Cela ne leur arrive, plus quand ils ont bien conçu ce que c'eſt que don.*] Et voilà donc pourquoi il faut raiſonner de bonne heure avec eux, leur donner les idées des choſes, les expliquer convenablement à leur portée. La meilleure maniere de réfuter M. R. ce ſeroit de relever ſes contradictions. Tous ſes Ouvrages en fourmillent ; mais celui-ci enchérit beau-

son plaisir, mais pour le mien; du moins il le croit ainsi : je deviens son garçon jardinier; en attendant qu'il ait des bras je laboure pour lui la terre; il en prend possession en y plantant une féve, & sûrement cette possession est plus sacrée & plus respectable que celle que prenoit Nunnès Balboa de l'Amérique méridionale au nom du Roi d'Espagne, en plantant son étendard sur les Côtes de la mer du Sud.

On vient tous les jours arroser les féves, on les voit lever dans des transports de joye. J'augmente cette joye en lui disant, cela vous appartient; & lui expliquant alors ce terme d'appartenir, je lui fais sentir qu'il a mis là son tems, son travail, sa peine, sa personne enfin; qu'il y a dans cette terre quelque chose de lui-même qu'il peut réclamer contre qui que ce soit, comme il pourroit retirer son bras de la main d'un autre homme qui voudroit le retenir malgré lui.

Un beau jour il arrive empressé & l'arrosoir à la main. O spectacle! ô douleur! toutes les féves sont arrachées, tout le terrein est bouleversé, la place même ne se reconnoît plus. Ah! qu'est devenu mon travail, mon ouvrage, le doux fruit de mes soins & de mes sueurs? Qui m'a ravi mon bien? qui m'a pris mes féves? Ce jeune cœur se souleve; le premier

beaucoup à cet égard sur les autres. Aussi voit-on presque à chaque page que l'Auteur sent les difficultés, les impossibilités de son plan : & il donne plus d'une fois carte blanche à ses Lecteurs de le planter là & de retourner à leurs usages. C'est aussi ce qu'il y a de mieux à faire, & ce qu'on auroit fait sans qu'il l'eût dit. Il ne laisse pas d'y avoir une foule de bonnes remarques de détail dans Emile, mais elles ont rarement le mérite de la nouveauté. Leur relief vient principalement de ce ton sententieux qui plaît tant à nos Philosophes modernes. Un homme de bon sens qui a élevé quelques enfans, en fait plus sur la bonne éducation que toutes les spéculations de M. R. ne pourroient lui en apprendre.

mier sentiment de l'injustice y vient verser sa triste amertume. Les larmes coulent en ruisseaux; l'enfant désolé remplit l'air de gémissemens & de cris. On prend part à sa peine, à son indignation; on cherche, on s'informe, on fait des perquisitions. Enfin, l'on découvre que le Jardinier a fait le coup: on le fait venir.

Mais nous voici bien loin de compte. Le Jardinier apprenant de quoi l'on se plaint, commence à se plaindre plus haut que nous. Quoi, Messieurs! c'est vous qui m'avez ainsi gâté mon ouvrage? J'avois semé là des melons de Malthe dont la graine m'avoit été donnée comme un trésor, & desquels j'esperois vous regaler quand ils seroient mûrs: mais voilà que pour y planter vos misérables féves, vous m'avez détruit mes melons déja tout levés, & que je ne remplacerai jamais. Vous m'avez fait un tort irréparable, & vous vous êtes privés vous-mêmes du plaisir de manger des melons exquis.

JEAN-JACQUES.

„ Excusez-nous, mon pauvre Robert. Vous aviez „ mis là votre travail, votre peine. Je vois bien que „ nous avons eu tort de gâter votre ouvrage; mais „ nous vous ferons venir d'autre graine de Malthe, „ & nous ne travaillerons plus la terre avant de sa„ voir si quelqu'un n'y a point mis la main avant „ nous.

ROBERT.

„ Oh! bien, Messieurs! vons pouvez donc vous „ reposer; car il n'y a plus gueres de terre en fri„ che. Moi, je travaille celle que mon pere a bo„ nifiée; chacun en fait autant de son côté, & tou„ tes les terres que vous voyez sont occupées de„ puis long-tems.

EMILE.

EMILE.

„ Monsieur Robert, il y a donc souvent de la
„ graine de melon perdue?

ROBERT.

„ Pardonnez-moi, mon jeune cadet ; car il ne
„ nous vient pas souvent de petits Messieurs aussi
„ étourdis que vous. Personne ne touche au jardin
„ de son voisin ; chacun respecte le travail des au-
„ tres, afin que le sien soit en sûreté.

EMILE.

„ Mais moi, je n'ai point de jardin.

ROBERT.

„ Que m'importe? si vous gâtez le mien, je ne
„ vous y laisserai plus promener ; car, voyez-vous,
„ je ne veux pas perdre ma peine.

JEAN-JACQUES.

„ Ne pourroit-on pas proposer un arrangement
„ au bon Robert? qu'il nous accorde, à mon petit
„ ami & à moi, un coin de son jardin pour le cul-
„ tiver, à condition qu'il aura la moitié du produit.

ROBERT.

„ Je vous l'accorde sans condition. Mais souve-
„ nez-vous que j'irai labourer vos féves, si vous
„ touchez à mes melons.

Dans cet essai de la maniere d'inculquer aux enfans les notions primitives, on voit comment l'idée de la propriété remonte naturellement au droit de premier occupant par le travail. Cela est clair, net, simple, & toujours à la portée de l'enfant. De là jusqu'au droit de propriété & aux échanges il n'y a plus qu'un pas, après lequel il faut s'arrêter tout court.

On voit encore qu'une explication que je renferme ici dans deux pages d'écriture sera peut-être l'affaire d'un an pour la pratique: car dans la carriere des idées morales on ne peut avancer trop lentement, ni trop bien s'affermir à chaque pas. Jeunes Maîtres, pensez, je vous prie, à cet exemple, & souvenez-vous qu'en toute chose vos leçons doivent être plus en actions qu'en discours; car les enfans oublient aisément ce qu'ils ont dit & ce qu'on leur a dit, mais non pas ce qu'ils ont fait & ce qu'on leur a fait.

De pareilles instructions se doivent donner, comme je l'ai dit, plutôt ou plus tard, selon que le naturel paisible ou turbulent de l'Eleve en accélere ou retarde le besoin; leur usage est d'une évidence qui saute aux yeux: mais pour ne rien omettre d'important dans les choses difficiles, donnons encore un exemple.

Votre enfant discole gâte tout ce qu'il touche. Ne vous fâchez point; mettez hors de sa portée ce qu'il peut gâter. Il brise les meubles dont il se sert; ne vous hâtez point de lui en donner d'autres; laissez-lui sentir le préjudice de la privation. Il casse les fenêtres de sa chambre: laissez le vent souffler sur lui nuit & jour sans vous soucier des rhumes; car il vaut mieux qu'il soit enrhumé que fou. Ne vous plaignez jamais des incommodités qu'il vous cause, mais faites qu'il les sente le premier. A la fin vous faites raccommoder les vitres, toujours sans rien dire: il les casse encore; changez alors de méthode;

(9) Au reste, quand ce devoir de tenir ses engagemens ne seroit pas affermi dans l'esprit de l'enfant par le poids de son utilité, bientôt le sentiment intérieur commençant à poindre, le lui imposeroit comme une loi de la conscience, comme un principe inné qui n'attend pour se développer, que les connoissances auxquelles il s'applique. Ce premier trait n'est point mar-

thode; dites-lui séchement, mais sans colere; les fenêtres sont à moi, elles ont été mises là par mes soins, je veux les garantir; puis vous l'enfermerez à l'obscurité dans un lieu sans fenêtre. A ce procédé si nouveau il commence par crier, tempêter, personne ne l'écoute. Bientôt il se lasse & change de ton. Il se plaint, il gémit: un domestique se présente, le mutin le prie de le délivrer. Sans chercher de prétextes pour n'en rien faire, le domestique répond : *j'ai aussi des vitres à conserver*, & s'en va. Enfin après que l'enfant aura demeuré là plusieurs heures, assez long-tems pour s'y ennuyer & s'en souvenir, quelqu'un lui suggérera de vous proposer un accord au moyen duquel vous lui rendriez la liberté, & il ne casseroit plus de vitres: il ne demandera pas mieux. Il vous fera prier de le venir voir, vous viendrez; il vous fera sa proposition, & vous l'accepterez à l'instant en lui disant: c'est très-bien pensé, nous y gagnerons tous deux; que n'avez-vous eû plutôt cette bonne idée? Et puis, sans lui demander ni protestation ni confirmation de sa promesse, vous l'embrasserez avec joie & l'emmenerez sur-le-champ dans sa chambre, regardant cet accord comme sacré & inviolable autant que si le serment y avoit passé. Quelle idée pensez-vous qu'il prendra, sur ce procédé, de la foi des engagemens & de leur utilité? Je suis trompé s'il y a sur la terre un seul enfant, non déjà gâté, à l'épreuve de cette conduite, & qui s'avise après cela de casser une fenêtre à dessein (9). Suivez la chaîne de tout cela. Le

marqué par la main des hommes, mais gravé dans nos cœurs par l'Auteur de toute justice. Otez la Loi primitive des conventions & l'obligation qu'elle impose; tout est illusoire & vain dans la société humaine: qui ne tient que par son profit à sa promesse, n'est gueres plus lié que s'il n'eût rien promis; ou tout au plus il en sera du pouvoir de la violer comme de la bis-

Le petit méchant ne fongeoit gueres, en faifant un trou pour planter fa féve, qu'il fe creufoit un cachot où fa fcience ne tarderoit pas à le faire enfermer.

Nous voilà dans le monde moral; voilà la porte ouverte au vice. Avec les conventions & les devoirs naiffent la tromperie & le menfonge. Dès qu'on peut faire ce qu'on ne doit pas, on veut cacher ce qu'on n'a pas dû faire. Dès qu'un intérêt fait promettre, un intérêt plus grand peut faire violer la promeffe; il ne s'agit plus que de la violer impunément. La reffource eft naturelle; on fe cache & l'on ment. N'ayant pû prévenir le vice, nous voici déjà dans le cas de le punir: voilà les miferes de la vie humaine, qui commencent avec fes erreurs.

J'en ai dit affez pour faire entendre qu'il ne faut jamais infliger aux enfans le châtiment comme châtiment, mais qu'il doit toujours leur arriver comme une fuite naturelle de leur mauvaife action. Ainfi vous ne déclamerez point contre le menfonge, vous ne le punirez point précifément pour avoir menti; mais vous ferez que tous les mauvais effets du menfonge, comme de n'être point cru quand on dit la vérité, d'être accufé du mal qu'on n'a point fait, quoiqu'on s'en défende, fe raffemblent fur leur tête quand ils ont menti. Mais expliquons ce que c'eft que mentir pour les enfans.

Il y a deux fortes de menfonges; celui de fait qui regarde le paffé, celui de droit qui regarde l'avenir. Le premier a lieu quand on nie d'avoir fait ce qu'on a fait, ou quand on affirme avoir fait ce qu'on n'a pas fait, & en général quand on parle fciemment con-

bifque des Joueurs, qui ne tardent à s'en prévaloir, que pour attendre le moment de s'en prévaloir avec plus d'avantage. Ce principe eft de la derniere importance & mérite d'être approfondi; car c'eft ici que l'homme commence à fe mettre en contradiction avec lui-même.

contre la vérité des choſes. L'autre a lieu quand on promêt ce qu'on n'a pas deſſein de tenir, & en général quand on montre une intention contraire à celle qu'on a. Ces deux menſonges peuvent quelquefois ſe raſſembler dans le même (10); mais je les conſidere ici par ce qu'ils ont de différent.

Celui qui ſent le beſoin qu'il a du ſecours des autres, & qui ne ceſſe d'éprouver leur bienveillance, n'a nul intérêt de les tromper; au contraire, il a un intérêt ſenſible qu'ils voyent les choſes comme elles ſont, de peur qu'ils ne ſe trompent à ſon préjudice. Il eſt donc clair que le menſonge de fait n'eſt pas naturel aux enfans; mais c'eſt la loi de l'obéiſſance qui produit la néceſſité de mentir, parce que l'obéiſſance étant pénible, on s'en diſpenſe en ſecret le plus qu'on peut, & que l'intérêt préſent d'éviter le châtiment ou le reproche, l'emporte ſur l'intérêt éloigné d'expoſer la vérité. Dans l'éducation naturelle & libre, pourquoi donc votre enfant vous mentiroit-il? qu'a-t-il à vous cacher? Vous ne le reprenez point, vous ne le puniſſez de rien, vous n'exigez rien de lui. Pourquoi ne vous diroit-il pas tout ce qu'il a fait, auſſi naïvement qu'à ſon petit camarade? Il ne peut voir à cet aveu plus de danger d'un côté que de l'autre.

Le menſonge de droit eſt moins naturel encore, puiſque les promeſſes de faire ou de s'abſtenir ſont des actes conventionnels, qui ſortent de l'état de nature & dérogent à la liberté. Il y a plus; tous les engagemens des enfans ſont nuls par eux-mêmes, attendu que leur vûe bornée ne pouvant s'étendre au delà du préſent, en s'engageant, ils ne ſavent ce qu'ils ſont.

(10) Comme lorſqu'accuſé d'une mauvaiſe action, le coupable s'en défend en ſe diſant honnête-homme. Il ment alors dans le fait & dans le droit.

ſont. A-peine l'enfant peut-il mentir quand il s'engage; car ne ſongeant qu'à ſe tirer d'affaire dans le moment préſent, tout moyen, qui n'a pas un effet préſent, lui devient égal; en promettant pour un tems futur, il ne promet rien, & ſon imagination encore endormie ne ſait point étendre ſon être ſur deux tems différens. S'il pouvoit éviter le fouet, ou obtenir un cornet de dragées en promettant de ſe jetter demain par la fenêtre, il le promettroit à l'inſtant. Voilà pourquoi les loix n'ont aucun égard aux engagemens des enfans; & quand les peres & les maîtres plus ſéveres exigent qu'ils les rempliſſent, c'eſt ſeulement dans ce que l'enfant devroit faire, quand même il ne l'auroit pas promis.

L'enfant ne ſachant ce qu'il fait quand il s'engage, ne peut donc mentir en s'engageant. Il n'en eſt pas de même quand il manque à ſa promeſſe, ce qui eſt encore une eſpece de menſonge rétroactif; car il ſe ſouvient très-bien d'avoir fait cette promeſſe; mais ce qu'il ne voit pas, c'eſt l'importance de la tenir. Hors d'état de lire dans l'avenir, il ne peut prévoir les conſéquences des choſes, & quand il viole ſes engagemens, il ne fait rien contre la raiſon de ſon âge.

Il ſuit de là que les menſonges des enfans ſont tous l'ouvrage des Maîtres (*), & que vouloir leur apprendre

(*) M. F. *Les menſonges des enfans ſont tous l'ouvrage des Maîtres.*] Tout comme le péché eſt l'ouvrage, ou la ſuite de la Loi. Un enfant automate, à qui l'on ne fait point connoître la moralité des actions, ne mentira pas ſans doute. Mais y a-t-il à gagner pour lui de demeurer dans cet état. On ne peut décider qu'après une ſupputation exacte des avantages & des déſavantages; au lieu que l'Auteur le fait toujours de ſa ſeule autorité, & par un pure pétition de principe. Un enfant qui ne ſauroit mentir, parce qu'il ne connoît, ni le bien, ni le mal, ne vaut pas un enfant qui eſt expoſé à mentir, & ment même quelquefois, parce qu'il a cette connoiſſance. Un en-

prendre à dire la vérité, n'eſt autre choſe que leur apprendre à mentir. Dans l'empreſſement qu'on a de les régler, de les gouverner, de les inſtruire, on ne ſe trouve jamais aſſez d'inſtrumens pour en venir à bout. On veut ſe donner de nouvelles priſes dans leur eſprit par des maximes ſans fondement, par des préceptes ſans raiſon, & l'on aime mieux qu'ils ſachent leurs leçons & qu'ils mentent, que s'ils demeuroient ignorans & vrais.

Pour nous qui ne donnons à nos Eleves que des leçons de pratique, & qui aimons mieux qu'ils ſoient bons que ſavans, nous n'exigeons point d'eux la vérité, de peur qu'ils ne la déguiſent, & nous ne leur faiſons rien promettre qu'ils ſoient tentés de ne pas tenir. S'il s'eſt fait en mon abſence quelque mal, dont j'ignore l'auteur, je me garderai d'accuſer Emile, & de lui dire: *eſt-ce vous* (11)? Car en cela que ferois-je autre choſe ſinon lui apprendre à le nier? Que ſi ſon naturel difficile me force à faire avec lui quelque convention, je prendrai ſi bien mes meſures que la propoſition en vienne toujours de lui, jamais de moi; que quand il s'eſt engagé, il ait toujours un intérêt préſent & ſenſible à remplir ſon engagement; & que ſi jamais il y manque, ce menſonge attire ſur lui des maux qu'il voye ſortir de l'ordre même des choſes, & non pas de la vengeance

(11) Rien n'eſt plus indiſcret qu'une pareille queſtion, ſurtout quand l'enfant eſt coupable: alors s'il croit que vous ſavez ce qu'il a fait, il verra que vous lui tendez un piége, & cette opinion ne peut manquer de l'indiſpoſer contre vous. S'il ne le croit pas, il ſe dira, pourquoi découvrirois-je ma faute? & voilà la premiere tentation du menſonge devenue l'effet de votre imprudente queſtion.

---

enfant qui ne mentiroit jamais par raiſon & par principes, vaudroit mieux, & c'eſt à quoi tend la bonne éducation. *Qui nunquam malè, nunquam benè.*

ce de son Gouverneur. Mais loin d'avoir besoin de recourir à de si cruels expédiens, je suis presque sûr qu'Emile apprendra fort tard ce que c'est que mentir, & qu'en l'apprenant il sera fort étonné, ne pouvant concevoir à quoi peut être bon le mensonge. Il est très-clair que plus je rends son bien-être indépendant, soit des volontés, soit des jugemens des autres, plus je coupe en lui tout intérêt de mentir.

Quand on n'est point pressé d'instruire, on n'est point pressé d'exiger, & l'on prend son tems pour ne rien exiger qu'à propos. Alors l'enfant se forme, en ce qu'il ne se gâte point. Mais quand un étourdi de Précepteur, ne sachant comment s'y prendre, lui fait à chaque instant promettre ceci ou cela, sans distinction, sans choix, sans mesure, l'enfant ennuyé, sur-chargé de toutes ces promesses, les néglige, les oublie, les dédaigne enfin; & les regardant comme autant de vaines formules, se fait un jeu de les faire & de les violer. Voulez-vous donc qu'il soit fidele à tenir sa parole? soyez discret à l'exiger.

Le détail dans lequel je viens d'entrer sur le mensonge, peut à bien des égards s'appliquer à tous les autres devoirs, qu'on ne prescrit aux enfans qu'en les leur rendant non-seulement haïssables, mais impraticables. Pour paroître leur prêcher la vertu, on leur fait aimer tous les vices: on les leur donne en leur défendant de les avoir. Veut-on les rendre pieux (*)? on les mene s'ennuyer à l'Eglise; en leur

(*) M. F. *Veut-on les rendre pieux?* . . .] Tout est abus aux yeux de M. R. Il est sûr que de petits sauvages ne peuvent se plaire, ni à l'Eglise ni dans l'exercice de la priere, ni dans la pratique de l'aumône. Mais je vois tous les jours des enfans, qui vont à l'Eglise avec une véritable satisfaction, qui prient d'une maniere recueillie, qui donnent du meilleur de

leur faiſant inceſſamment marmoter des prieres, on les force d'aſpirer au bonheur de ne plus prier Dieu. Pour leur inſpirer la charité, on leur fait donner l'aumôme, comme ſi l'on dédaignoit de la donner ſoi-même. Eh! ce n'eſt pas l'enfant qui doit donner, c'eſt le Maître: quelque attachement qu'il ait pour ſon Eleve, il doit lui diſputer cet honneur, il doit lui faire juger qu'à ſon âge on n'en eſt point encore digne. L'aumône eſt une action d'homme qui connoît la valeur de ce qu'il donne, & le beſoin que ſon ſemblable en a. L'enfant qui ne connoît rien de cela, ne peut avoir aucun mérite à donner : il donne ſans charité, ſans bienfaiſance; il eſt preſque honteux de donner, quand fondé ſur ſon exemple & le vôtre, il croit qu'il n'y a que les enfans qui donnent, & qu'on ne fait plus l'aumône étant grand.

Remarquez qu'on ne fait jamais donner par l'enfant que des choſes dont il ignore la valeur; des pieces de métal qu'il a dans ſa poche, & qui ne lui ſervent qu'à cela. Un enfant donneroit plutôt cent louis qu'un gâteau. Mais engagez ce prodigue diſtributeur à donner les choſes qui lui ſont cheres, des jouets, des bonbons, ſon goûté, & nous ſaurons bien-tôt ſi vous l'avez rendu vraiment libéral.

On trouve encore un expédient à cela; c'eſt de rendre bien vîte à l'enfant ce qu'il a donné, de ſorte qu'il s'accoûtume à donner tout ce qu'il ſait bien qui lui va revenir. Je n'ai gueres vû dans les enfans que ces deux eſpeces de générosité; donner ce qui

---

de leur cœur ce qu'on ne leur rend point. Ce n'eſt qu'en ouvrant leur eſprit, & en formant leur cœur de bonne heure, qu'on les conduit à ce point. Vaudroit-il mieux ne les y pas conduire? Si M. R. le prétend, j'eſpere qu'il demeurera ſeul de ſon avis.

qui ne leur est bon à rien, ou donner ce qu'ils sont sûrs qu'on va leur rendre. Faites en sorte, dit Locke, qu'ils soient convaincus par expérience que le plus libéral est toujours le mieux partagé. C'est-là rendre un enfant liberal en apparence, & avare en effet. Il ajoûte que les enfans contracteront ainsi l'habitude de la libéralité; oui, d'une libéralité usuriere, qui donne un œuf pour avoir un bœuf. Mais quand il s'agira de donner tout de bon, adieu l'habitude; lorsqu'on cessera de leur rendre, ils cesseront bientôt de donner. Il faut regarder à l'habitude de l'ame plutôt qu'à celle des mains. Toutes les autres vertus qu'on apprend aux enfans ressemblent à celle-là, & c'est à leur prêcher ces solides vertus qu'on use leurs jeunes ans dans la tristesse. Ne voilà t-il pas une savante éducation!

Maîtres, laissez les simagrées, soyez vertueux & bons; que vos exemples se gravent dans la mémoire de vos Eleves, en attendant qu'ils puissent entrer dans leurs cœurs. Au lieu de me hâter d'exiger du mien des actes de charité, j'aime mieux les faire en sa présence, & lui ôter même le moyen de m'imiter en cela, comme un honneur qui n'est pas de son âge; car il importe qu'il ne s'accoûtume pas à regarder les devoirs des hommes seulement comme des devoirs d'enfans. Que si me voyant assister les pauvres, il me questionne là-dessus, & qu'il soit tems de lui répondre (12), je lui dirai: „mon ami, c'est „ que quand les pauvres ont bien voulu qu'il y eût „ des riches, les riches ont promis de nourrir tous „ ceux qui n'auroient de quoi vivre ni par leur bien „ ni par leur travail. Vous avez donc aussi promis „ cela?" reprendra-t-il. „ Sans doute: Je ne suis „ maître du bien qui passe par mes mains qu'avec „ la

(12) On doit concevoir que je ne résous pas ses questions quand il lui plaît, mais quand il me plaît; autrement ce seroit m'as-

„ la condition qui est attachée à sa propriété. "

Apprès avoir entendu ce discours, (& l'on a vu comment on peut mettre un enfant en état de l'entendre) un autre qu'Emile seroit tenté de m'imiter & de se conduire en homme riche; en pareil cas, j'empêcherois au moins que ce ne fût avec ostentation; j'aimerois mieux qu'il me dérobât mon droit & se cachât pour donner. C'est une fraude de son âge, & la seule que je lui pardonnerois.

Je sais que toutes ces vertus par imitation sont des vertus de singe, & que nulle bonne action n'est moralement bonne que quand on la fait comme telle, & non parce que d'autres la font. Mais dans un âge, où le cœur ne sent rien encore, il faut bien faire imiter aux enfans les actes dont on veut leur donner l'habitude, en attendant qu'ils les puissent faire par discernement & par amour du bien. L'homme est imitateur, l'animal même l'est; le goût de l'imitation est de la nature bien ordonnée, mais il dégenere en vice dans la société. Le singe imite l'homme qu'il craint, & n'imite pas les animaux qu'il méprise; il juge bon ce que fait un être meilleur que lui. Parmi nous, au contraire, nos Arlequins de toute espece imitent le beau pour le dégrader, pour le rendre ridicule; ils cherchent dans le sentiment de leur bassesse à s'égaler ce qui vaut mieux qu'eux, ou s'ils s'efforcent d'imiter ce qu'ils admirent, on voit dans le choix des objets le faux goût des imitateurs; ils veulent bien plus en imposer aux autres ou faire applaudir leur talent, que se rendre meilleurs ou plus sages. Le fondement de l'imitatation parmi nous, vient du désir de se transporter toujours hors de soi. Si je réussis dans mon entreprise, Emile n'aura surement pas ce désir. Il faut donc

m'asservir à ses volontés, & me mettre dans la plus dangereuse dépendance où un Gouverneur puisse être de son Eleve.

donc nous passer du bien apparent qu'il peut produire.

Approfondissez toutes les regles de votre éducation, vous les trouverez ainsi toutes à contre-sens, sur-tout en ce qui concerne les vertus & les mœurs. La seule leçon de morale qui convienne à l'enfance & la plus importante à tout âge, est de ne jamais faire de mal à personne. Le précepte même de faire du bien, s'il n'est subordonné à celui-là, est dangereux, faux, contradictoire. Qui est-ce qui ne fait pas du bien? tout le monde en fait, le méchant comme les autres; il fait un heureux aux dépens de cent misérables, & delà viennent toutes nos calamités. Les plus sublimes vertus sont négatives (*): elles sont aussi les plus difficiles, parce qu'elles sont sans ostentation, & au-dessus même de ce plaisir si doux au cœur de l'homme, d'en renvoyer un autre content de nous. O quel bien fait nécessairement à ses semblables celui d'entre eux, s'il en est un, qui ne leur fait jamais de mal! De quelle intrépidité d'ame, de quelle vigueur de caractere il a besoin pour cela! ce n'est pas en raisonnant sur cette maxime, c'est en tâchant de la pratiquer, qu'on sent combien il est grand & pénible d'y réussir (13).

Voi-

(13) Le précepte de ne jamais nuire à autrui emporte celui de tenir à la société humaine le moins qu'il est possible; car dans l'état social le bien de l'un fait nécessairement le mal de l'autre. Ce rapport est dans l'essence de la chose & rien ne sauroit le changer; qu'on cherche sur ce principe lequel est le meilleur de l'homme social ou du solitaire. Un Auteur illustre dit qu'il n'y a que le méchant qui soit seul; moi je dis qu'il n'y a que le bon qui soit seul: si cette proposition est moins sententieuse, elle est plus vraie & mieux raisonnée que la précédente. Si le méchant étoit seul quel mal feroit-il? c'est dans la société qu'il dresse ses machines pour nuire aux autres. Si l'on veut rétorquer cet argument pour l'homme de bien, je réponds par l'article auquel appartient cette note.

(*) M. F. *Les plus sublimes vertus sont négatives.* M. R. insére

Voilà quelques foibles idées des précautions avec lesquelles je voudrois qu'on donnât aux enfans les instructions qu'on ne peut quelquefois leur refuser sans les exposer à nuire à eux-mêmes & aux autres, & sur-tout à contracter de mauvaises habitudes dont on auroit peine ensuite à les corriger: mais soyons sûrs que cette nécessité se présentera rarement pour les enfans élevés comme ils doivent l'être; parce-qu'il est impossible qu'ils deviennent indociles, méchans, menteurs, avides, quand on n'aura pas semé dans leurs cœurs les vices qui les rendent tels. Ainsi ce que j'ai dit sur ce point sert plus aux exceptions qu'aux regles; mais ces exceptions sont plus fréquentes à mesure que les enfans ont plus d'occasions de sortir de leur état & de contracter les vices des hommes. Il faut nécessairement à ceux qu'on éleve au milieu du monde, des instructions plus précoces qu'à ceux qu'on éleve dans la retraite. Cette éducation solitaire seroit donc préférable, quand elle ne feroit que donner à l'enfance le tems de meurir.

Il est un autre genre d'exceptions contraires pour ceux qu'un heureux naturel éleve au-dessus de leur âge.

---

infére de là dans la note suivante, que ces vertus, & surtout l'observation du grand précepte de ne jamais nuire à autrui, emportent l'obligation de tenir à la société humaine le moins qu'il est possible; *car*, ajoute-t-il, *dans l'état social le bien de l'un fait nécessairement le mal de l'autre.* Etranges vertus que celles qui nous écartent & nous bannissent en quelque sorte de la société! Le vrai bien de l'homme vertueux ne fait jamais le mal de qui que ce soit. Et pour arriver à ce vrai bien, il faut que l'état social subsiste, que l'homme y vive & contracte toutes les rélations, tous les engagemens, qui sont compatibles ensemble, & avec la mesure de ses force. C'est être réduit, à bien peu de chose dans le monde, que de n'y être que négatif. J'avoue qu'il seroit à souhaiter que tous les méchans devinssent tels; mais, si c'étoit à condition qu'il en fût de même des bons, le marché ne seroit pas avantageux.

âge. Comme il y a des hommes qui ne ſortent jamais de l'enfance, il y en a d'autres qui, pour ainſi dire, n'y paſſent point, & ſont hommes preſque en naiſſant. Le mal eſt que cette derniere exception eſt très-rare, très-difficile à connoître, & que chaque mere, imaginant qu'un enfant peut être un prodige, ne doute point que le ſien n'en ſoit un. Elles font plus, elles prennent pour des indices extraordinaires, ceux même qui marquent l'ordre accoûtumé: la vivacité, les ſaillies, l'étourderie, la piquante naïveté; tous ſignes caractériſtiques de l'âge, & qui montrent le mieux qu'un enfant n'eſt qu'un enfant. Eſt-il étonnant que celui qu'on fait beaucoup parler & à qui l'on permêt de tout dire, qui n'eſt gêné par aucun égard, par aucune bienſéance, faſſe par haſard quelque heureuſe rencontre? Il le ſeroit bien plus qu'il n'en fît jamais, comme il le ſeroit qu'avec mille menſonges un Aſtrologue ne prédît jamais aucune vérité. Ils mentiront tant, diſoit Henri IV, qu'à la fin ils diront vrai. Quiconque veut trouver quelques bons mots, n'a qu'à dire beaucoup de ſotiſes. Dieu garde de mal les gens à la mode qui n'ont pas d'autre mérite pour être fêtés!

Les penſées les plus brillantes peuvent tomber dans le cerveau des enfans, ou plutôt les meilleurs mots dans leur bouche, comme les diamans du plus grand prix ſous leurs mains, ſans que pour cela ni les penſées, ni les diamans leur appartiennent; il n'y a point de véritable propriété pour cet âge en aucun genre. Les choſes que dit un enfant ne ſont pas pour

(*) M. F. *Des enfans étourdis* . . .] Ces obſervations ſont juſtes; mais j'en tire des conſéquences tout oppoſées à celles de M. R. Les enfans, ſoit étourdis, ſoit engourdis, abandonnés à eux-mêmes, ou élevés comme Emile, ſuivront la loi générale en vertu de laquelle tout état de mouvement ou de

pour lui ce qu'elles ſont pour nous, il n'y joint pas les mêmes idées. Ces idées, ſi tant eſt qu'il en ait, n'ont dans ſa tête ni ſuite ni liaiſon; rien de fixe, rien d'aſſuré dans tout ce qu'il penſe. Examinez votre prétendu prodige. En de certains momens vous lui trouverez un reſſort d'une extrême activité, une clarté d'eſprit à percer les nues. Le plus ſouvent ce même eſprit vous paroît lâche, moite, & comme environné d'un épais brouillard. Tantôt il vous devance & tantôt il reſte immobile. Un inſtant vous diriez, c'eſt un génie, & l'inſtant d'après, c'eſt un ſot: vous vous tromperiez toujours; c'eſt un enfant. C'eſt un aiglon qui fend l'air un inſtant, & retombe l'inſtant d'après dans ſon aire.

Traitez-le donc ſelon ſon âge malgré les apparences, & craignez d'épuiſer ſes forces pour les avoir voulu trop exercer. Si ce jeune cerveau s'échauffe, ſi vous voyez qu'il commence à bouillonner, laiſſez-le d'abord fermenter en liberté, mais ne l'excitez jamais, de peur que tout ne s'exhale; & quand les premiers eſprits ſe ſeront évaporés, retenez, comprimez les autres, juſqu'à ce qu'avec les années tout ſe tourne en chaleur & en véritable force. Autrement vous perdrez votre tems & vos ſoins; vous détruirez votre propre ouvrage, & après vous être indiſcrettement enivrés de toutes ces vapeurs inflammables, il ne vous reſtera qu'un marc ſans vigueur.

Des enfans étourdis (*) viennent les hommes vulgaires; je ne ſache point d'obſervation plus générale

---

de repos dure, juſqu'à ce que quelque cauſe externe le faſſe changer. L'étourderie deviendra pétulance; l'engourdiſſement, bêtiſe. Au lieu qu'en modérant de bonne heure la premiere, & en excitant l'autre, on amene les enfans de l'une & de l'autre ſorte à ce juſte milieu, qui fait les gens ſenſés.

nérale & plus certaine que celle-là. Rien n'eſt plus difficile que de diſtinguer dans l'enfance la ſtupidité réelle de cette apparente & trompeuſe ſtupidité qui eſt l'annonce des ames fortes. Il paroît d'abord étrange que les deux extrêmes aient des ſignes ſi ſemblables, & cela doit pourtant être; car dans un âge où l'homme n'a encore nulles véritables idées, toute la différence qui ſe trouve entre celui qui a du génie & celui qui n'en a pas, eſt que le dernier n'admêt que de fauſſes idées, & que le premier n'en trouvant que de telles, n'en admêt aucune; il reſſemble donc au ſtupide en ce que l'un n'eſt capable de rien, & que rien ne convient à l'autre. Le ſeul ſigne qui peut les diſtinguer dépend du haſard qui peut offrir au dernier quelque idée à ſa portée, au lieu que le premier eſt toujours le même par-tout. Le jeune Caton, durant ſon enfance, ſembloit un imbécille dans la maiſon. Il étoit taciturne & opiniâtre : voilà tout le jugement qu'on portoit de lui. Ce ne fut que dans l'antichambre de Sylla que ſon oncle apprit à le connoître. S'il ne fût point entré dans cette antichambre, peut-être eût-il paſſé pour une brute juſqu'à l'âge de raiſon: ſi Céſar n'eût point vécu, peut-être eût-on toujours traité de viſionnaire ce même Caton, qui pénétra ſon funeſte génie & prévit tous ces projets de ſi loin. O que ceux qui jugent ſi précipitamment les enfans ſont ſujets à ſe tromper! Ils ſont ſouvent plus enfans qu'eux. J'ai vu dans un âge aſſez avancé un homme qui m'honoroit de ſon amitié, paſſer dans ſa famille & chez ſes Amis, pour un eſprit borné; cette excellente tête ſe meuriſſoit en ſilence. Tout-à-coup il s'eſt

(*) M. F. *De ſa vie il ne ſera ſi occupé.*] Oui, mais de ſa vie il ne voudra s'occuper autrement. Quand vous voudrez le fixer, il ſera trop tard. L'exemple d'Emile ne prouve rien; c'eſt

s'eſt montré Philoſophe, & je ne doute pas que la poſtérité ne lui marque une place honorable & diſtinguée parmi les meilleurs raiſonneurs & les plus profonds métaphyſiciens de ſon ſiécle.

Reſpectez l'enfance, & ne vous preſſez point de la juger ſoit en bien, ſoit en mal. Laiſſez les exceptions s'indiquer, ſe prouver, ſe confirmer long-tems avant d'adopter pour elles des méthodes particulieres. Laiſſez long-tems agir la nature avant de vous mêler d'agir à ſa place, de peur de contrarier ſes opérations! Vous connoiſſez, dites-vous, le prix du tems, & n'en voulez point perdre! Vous ne voyez pas que c'eſt bien plus le perdre d'en mal uſer que de n'en rien faire; & qu'un enfant mal inſtruit, eſt plus loin de la ſageſſe, que celui qu'on n'a point inſtruit du tout. Vous êtes allarmé de le voir conſumer ſes premieres années à ne rien faire! Comment! n'eſt-ce rien que d'être heureux? N'eſt-ce rien que de ſauter, jouer, courir toute la journée? De ſa vie il ne ſera ſi occupé (*). Platon, dans ſa République qu'on croit ſi auſtere, n'éleve les enfans qu'en fêtes, jeux, chanſons, paſſe-tems; on diroit qu'il a tout fait quand il leur a bien appris à ſe réjouir; & Seneque parlant de l'ancienne Jeuneſſe Romaine, elle étoit, dit-il, toujours debout, on ne lui enſeignoit rien qu'elle dût apprendre aſſiſe. En valoit-elle moins parvenue à l'âge viril? effrayez-vous donc peu de cette oiſiveté prétendue. Que diriez-vous d'un homme qui pour mettre toute ſa vie à profit ne voudroit jamais dormir? Vous diriez; cet homme eſt inſenſé; il ne jouit pas du tems, il ſe l'ôte: pour fuir le ſommeil il court à la mort. Son-

c'eſt une fiction; l'Auteur en fait ce qu'il veut, ce qu'il a envie d'en faire; mais qu'il travaille ſur des Emiles réels, & il ſe trouvera loin de ſon compte.

Songez donc que c'est ici la même chose, & que l'enfance est le sommeil de la raison.

L'apparente facilité d'apprendre est cause de la perte des enfans. On ne voit pas que cette facilité même est la preuve qu'ils n'apprennent rien. Leur cerveau lice & poli, rend comme un miroir les objets qu'on lui présente; mais rien ne reste, rien ne pénetre. L'enfant retient les mots, les idées se réfléchissent; ceux qui l'écoutent les entendent, lui seul ne les entend point.

Quoique la mémoire & le raisonnement soient deux facultés essentiellement différentes; cependant l'une ne se développe véritablement qu'avec l'autre. Avant l'âge de raison l'enfant ne reçoit pas des idées, mais des images; & il y a cette différence entre les unes & les autres, que les images ne sont que des peintures absolues des objets sensibles, & que les idées sont des notions des objets, déterminées par des rapports. Une image peut être seule dans l'esprit qui se la représente; mais toute idée en suppose d'autres. Quand on imagine, on ne fait que voir; quand on conçoit, on compare. Nos sensations sont purement passives, au lieu que toutes nos perceptions ou idées naissent d'un principe actif qui juge. Cela sera démontré ci-après. Je

(14) J'ai fait cent fois réflexion en écrivant, qu'il est impossible dans un long Ouvrage, de donner toujours les mêmes sens aux mêmes mots. Il n'y a point de langue assez riche pour fournir autant de termes, de tours & de phrases, que nos idées peuvent avoir de modifications. La méthode de définir tous les termes, & de substituer sans cesse la définition à la place du défini, est belle, mais impratiquable; car comment éviter le cercle? les définitions pourroient être bonnes si l'on n'employoit pas des mots pour les faire. Malgré cela, je suis persuadé qu'on peut être clair, même dans la pauvreté de notre Langue; non pas en donnant toujours les mêmes acceptions aux mêmes mots, mais en faisant en sorte, autant de fois qu'on employe chaque mot, que l'acception qu'on lui donne, soit suffisamment déterminée par les idées qui s'y

Je dis donc que les enfans n'étant pas capables de jugement n'ont point de véritable mémoire (*). Ils retiennent des sons, des figures, des sensations, rarement des idées, plus rarement leurs liaisons. En m'objectant qu'ils apprennent quelques élemens de Géométrie, on croit bien prouver contre moi, & tout au contraire, c'est pour moi qu'on prouve: on montre que loin de savoir raisonner d'eux-mêmes, ils ne savent pas même retenir les raisonnemens d'autrui; car suivez ces petits Géometres dans leur méthode, vous voyez aussi-tôt qu'ils n'ont retenu que l'exacte impression de la figure & les termes de la démonstration. A la moindre objection nouvelle, ils n'y sont plus; renversez la figure, ils n'y sont plus. Tout leur savoir est dans la sensation, rien n'a passé jusqu'à l'entendement. Leur mémoire elle-même n'est gueres plus parfaite que leurs autres facultés; puisqu'il faut presque toujours qu'ils rapprennent, étant grands, les choses dont ils ont appris les mots dans l'enfance.

Je suis cependant bien éloigné de penser que les enfans n'ayent aucune espece de raisonnement (14). Au contraire, je vois qu'ils raisonnent très-bien dans tout ce qu'ils connoissent, & qui se rapporte à leur

s'y rapportent, & que chaque période où ce mot se trouve, lui serve, pour ainsi dire, de définition. Tantôt je dis que les enfans sont incapables de raisonnement, & tantôt je les fais raisonner avec assez de finesse; je ne crois pas en cela me contredire dans mes idées, mais je ne puis disconvenir que je ne me contredise souvent dans mes expressions.

(*) M. F. *Je dis donc que les enfans n'étant pas capables de jugement n'ont point de véritable mémoire.*] Je dis tout au contraire que les enfans ayant de bonne heure du jugement, & même beaucoup plus qu'on ne leur en suppose dans les éducations ordinaires, peuvent tirer un excellent parti de la mémoire, pourvû qu'on les conduise bien. Assurément, si l'on vou-

leur intérêt présent & sensible. Mais c'est sur leurs connoissances que l'on se trompe, en leur prêtant celles qu'ils n'ont pas, & les faisant raisonner sur ce qu'ils ne sauroient comprendre. On se trompe encore en voulant les rendre attentifs à des considérations qui ne les touchent en aucune maniere, comme celle de leur intérêt à venir, de leur bonheur étant hommes, de l'estime qu'on aura pour eux quand ils seront grands; discours qui, tenus à des êtres dépourvus de toute prévoyance, ne signifient absolument rien pour eux (*). Or, toutes les études forcées de ces pauvres infortunés tendent à ces objets entiérement étrangers à leurs esprits. Qu'on juge de l'attention qu'ils y peuvent donner!

Les Pédagogues qui nous étalent en grand appareil les instructions qu'ils donnent à leurs disciples, sont payés pour tenir un autre langage: cependant on voit, par leur propre conduite, qu'ils pensent exactement comme moi; car que leur apprennent-ils enfin? Des mots, encore des mots, & toujours des mots. Parmi les diverses Sciences qu'ils se vantent de leur enseigner, ils se gardent bien de choisir celles

---

vouloit d'un côté retarder volontairement les progrès de leur raison, & de l'autre leur faire apprendre des mots, dont le sens leur fût inconnu, sans les accompagner d'aucune explication, ce seroit une fort mauvaise besogne. Mais, sans être un prodige, un enfant, avant l'âge de douze ans, aura appris & compris quantité de choses qu'il ne lui conviendroit pas même d'apprendre plus tard.

(*) *Ne signifient absolument rien pour eux.* On peut parler aux Enfans du bonheur, ils en ont une notion confuse. On peut leur proposer l'estime des autres; ils ont déjà ce point d'honneur qui y rend sensible. Mais on leur peint tout cela dans un trop grand éloignement, dans la suite de leur vie, & voilà ce qui rend de nul effet les considérations qu'on leur présente. Il faudroit dire à un Enfant: fais cela, & tu feras heureux dès demain; sois complaisant, & dès ce moment on t'aimera.

celles qui leur feroient véritablement utiles, parce que ce feroient des fciences de chofes, & qu'ils n'y réuffiroient pas; mais celles qu'on paroît favoir quand on en fait les termes: le Blafon, la Géographie, la Chronologie, les Langues, &c. Toutes études fi loin de l'homme, & fur-tout de l'enfant, que c'eft une merveille fi rien de tout cela lui peut être utile une feule fois en fa vie (*).

On fera furpris que je compte l'étude des Langues au nombre des inutilités de l'éducation; mais on fe fouviendra que je ne parle ici que des études du premier âge, & quoi qu'on puiffe dire, je ne crois pas que jufqu'à l'âge de douze ou quinze ans nul enfant, les prodiges à part, ait jamais vrayment appris deux Langues.

Je conviens que fi l'étude des Langues n'étoit que celle des mots, c'eft-à-dire, des figures ou des fons qui les expriment, cette étude pourroit convenir aux enfans; mais les Langues en changeant les fignes modifient auffi les idées qu'ils repréfentent. Les têtes fe forment fur les langages, les penfées prennent la teinte des idiomes. La raifon feule eft commune;

---

mera. Mais le dire ne fera pas affez, il faut le lui faire éprouver fur le champ, & ménager à point nommé la récompenfe.

(*) M. F. *C'eft une merveille fi rien de tout cela peut lui être utile une feule fois en fa vie.*] Il n'y a rien à répondre à ces décifions outrées, à ces exagérations flétriffantes. Qu'Emile & fon Inftituteur fe paffent de ces connoiffances, fi tel eft leur bon plaifir. Elles feront l'occupation honnête, utile, délicieufe, d'un nombre infini de gens qui les valent bien, & qui feront charmés qu'on ait mis à profit les premieres années de leur vie, pour les faire entrer dans cette route. Je n'ai pas befoin de répéter que je connois les abus comme M. R. & que je les blâme comme lui. Mais je m'abftiens de les détailler, parce que je ne faurois faire entrer un Traité complet d'éducation dans ces notes, & qu'il en exifte de fort bons, où ces matieres font foigneufement difcutées.

mune; l'esprit en chaque Langue a sa forme particuliere: différence qui pourroit bien être en partie la cause ou l'effet des caracteres nationaux; & ce qui paroît confirmer cette conjecture, est que chez toutes les Nations du monde la Langue suit les vicissitudes des mœurs, & se conserve ou s'altere comme elles.

De ces formes diverses l'usage en donne une à l'enfant, & c'est la seule qu'il garde jusqu'à l'âge de raison. Pour en avoir deux, il faudroit qu'il sût comparer des idées; & comment les compareroit-il, quand il est à-peine en état de les concevoir? Chaque chose peut avoir pour lui mille signes différens; mais chaque idée ne peut avoir qu'une forme, il ne peut donc apprendre à parler qu'une Langue. Il en apprend cependant plusieurs, me dit-on: je le nie. J'ai vû de ces petits prodiges qui croyoient parler cinq ou six Langues. Je les ai entendus successivement parler Allemand, en termes latins, en termes françois, en termes italiens; ils se servoient à la vérité de cinq ou six Dictionnaires; mais ils ne parloient toujours qu'Allemand. En un mot, donnez aux enfans tant de synonymes qu'il vous plaira; vous changerez les mots, non la langue; ils n'en sauront jamais qu'une.

C'est pour cacher en ceci leur inaptitude qu'on les exerce par préférence sur les Langues mortes, dont il n'y a plus de juges qu'on ne puisse recuser. L'usage familier de ces Langues étant perdu depuis long-tems, on se contente d'imiter ce qu'on en trouve écrit dans les livres, & l'on appelle cela les parler. Si tel est le grec & le latin des Maîtres, qu'on juge de celui des enfans! A peine ont-ils appris par cœur leur Rudiment, auquel ils n'entendent absolument rien, qu'on leur apprend d'abord à rendre un discours françois en mots latins; puis, quand ils sont plus avancés, à coudre en prose des phrases de Ciceron, & en vers des centons de Virgile. Alors ils croyent parler latin: qui eſt-ce qui viendra les contredire ?

En quelqu'étude que ce puiſſe être, ſans l'idée des choſes repréſentées les ſignes repréſentans ne ſont rien. On borne pourtant toujours l'enfant à ces ſignes, ſans jamais pouvoir lui faire comprendre aucune des choſes qu'ils repréſentent. En penſant lui apprendre la deſcription de la terre, on ne lui apprend qu'à connoître des cartes: on lui apprend des noms de Villes, de Pays, de Rivieres, qu'il ne conçoit pas exiſter ailleurs que ſur le papier où l'on les lui montre. Je me ſouviens d'avoir vû quelque part une Géographie qui commençoit ainſi. *Qu'eſt-ce que le monde? C'eſt un globe de carton.* Telle eſt préciſément la Géographie des enfans. Je poſe en fait qu'après deux ans de ſphère & de coſmographie, il n'y a pas un ſeul enfant de dix ans, qui, ſur les régles qu'on lui a données, ſût ſe conduire de Paris à Saint-Denis: Je poſe en fait qu'il n'y en a pas un, qui, ſur un plan du jardin de ſon pere, ſût en état d'en ſuivre les détours ſans s'égarer. Voilà ces docteurs qui ſavent à point nommé où ſont Pekin, Iſpahan, le Méxique, & tous les Pays de la terre.

J'entens dire qu'il convient d'occuper les enfans à des études où il ne faille que des yeux; cela pourroit être s'il y avoit quelque étude où il ne fallût que des yeux; mais je n'en connois point de telle.

Par une erreur encore plus ridicule, on leur fait étudier l'Hiſtoire: on s'imagine que l'Hiſtoire eſt à leur portée, parce qu'elle n'eſt qu'un recueil de faits; mais qu'entend-on par ce mot de faits? Croit-on que les rapports qui déterminent les faits hiſtoriques, ſoient ſi faciles à ſaiſir, que les idées s'en forment ſans peine dans l'eſprit des enfans? Croit-on que la véritable connoiſſance des événemens ſoit ſéparable de celle de leurs cauſes, de celle de leurs effets, & que l'hiſtorique tienne ſi peu au moral, qu'on puiſſe connoître l'un ſans l'autre? Si vous ne voyez dans les actions des hommes que les mouvemens extérieurs & purement phyſiques, qu'apprenez-vous dans l'Hiſtoire? abſolument rien; & cette étude dénuée de tout intérêt ne vous donne pas plus de plaiſir que d'inſtruction. Si vous voulez apprécier ces actions par leurs rapports moraux, eſſayez de faire entendre ces rapports à vos Eleves, & vous verrez alors ſi l'Hiſtoire eſt de leur âge.

Lecteurs, ſouvenez-vous toujours que celui qui vous parle, n'eſt ni un Savant ni un Philoſophe; mais un homme ſimple, ami de la vérité, ſans parti, ſans ſyſtême; un ſolitaire, qui vivant peu avec les hommes, a moins d'occaſions de s'imboire de leurs préjugés, & plus de tems pour réfléchir ſur ce qui le frappe quand il commerce avec eux. Mes raiſonnemens ſont moins fondés ſur des principes que ſur des faits; & je crois ne pouvoir mieux vous mettre à portée d'en juger, que de vous rapporter ſouvent quelque exemple des obſervations qui me les ſuggerent.

J'étois allé paſſer quelques jours à la campagne chez une bonne mere de famille qui prenoit grand ſoin de ſes enfans & de leur éducation. Un matin que j'étois préſent aux leçons de l'aîné, ſon Gouverneur, qui l'avoit très-bien inſtruit de l'Hiſtoire ancienne, reprenant celle d'Alexandre, tomba ſur le trait connu du Médecin Philippe qu'on a mis en tableau, & qui ſûrement en valoit bien la peine. Le Gouverneur, homme de mérite, fit ſur l'intrépidité d'Alexandre pluſieurs réflexions qui ne me plurent point, mais que j'évitai de combattre, pour ne pas le décréditer dans l'eſprit de ſon Eleve. A table, on ne manqua pas, ſelon la méthode Françoiſe, de faire beaucoup babiller le petit bon-homme. La vivacité

cité naturelle à son âge, & l'attente d'un applaudissement sûr, lui firent débiter mille sottises, tout-à-travers lesquelles partoient de tems-en-tems quelques mots heureux qui faisoient oublier le reste. Enfin vint l'Histoire du Médecin Philippe: il la raconta fort nettement & avec beaucoup de grace. Après l'ordinaire tribut d'éloges qu'exigeoit la mere & qu'attendoit le fils, on raisonna sur ce qu'il avoit dit. Le plus grand nombre blâma la témérité d'Alexandre; quelques-uns, à l'exemple du Gouverneur, admiroient sa fermeté, son courage: ce qui me fit comprendre qu'aucun de ceux qui étoient présens ne voyoit en quoi consistoit la véritable beauté de ce trait. Pour moi, leur dis-je, il me paroît que s'il y a le moindre courage, la moindre fermeté dans l'action d'Alexandre, elle n'est qu'une extravagance. Alors tout le monde se réunit, & convint que c'étoit une extravagance. J'allois répondre & m'échauffer, quand une femme qui étoit à côté de moi, & qui n'avoit pas ouvert la bouche, se pencha vers mon oreille, & me dit tout bas: tai-toi, Jean-Jacques; ils ne t'entendront pas. Je la regardai, je fus frappé, & je me tus.

Après le dîné, soupçonnant sur plusieurs indices que mon jeune Docteur n'avoit rien compris du tout à l'Histoire qu'il avoit si bien racontée, je le pris par la main, je fis avec lui un tour de parc, & l'ayant questionné tout à mon aise, je trouvai qu'il admiroit plus que personne le courage si vanté d'Alexandre: mais savez-vous où il voyoit ce courage? uniquement dans celui d'avaler d'un seul trait un breuvage de mauvais goût, sans hésiter, sans marquer la moindre répugnance. Le pauvre enfant, à qui l'on avoit fait prendre médecine il n'y avoit pas quinze jours, & qui ne l'avoit prise qu'avec une peine infinie, en avoit encore le déboire à la bouche. La mort, l'empoisonnement ne passoient dans

son

ſon eſprit que pour des ſenſations déſagréables, & il ne concevoit pas, pour lui, d'autre poiſon que du ſené. Cependant il faut avouer que la fermeté du Héros avoit fait une grande impreſſion ſur ſon jeune cœur, & qu'à la premiere médecine qu'il faudroit avaler, il avoit bien réſolu d'être un Alexandre. Sans entrer dans des éclairciſſemens qui paſſoient évidemment ſa portée, je le confirmai dans ces diſpoſitions louables, & je m'en retournai riant en moi-même de la haute ſageſſe des Peres & des Maîtres, qui penſent apprendre l'Hiſtoire aux enfans.

Il eſt aiſé de mettre dans leurs bouches les mots de Rois, d'Empires, de Guerres, de Conquêtes, de Révolutions, de Loix; mais quand il ſera queſtion d'attacher à ces mots des idées nettes, il y aura loin de l'entretien du Jardinier Robert à toutes ces explications.

Quelques Lecteurs mécontens du *tai-toi*, *Jean-Jacques*, demanderont, je le prévois, ce que je trouve enfin de ſi beau dans l'action d'Alexandre? Infortunés! s'il faut vous le dire, comment le comprendrez-vous? c'eſt qu'Alexandre croyoit à la vertu; c'eſt qu'il y croyoit ſur ſa tête, ſur ſa propre vie; c'eſt que ſa grande ame étoit faite pour y croi-

re.

(15) La plûpart des Savans le ſont à la maniere des enfans. La vaſte érudition réſulte moins d'une multitude d'idées que d'une multitude d'images. Les dates, les noms propres, les lieux, tous les objets iſolés ou dénués d'idées ſe retiennent uniquement par la mémoire des ſignes, & rarement ſe rappelle-t-on quelqu'une de ces choſes ſans voir en même-tems le *recto* ou le *verſo* de la page où on l'a lue, ou la figure ſous laquelle on la vit la premiere fois. Telle étoit à peu près la ſcience à la mode les ſiécles derniers; celle de notre ſiécle eſt autre choſe. On n'étudie plus, on n'obſerve plus, on rêve, & l'on nous donne gravement pour de la Philoſophie les rêves de quelques mauvaiſes nuits. On me dira que je rêve auſſi;

j'en

…EXANDRE CROYANT A LA VERTU…

re. O que cette médecine avalée étoit une belle profession de foi! Non jamais mortel n'en fit une si sublime: s'il est quelque moderne Alexandre, qu'on me le montre à de pareils traits.

S'il n'y a point de science de mots, il n'y a point d'étude propre aux enfans (*). S'ils n'ont pas de vraies idées, ils n'ont point de véritable mémoire; car je n'appelle pas ainsi celle qui ne retient que des sensations. Que sert d'inscrire dans leur tête un catalogue de signes qui ne représentent rien pour eux? En apprenant les choses n'apprendront-ils pas les signes? Pourquoi leur donner la peine inutile de les apprendre deux fois? & cependant quels dangereux préjugés ne commence-t-on pas à leur inspirer, en leur faisant prendre pour de la science des mots qui n'ont aucun sens pour eux. C'est du premier mot dont l'enfant se paye, c'est de la premiere chose qu'il apprend sur la parole d'autrui, sans en voir l'utilité lui-même, que son jugement est perdu: il aura long-tems à briller aux yeux des sots, avant qu'il répare une telle perte (15).

Non, si la nature donne au cerveau d'un enfant cette souplesse qui le rend propre à recevoir toutes sortes d'impressions, ce n'est pas pour qu'on y grave des noms de Rois, des dates, des termes de blazon, de

j'en conviens; mais, ce que les autres n'ont garde de faire, je donne mes rêves pour des rêves, laissant chercher au Lecteur s'ils ont quelque chose d'utile aux gens éveillés.

(*) M. F. *S'il n'y a point de science de mots, il n'y a point d'étude propre aux enfans.*] S'il n'y a point de science sans mots, il n'y en a aucune que l'on ne puisse enseigner aux enfans, pourvû qu'on le fasse bien, & surtout avec les gradations nécessaires. La vraye science tient le milieu entre la pédanterie des derniers siécles, & le babil philosophique de celui-ci.

de ſphère, de géographie, & tous ces mots ſans aucun ſens pour ſon âge, & ſans aucune utilité pour quelque âge que ce ſoit, dont on accable ſa triſte & ſtérile enfance; mais c'eſt pour que toutes les idées qu'il peut concevoir & qui lui ſont utiles, toutes celles qui ſe rapportent à ſon bonheur, & doivent l'éclairer un jour ſur ſes devoirs, s'y tracent de bonne heure en caractères ineffaçables, & lui ſervent à ſe conduire pendant ſa vie d'une maniere convenable à ſon être & à ſes facultés.

Sans étudier dans les livres, l'eſpece de mémoire que peut avoir un enfant ne reſte pas pour cela oiſive; tout ce qu'il voit, tout ce qu'il entend le frappe & il s'en ſouvient; il tient regiſtre en lui-même des actions, des diſcours des hommes, & tout ce qui l'environne eſt le livre dans lequel, ſans y ſonger, il enrichit continuellement ſa mémoire, en attendant que ſon jugement puiſſe en profiter. C'eſt dans le choix de ces objets, c'eſt dans le ſoin de lui préſenter ſans ceſſe ceux qu'il peut connoître & de lui cacher ceux qu'il doit ignorer, que conſiſte le véritable art de cultiver en lui cette premiere faculté; & c'eſt par-là qu'il faut tâcher de lui former un magaſin de connoiſſances, qui ſerve à ſon éducation durant ſa jeuneſſe, & à ſa conduite dans tous les tems. Cette méthode, il eſt vrai, ne forme

(*) M. F. *Pas même celles de Lafontaine.*] Tout le morceau ſuivant au ſujet des Fables de Lafontaine n'eſt qu'une bourraſque de mauvaiſe humeur. Ce charmant Recueil convient à tous les âges; & ſi l'enfance n'en épuiſe pas toutes les beautés, & toutes les inſtructions, elle peut déjà en tirer un très-bon parti, ſurtout ſous une ſage direction. Je ne ferai point l'examen de la critique que M. R. fait ici de la Fable du Corbeau & du Renard, qu'il appelle la premiere de toutes, je ne ſçais pourquoi, puiſque c'eſt celle de la Cigale & de la Fourmi qui occupe ce rang. Il n'y a preſque pas une des choſes

me point de petits prodiges, & ne fait pas briller les Gouvernantes & les Précepteurs; mais elle forme des hommes judicieux, robuſtes, ſains de corps & d'entendement, qui ſans s'être faits admirer étant jeunes, ſe ſont honorer étant grands.

Emile n'apprendra jamais rien par cœur; pas même des fables, pas même celle de Lafontaine (*), toute naïves, toute charmantes qu'elles ſont; car les mots des fables ne ſont pas plus les fables, que les mots de l'Hiſtoire ne ſont l'Hiſtoire. Comment peut-on s'aveugler aſſez pour appeller les fables la morale des enfans? ſans ſonger que l'apologue en les amuſant les abuſe, que ſéduits par le menſonge ils laiſſent échapper la vérité, & que ce qu'on fait pour leur rendre l'inſtruction agréable les empêche d'en profiter. Les fables peuvent inſtruire les hommes, mais il faut dire la vérité nue aux enfans; ſitôt qu'on la couvre d'un voile, ils ne ſe donnent plus la peine de le lever.

On fait apprendre les fables de Lafontaine à tous les enfans, & il n'y en a pas un ſeul qui les entende. Quand ils les entendroient, ce ſeroit encore pis; car la morale en eſt tellement mêlée & ſi diſproportionnée à leur âge, qu'elle les porteroit plus au vice qu'à la vertu. Ce ſont encore là, direz-vous, des paradoxes; ſoit: mais voyons ſi ce ſont des vérités.

Je

ſes que M. R. prétend devoir être & demeurer ignorées de l'enfant par rapport à l'explication de cette Fable, qui ne puiſſe au contraire & ne doive lui être connue. D'ailleurs on n'analyſe pas les Fables d'une maniere auſſi détaillée, en les faiſant lire ou apprendre aux enfans; cela n'eſt pas néceſſaire, & il ſuffit de répondre à leurs queſtions lorſqu'ils en ſont de judicieuſes. La Morale de ces Fables n'eſt pas plus difficile à juſtifier que leur tour. La Cigale eſt une faineante, le Corbeau un ſot orgueilleux? Ne faut il prémunir les Enfans ni contre l'orgueil, ni contre l'oiſiveté?

Je dis qu'un enfant n'entend point les fables qu'on lui fait apprendre ; parce que quelque effort qu'on fasse pour les rendre simples, l'instruction qu'on en veut tirer, force d'y faire entrer des idées qu'il ne peut saisir, & que le tour même de la Poësie en les lui rendant plus faciles à retenir, les lui rend plus difficiles à concevoir ; en sorte qu'on achette l'agrément aux dépens de la clarté. Sans citer cette multitude de fables qui n'ont rien d'intelligible ni d'utile pour les enfans, & qu'on leur fait indiscretement apprendre avec les autres, parce qu'elles s'y trouvent mêlées, bornons-nous à celles que l'Auteur semble avoir faites spécialement pour eux.

Je ne connois dans tout le Recueil de Lafontaine, que cinq ou six fables où brille éminemment la naïveté puérile : de ces cinq ou six, je prens pour exemple la premiere de toutes, parce que c'est celle dont la morale est le plus de tout âge, celle que les enfans saisissent le mieux, celle qu'ils apprennent avec le plus de plaisir, enfin celle que pour cela même l'Auteur a mise par préférence à la tête de son Livre. En lui supposant réellement l'objet d'être entendu des enfans, de leur plaire & de les instruire, cette fable est assurément son chef-d'œuvre : qu'on me permette donc de la suivre & de l'examiner en peu de mots.

LE CORBEAU ET LE RENARD.

FABLE.

Maître Corbeau, sur un arbre perché.

Maître ! que signifie ce mot en lui-même ? que signifie-t-il au devant d'un nom propre ? quel sens a-t-il dans cette occasion ?

Qu'est-ce qu'un Corbeau ?

Qu'est ce qu'*un arbre perché* ? l'on ne dit pas ; *sur*

un

un arbre perché: l'on dit, *perché ſur un arbre.* Par conſéquent il faut parler des inverſions de la Poëſie; il faut dire ce que c'eſt que Proſe & que Vers.

Tenoit dans ſon bec un fromage.

Quel fromage? étoit-ce un fromage de Suiſſe, de Brie, ou de Hollande? ſi l'enfant n'a point vû de Corbeaux, que gagnez-vous à lui en parler? s'il en a vû, comment concevra-t-il qu'ils tiennent un fromage à leur bec? Faiſons toujours des images d'après nature.

Maître Renard, par l'odeur allèché.

Encore un *Maître!* mais pour celui-ci, c'eſt à bon titre: il eſt maître paſſé dans les tours de ſon métier. Il faut dire ce que c'eſt qu'un Renard, & diſtinguer ſon vrai naturel, du caractere de convention qu'il a dans les fables.

Allèché. Ce mot n'eſt pas uſité. Il le faut expliquer: il faut dire qu'on ne s'en ſert plus qu'en Vers. L'enfant demandera pourquoi l'on parle autrement en Vers qu'en Proſe. Que lui répondrez-vous?

Allèché par l'odeur d'un fromage! Ce fromage tenu par un Corbeau perché ſur un arbre, devoit avoir beaucoup d'odeur pour être ſenti par le Renard dans un taillis ou dans ſon terrier! Eſt-ce ainſi que vous exercez votre Eleve à cet eſprit de critique judicieuſe, qui ne s'en laiſſe impoſer qu'à bonnes enſeignes, & fait diſcerner la vérité, du menſonge, dans les narrations d'autrui?

Lui tint à-peu-près ce langage:

Ce langage! les Renards parlent donc, ils parlent donc la même langue que les Corbeaux? Sage Précepteur, prens garde à toi: peſe bien ta réponſe

 avant

avant de la faire. Elle importe plus que tu n'as pensé.

Eh! bon jour, Monsieur le Corbeau!

Monsieur! tître que l'enfant voit tourner en dérision, même avant qu'il sache que c'est un tître d'honneur. Ceux qui disent *Monsieur du Corbeau* auront bien d'autres affaires avant que d'avoir expliqué ce *du.*

Que vous êtes charmant! que vous me semblez beau!

Cheville, redondance inutile. L'enfant, voyant répéter la même chose en d'autres termes, apprend à parler lâchement. Si vous dites que cette redondance est un art de l'Auteur, & entre dans le dessein du Renard, qui veut paroître multiplier les éloges avec les paroles; cette excuse sera bonne pour moi, mais non pas pour mon Eleve.

Sans mentir, si votre ramage.

Sans mentir! on ment donc quelquefois? Où en sera l'enfant, si vous lui apprenez que le Renard ne dit, *sans mentir*, que parce qu'il ment?

Répondoit à votre plumage.

Répondoit! Que signifie ce mot? Apprenez à l'enfant à comparer des qualités aussi différentes que la voix & le plumage; vous verrez comme il vous entendra!

Vous seriez le Phénix des hôtes de ces bois.

Le Phénix! Qu'est-ce qu'un Phénix? Nous voici tout-à-coup jettés dans la menteuse antiquité; presque dans la Mythologie.

Des hôtes de ces bois! Quel discours figuré! Le flatteur ennoblit son langage & lui donne plus de dignité

dignité pour le rendre plus séduisant, Un enfant entendra-t-il cette finesse? sait-il seulement, peut-il savoir, ce que c'est qu'un stile noble & un stile bas?

A ces mots, le Corbeau ne sent pas de joie.

Il faut avoir éprouvé déjà des passions bien vives pour sentir cette expression proverbiale.

Et pour montrer sa belle voix.

N'oubliez pas que pour entendre ce vers & toute la fable, l'enfant doit savoir ce que c'est que la belle voix du Corbeau.

Il ouvre un large bec, laisse tomber sa proie.

Ce vers est admirable ; l'harmonie seule en fait image. Je vois un grand vilain bec ouvert ; j'entens tomber le fromage à travers les branches: mais ces sortes de beautés sont perdues pour les enfans.

Le Renard s'en saisit ; & dit, mon bon Monsieur,

Voilà donc déjà la bonté transformée en bêtise: assurément on ne perd pas de tems pour instruire les enfans.

Apprenez que tout flateur.

Maxime générale ; nous n'y sommes plus.

Vit aux dépens de celui qui l'écoute.

Jamais enfant de dix ans n'entendit ce vers-là.

Cette leçon vaut bien un fromage, sans doute.

Ceci s'entend, & la pensée est très-bonne. Cependant il y aura encore bien peu d'enfans qui sachent comparer une leçon à un fromage, & qui ne préféraffent le fromage à la leçon. Il faut donc leur

 faire

faire entendre que ce propos n'est qu'une raillerie. Que de finesse pour des enfans!

Le Corbeau, honteux & confus,

Autre pléonasme; mais celui-ci est inexcusable.

Jura, mais un peu tard, qu'on ne l'y prendroit plus.

Jura! Quel est le sot de Maître qui ose expliquer à l'enfant ce que c'est qu'un serment?

Voilà bien des détails; bien moins cependant qu'il n'en faudroit pour analyser toutes les idées de cette fable, & les réduire aux idées simples & élémentaires dont chacune d'elles est composée. Mais qui est-ce qui croit avoir besoin de cette analyse pour se faire entendre à la jeunesse? Nul de nous n'est assez philosophe pour savoir se mettre à la place d'un enfant. Passons maintenant à la morale.

Je demande si c'est à des enfans de six ans qu'il faut apprendre qu'il y a des hommes qui flattent & mentent pour leur profit? On pourroit tout au plus leur apprendre qu'il y a des railleurs qui persiflent les petits garçons, & se mocquent en secret de leur sotte vanité: mais le fromage gâte tout; on leur apprend moins à ne pas le laisser tomber de leur bec, qu'à le faire tomber du bec d'un autre. C'est ici mon second paradoxe, & ce n'est pas le moins important.

Suivez les enfans apprenant leurs fables, & vous verrez que, quand ils sont en état d'en faire l'application, ils en font presque toujours une contraire à l'intention de l'Auteur, & qu'au lieu de s'observer sur le défaut dont on les veut guérir ou préserver, ils panchent à aimer le vice avec lequel on tire parti des défauts des autres. Dans la fable précédente, les enfans se mocquent du Corbeau, mais ils s'affectionnent tous au Renard. Dans la fable qui suit,

ſuit, vous croyez leur donner la cigale pour exemple, & point du tout, c'eſt la fourmi qu'ils choiſiront. On n'aime point à s'humilier; ils prendront toujours le beau rôle; c'eſt le choix de l'amour-propre, c'eſt un choix très-naturel. Or, quelle horrible leçon pour l'enfance! Le plus odieux de tous les monſtres ſeroit un enfant avare & dur, qui ſauroit ce qu'on lui demande & ce qu'il refuſe. La fourmi fait plus encore, elle lui apprend à railler dans ſes refus.

Dans toutes les fables où le lion eſt un des perſonnages, comme c'eſt d'ordinaire le plus brillant, l'enfant ne manque point de ſe faire lion; & quand il préſide à quelque partage, bien inſtruit par ſon modele, il a grand ſoin de s'emparer de tout. Mais quand le moucheron terraſſe le lion, c'eſt une autre affaire; alors l'enfant n'eſt plus lion, il eſt moucheron. Il apprend à tuer un jour à coups d'aiguillon ceux qu'il n'oſeroit attaquer de pied ferme.

Dans la fable du loup maigre & du chien gras, au lieu d'une leçon de modération qu'on prétend lui donner, il en prend une de licence. Je n'oublierai jamais d'avoir vu beaucoup pleurer une petite fille qu'on avoit déſolée avec cette fable, tout en lui prêchant toujours la docilité. On eut peine à ſavoir la cauſe de ſes pleurs, on la ſut enfin. La pauvre enfant s'ennuyoit d'être à la chaîne: elle ſe ſentoit le cou pelé; elle pleuroit de n'être pas loup.

Ainſi donc la morale de la premiere fable citée eſt pour l'enfant une leçon de la plus baſſe flatterie; celle de la ſeconde une leçon d'inhumanité; celle de la troiſieme une leçon d'injuſtice; celle de la quatrieme une leçon de ſatyre; celle de la cinquieme une leçon d'indépendance. Cette derniere leçon, pour être ſuperflue à mon Eleve, n'en eſt pas plus convenable aux vôtres. Quand vous leur donnez des préceptes qui ſe contrediſent, quel fruit eſperez-vous

vous de vos ſoins? Mais peut-être, à cela près, toute cette morale qui me ſert d'objection contre les fables, fournit-elle autant de raiſons de les conſerver. Il faut une morale en paroles & une en actions dans la Société, & ces deux morales ne ſe reſſemblent point. La premiere eſt dans le Catéchiſme, où on la laiſſe; l'autre eſt dans les fables de Lafontaine pour les enfans, & dans ſes Contes pour les meres. Le même Auteur ſuffit à tout.

Compoſons, Monſieur de Lafontaine. Je promets, quant à moi, de vous lire avec choix, de vous aimer, de m'inſtruire dans vos Fables; car j'eſpere ne pas me tromper ſur leur objet. Mais pour mon Eleve, permettez que je ne lui en laiſſe pas étudier une ſeule, juſqu'à ce que vous m'ayez prouvé qu'il eſt bon pour lui d'apprendre des choſes dont il ne comprendra pas le quart; que dans celle qu'il pourra comprendre il ne prendra jamais le change, & qu'au lieu de ſe corriger ſur la dupe, il ne ſe formera pas ſur le fripon.

En ôtant ainſi tous les devoirs des enfans, j'ôte les inſtrumens de leur plus grande miſere, ſavoir les livres. La lecture eſt le fléau de l'enfance (*), & preſque la ſeule occupation qu'on lui fait donner. A peine à douze ans Emile ſaura-t-il ce que c'eſt qu'un livre. Mais il faut bien, au moins, dira-t-on, qu'il ſache lire. J'en conviens: il faut qu'il ſache lire quand la lecture lui eſt utile; juſqu'alors elle n'eſt bonne qu'à l'ennuyer. Si

---

(*) M. F. *La lecture eſt le fléau de l'enfance.*] Je puis certifier à M. R. que j'ai vu plus d'une fois des enfans, dont on n'avoit point eu deſſein de prématurer les progrès, avoir le goût de la lecture avant l'âge de huit ans, & s'en occuper délicieuſement.

(**) M. F. *Le déſir d'apprendre.*] Pour exciter ce déſir, l'Auteur l'aſſocie à celui de *manger de la crême.* Dans tous ſes Ouvrages il paroît faire cas de ce mobile, & ſes principaux perſonnages y ſont ſenſibles, ils ſe donnent ſans façon pour gour-

Si l'on ne doit rien exiger des enfans par obéissance, il s'en suit qu'ils ne peuvent rien apprendre dont ils ne sentent l'avantage actuel & présent, soit d'agrément soit d'utilité; autrement quel motif les porteroit à l'apprendre? L'art de parler aux absens & de les entendre, l'art de leur communiquer au loin sans médiateur nos sentimens, nos volontés, nos désirs, est un art dont l'utilité peut-être rendue sensible à tous les âges. Par quel prodige cet art si utile & si agréable est-il devenu un tourment pour l'enfance? parce qu'on la contraint de s'y appliquer malgré elle, & qu'on le mêt à des usages auxquels elle ne comprend rien. Un enfant n'est pas fort curieux de perfectionner l'instrument avec lequel on le tourmente; mais faites que cet instrument serve à ses plaisirs, & bien-tôt il s'y appliquera malgré vous.

On se fait une grande affaire de chercher les meilleures méthodes d'apprendre à lire; on invente des bureaux, des cartes; on fait de la chambre d'un enfant un attelier d'Imprimerie : Locke veut qu'il apprenne à lire avec des dez. Ne voilà-t-il pas une invention bien trouvée? Quelle pitié! Un moyen plus sûr que tous ceux-là, & celui qu'on oublie toujours, est le désir d'apprendre (**). Donnez à l'enfant ce désir, puis laissez-là vos bureaux & vos dez; toute méthode lui sera bonne.

L'intérêt présent; voilà le grand mobile, le seul qui

gourmands. C'est bien la nature; mais est-ce la belle nature? à bon compte j'ai toujours vu les enfans bien élevés, recevoir sans répugnance les leçons de lecture, d'écriture, &c. qu'on leur donne, en attendre même les heures avec impatience, dès qu'on n'y mêt aucune gêne déplacée, aucune rigueur excessive. En général un enfant formé à la docilité, & à l'obéissance, sera toujours plus heureux qu'un enfant volontaire & indocile.

qui mene sûrement & loin. Emile reçoit quelquefois de son pere, de sa mere, de ses parens, de ses amis, des billets d'invitation pour un diné, pour une promenade, pour une partie sur l'eau, pour voir quelque fete publique. Ces billets sont courts, clairs, nets, bien écrits. Il faut trouver quelqu'un qui les lui lise; ce quelqu'un, ou ne se trouve pas toujours à point nommé, ou rend à l'enfant le peu de complaisance que l'enfant eut pour lui la veille. Ainsi l'occasion, le moment se passe. On lui lit enfin le billet, mais il n'est plus tems. Ah! si l'on eût su lire soi-même! On en reçoit d'autres; ils sont si courts! le sujet en est si intéressant! on voudroit essayer de les déchiffrer, on trouve tantôt de l'aide & tantôt des refus. On s'évertue; on déchiffre enfin la moitié d'un billet; il s'agit d'aller demain manger de la crême.... on ne sait où ni avec qui.... combien on fait d'efforts pour lire le reste! je ne crois pas qu'Emile ait besoin du bureau. Parlerai-je à présent de l'écriture? Non, j'ai honte de m'amuser à ces niaiseries dans un Traité de l'éducation.

J'ajouterai ce seul mot qui fait une importante maxime; c'est que d'ordinaire on obtient très-sûrement & très-vîte ce qu'on n'est point pressé d'obtenir. Je suis presque sûr qu'Emile saura parfaitement lire & écrire avant l'age de dix ans, précisément parce qu'il m'importe fort peu qu'il le sache avant quinze; mais j'aimerois mieux qu'il ne sût jamais lire que d'achetter cette science au prix de tout ce qui peut la rendre utile: dequoi lui servira la lecture

(16) Quintil. L. I. c. 1.

(*) M. F. *Si ma méthode . . .*] M. R. confond sa méthode & son Emile. Emile réussit à souhait: donc la méthode qui le forme est excellente. Mais où est Emile? Qu'on le montre, lui ou son pareil. Alors la méthode sera bonne, ou

re quand on l'en aura rebuté pour jamais? *Id in primis cavere opportebit, ne studia, qui amare nondum poterit, oderit, & amaritudinem semel perceptam etiam ultrà rudes annos reformidet* (16).

Plus j'insiste sur ma méthode inactive, plus je sens les objections se renforcer. Si votre Eleve n'apprend rien de vous, il apprendra des autres. Si vous ne prévenez l'erreur par la vérité, il apprendra des mensonges; les préjugés que vous craignez de lui donner, il les recevra de tout ce qui l'environne; ils entreront par tous ses sens; ou ils corrompront sa raison, même avant qu'elle soit formée; ou son esprit engourdi par une longue inaction s'absorbera dans la matiere. L'inhabitude de penser dans l'enfance en ôte la faculté durant le reste de la vie.

Il me semble que je pourrois aisément répondre à cela; mais pourquoi toujours des réponses? si ma méthode (*) répond d'elle-même aux objections, elle est bonne; si elle n'y répond pas, elle ne vaut rien: je poursuis.

Si sur le plan que j'ai commencé de tracer, vous suivez des regles directement contraires à celles qui sont établies, si au lieu de porter au loin l'esprit de votre Eleve, si au lieu de l'égarer sans cesse en d'autres lieux, en d'autres climats, en d'autres siécles, aux extrémités de la terre & jusques dans les cieux, vous vous appliquez à le tenir toujours en lui-même & attentif à ce qui le touche immédiatement, alors vous le trouverez capable de perception, de mémoire, & même de raisonnement; c'est l'ordre de la

---

ou plutôt simplement possible, mais non appliquable à tous les individus de la Société, qu'il est absolument impossible d'élever de cette maniere. Je suis sûr que M. R. le sait & le sent mieux que je ne pourrois le lui dire. Veut-il donc se jouer de ses Lecteurs, ou est-il lui-même, à d'autres égards, le jouet de son enthousiasme?

la nature. A mesure que l'être sensitif devient actif, il acquiert un discernement proportionnel à ses forces ; & ce n'est qu'avec la force surabondante à celle dont il a besoin pour se conserver, que se développe en lui la faculté spéculative propre à employer cet excès de force à d'autres usages. Voulez-vous donc cultiver l'intelligence de votre Eleve, cultivez les forces qu'elle doit gouverner. Exercez continuellement son corps, rendez-le robuste & sain pour le rendre sage & raisonnable ; qu'il travaille, qu'il agisse, qu'il coure, qu'il crie, qu'il soit toujours en mouvement ; qu'il soit homme par la vigueur, & bientôt il le sera par la raison.

Vous l'abrutiriez, il est vrai, par cette méthode, si vous alliez toujours le dirigeant, toujours lui disant, va, vien, reste, fais ceci, ne fais pas cela. Si vôtre tête conduit toujours ses bras, la sienne lui devient inutile. Mais souvenez-vous de nos conventions ; si vous n'êtes qu'un pédant, ce n'est pas la peine de me lire.

C'est une erreur bien pitoyable d'imaginer que l'exercice du corps nuise aux opérations de l'esprit ; comme si ces deux actions ne devoient pas marcher de concert (*), & que l'une ne dût pas toujours diriger l'autre !

Il y a deux sortes d'hommes dont les corps sont dans un exercice continuel, & qui sûrement songent aussi peu les uns que les autres à cultiver leur ame, sa-

(*) M. F. *Comme si ces deux actions ne devoient pas marcher de concert.*] Voilà la saine doctrine : que M. R. s'y tienne. Ces deux actions doivent toujours marcher de concert. Mais, si vous faites tout pour le corps pendant plusieurs années, bien loin que cela vous ait avancé pour l'esprit, vous vous trouverez considérablement retardé. Les Paysans & les Sauvages auxquels l'Auteur provoque, déposent contre lui. Les Paysans demeurent bornés, à quelques exceptions près ; & les

ſavoir, les Payſans & les Sauvages. Les premiers ſont ruſtres, groſſiers, mal-adroits; les autres, connus par leur grand ſens, le ſont encore par la ſubtilité de leur eſprit: généralement il n'y a rien de plus lourd qu'un Payſan, ni rien de plus fin qu'un Sauvage. D'où vient cette différence? c'eſt que le premier faiſant toujours ce qu'on lui commande, ou ce qu'il a vu faire à ſon pere, ou ce qu'il a fait lui-même dès ſa jeuneſſe, ne va jamais que par routine; & dans ſa vie preſque automate, occupé ſans ceſſe des mêmes travaux, l'habitude & l'obéiſſance lui tiennent lieu de raiſon.

Pour le Sauvage, c'eſt autre choſe; n'étant attaché à aucun lieu, n'ayant point de tâche preſcrite, n'obéiſſant à perſonne, ſans autre loi que ſa volonté, il eſt forcé de raiſonner à chaque action de ſa vie; il ne fait pas un mouvement, pas un pas, ſans en avoir d'avance enviſagé les ſuites. Ainſi, plus ſon corps s'exerce, plus ſon eſprit s'éclaire; ſa force & ſa raiſon croiſſent à la fois, & s'étendent l'une par l'autre.

Savant Précepteur, voyons lequel de nos deux Eleves reſſemble au Sauvage, & lequel reſſemble au Payſan? Soumis en tout à une autorité toujours enſeignante, le vôtre ne fait rien que ſur parole; il n'oſe manger quand il a faim, ni rire quand il eſt gai, ni pleurer quand il eſt triſte, ni préſenter une main pour l'autre, ni remuer le pied que comme on le

les Sauvages, que M. R. repréſente comme les plus fins d'entre les hommes, n'ont gueres d'autre fineſſe que celle des animaux, celle qui tient à la force des ſens & de l'imagination. Ajoûtons que le Payſan, quoiqu'en diſe l'Auteur, vaut mieux que le Sauvage, préciſément parce qu'il a reçu quelques inſtructions de plus. Mais l'un & l'autre ne ſont que des hommes ébauchés.

le lui prescrit, bientôt il n'osera respirer que sur vos regles. A quoi voulez-vous qu'il pense, quand vous pensez à tout pour lui? Assuré de votre prévoyance, qu'a-t-il besoin d'en avoir? Voyant que vous vous chargez de sa conservation, de son bien-être, il se sent délivré de ce soin; son jugement se repose sur le vôtre; tout ce que vous ne lui défendez pas, il le fait sans réflexion, sachant bien qu'il le fait sans risque. Qu'a-t-il besoin d'apprendre à prévoir la pluye? Il sait que vous regardez au ciel pour lui. Qu'a-t-il besoin de regler sa promenade? Il ne craint pas que vous lui laissiez passer l'heure du dîné. Tant que vous ne lui défendez pas de manger, il mange; quand vous le lui défendez, il ne mange plus; il n'écoute plus les avis de son estomac, mais les vôtres. Vous avez beau ramollir son corps dans l'inaction, vous n'en rendez pas son entendement plus flexible. Tout au contraire, vous achevez de décrediter la raison dans son esprit, en lui faisant user le peu qu'il en a, sur les choses qui lui paroissent le plus inutiles. Ne voyant jamais à quoi elle est bonne, il juge enfin qu'elle n'est bonne à rien. Le pis qui pourra lui arriver de mal raisonner sera d'être repris, & il l'est si souvent qu'il n'y songe gueres; un danger si commun ne l'effraye plus.

Vous lui trouvez pourtant de l'esprit, & il en a pour babiller avec les femmes, sur le ton dont j'ai déja parlé; mais qu'il soit dans le cas d'avoir à payer de sa personne, à prendre un parti dans quelque occasion difficile, vous le verrez cent fois plus stupide & plus bête que le fils du plus gros manan.

Pour mon Eleve, ou plutôt celui de la nature, exercé de bonne heure à se suffire à lui-même, autant qu'il est possible, il ne s'accoûtume point à recourir sans cesse aux autres, encore moins à leur étaler

ler son grand savoir. En revanche il juge, il prévoit, il raisonne en tout ce qui se rapporte immédiatement à lui. Il ne jase pas, il agit; il ne sait pas un mot de ce qui se fait dans le monde, mais il sait fort bien faire ce qui lui convient. Comme il est sans cesse en mouvement, il est forcé d'observer beaucoup de choses, de connoître beaucoup d'effets; il acquiert de bonne heure une grande expérience, il prend ses leçons de la nature & non pas des hommes; il s'instruit d'autant mieux qu'il ne voit nulle part l'intention de l'instruire. Ainsi son corps & son esprit s'exercent à la fois. Agissant toujours d'après sa pensée, & non d'après celle d'un autre, il unit continuellement deux opérations; plus il se rend fort & robuste, plus il devient sensé & judicieux. C'est le moyen d'avoir un jour ce qu'on croit incompatible, & ce que presque tous les grands Hommes ont réuni: la force du corps & celle de l'ame; la raison d'un sage & la vigueur d'un athlete.

Jeune Instituteur, je vous prêche un art difficile; c'est de gouverner sans préceptes, & de tout faire en ne faisant rien. Cet art, j'en conviens, n'est pas de votre âge; il n'est pas propre à faire briller d'abord vos talens, ni à vous faire valoir auprès des peres; mais c'est le seul propre à réussir. Vous ne parviendrez jamais à faire des sages, si vous ne faites d'abord des poliçons (*): c'étoit l'éducation des Spartiates; au lieu de les coller sur des livres, on commençoit par leur apprendre à voler leur dîné. Les Spartiates étoient-ils pour cela grossiers étant grands? Qui ne connoît la force & le sel de leurs ré-

(*) *Des sages, . . . des polissons.*] C'est enter un fruit exquis sur un bien mauvais sauvageon.

réparties ? Toujours faits pour vaincre, ils écrasoient leurs ennemis en toute espece de guerre, & les babillards Atheniens craignoient autant leurs mots que leurs coups.

Dans les éducations les plus soignées, le Maître commande & croit gouverner ; c'est en effet l'enfant qui gouverne. Il se sert de ce que vous exigez de lui pour obtenir de vous ce qu'il lui plaît, & il sait toujours vous faire payer une heure d'assiduité par huit jours de complaisance. A chaque instant il faut pactiser avec lui. Ces traités, que vous proposez à votre mode, & qu'il exécute à la sienne, tournent toujours au profit de ses fantaisies ; sur-tout quand on a la mal-adresse de mettre en condition pour son profit, ce qu'il est bien sûr d'obtenir, soit qu'il remplisse ou non la condition qu'on lui impose en échange. L'enfant, pour l'ordinaire, lit beaucoup mieux dans l'esprit du Maître, que le Maître dans le cœur de l'enfant, & cela doit être ; car toute la sagacité qu'eût employé l'enfant livré à lui-même à pourvoir à la conservation de sa personne, il l'emploie à sauver sa liberté naturelle des chaînes de son tyran. Au lieu que celui-ci, n'ayant nul intérêt si pressant à pénétrer l'autre, trouve quelquefois mieux son compte à lui laisser sa paresse ou sa vanité.

Prenez une route opposée avec votre Eleve ; qu'il croye toujours être le Maître, & que ce soit toujours vous qui le soyez. Il n'y a point d'assujettissement si parfait que celui qui garde l'apparence de la liberté ; on captive ainsi la volonté même. Le pauvre enfant qui ne sait rien, qui ne peut rien, qui ne connoît rien, n'est-il pas à votre merci ? Ne disposez vous pas, par rapport à lui, de tout ce qui l'environne ? N'êtes-vous pas le maître de l'affecter comme il vous plaît ? Ses travaux, ses jeux, ses plaisirs, ses peines, tout n'est-il pas dans vos mains

sans

ſans qu'il le ſache? Sans doute, il ne doit faire que ce qu'il veut; mais il ne doit vouloir que ce que vous voulez qu'il faſſe; il ne doit pas faire un pas que vous ne l'ayez prévu, il ne doit pas ouvrir la bouche que vous ne ſachiez ce qu'il va dire.

C'eſt alors qu'il pourra ſe livrer aux exercices du corps, que lui demande ſon âge, ſans abrutir ſon eſprit; c'eſt alors qu'au lieu d'aiguiſer ſa ruſe à éluder un incomode empire, vous le verrez s'occuper uniquement à tirer de tout ce qui l'environne le parti le plus avantageux pour ſon bien-être actuel; c'eſt alors que vous ſerez étonné de la ſubtilité de ſes inventions, pour s'approprier tous les objets auxquels il peut atteindre, & pour jouir vraiment des choſes, ſans le ſecours de l'opinion.

En le laiſſant ainſi maître de ſes volontés, vous ne fomenterez point ſes caprices. En ne faiſant jamais que ce qui lui convient, il ne fera bientôt que ce qu'il doit faire; & bien que ſon corps ſoit dans un mouvement continuel, tant qu'il s'agira de ſon intérêt préſent & ſenſible, vous verrez toute la raiſon dont il eſt capable ſe développer beaucoup mieux, & d'une maniere beaucoup plus appropriée à lui, que dans des études de pure ſpéculation.

Ainſi, ne vous voyant point attentif à le contrarier, ne ſe défiant point de vous, n'ayant rien à vous cacher, il ne vous trompera point, il ne vous mentira point, il ſe montrera tel qu'il eſt ſans crainte; vous pourrez l'étudier tout à votre aiſe, & diſpoſer tout autour de lui les leçons que vous voulez lui donner, ſans qu'il penſe jamais en recevoir aucune.

Il n'épiera point, non plus, vos mœurs avec une curieuſe jalouſie, & ne ſe fera point un plaiſir ſecret de vous prendre en faute. Cet inconvénient que nous prévenons eſt très-grand. Un des premiers ſoins

ſoins des enfans eſt, comme je l'ai dit, de découvrir le foible de ceux qui les gouvernent. Ce penchant porte à la méchanceté, mais il n'en vient pas: il vient du beſoin d'éluder une autorité qui les importune. Surchargés du joug qu'on leur impoſe, ils cherchent à le ſecouer, & les défauts qu'ils trouvent dans les Maîtres, leur fourniſſent de bons moyens pour cela. Cependant l'habitude ſe prend d'obſerver les gens par leurs défauts, & de ſe plaire à leur en trouver. Il eſt clair que voilà encore une ſource de vices bouchée dans le cœur d'Emile; n'ayant nul intérêt à me trouver des défauts, il ne m'en cherchera pas, & ſera peu tenté d'en chercher à d'autres.

Toutes ces pratiques ſemblent difficiles parce qu'on ne s'en aviſe pas, mais dans le fond elles ne doivent point l'être. On eſt en droit de vous ſuppoſer les lumieres néceſſaires pour exercer le métier que vous avez choiſi; on doit préſumer que vous connoiſſez la marche naturelle du cœur humain, que vous ſavez étudier l'homme & l'individu, que vous ſavez d'avance à quoi ſe pliera la volonté de votre Eleve, à l'occaſion de tous les objets intéreſſans pour ſon âge que vous ferez paſſer ſous ſes yeux. Or, avoir les inſtrumens & bien ſavoir leur uſage, n'eſt-ce pas être maître de l'opération?

Vous objectez les caprices de l'enfant: & vous avez tort. Le caprice des enfans n'eſt jamais l'ouvrage de la nature, mais d'une mauvaiſe diſcipline: c'eſt qu'ils ont obéi ou commandé; & j'ai dit cent fois qu'il ne falloit ni l'un ni l'autre. Votre Eleve n'aura donc de caprices que ceux que vous lui aurez donnés; il eſt juſte que vous portiez la peine de vos fautes. Mais, direz-vous, comment y remédier? Cela ſe peut encore, avec une meilleure conduite & beaucoup de patience.

Je m'étois chargé, durant quelques semaines, d'un enfant accoutumé non-seulement à faire ses volontés, mais encore à les faire faire à tout le monde, par conséquent plein de fantaisies. Dès le premier jour, pour mettre à l'essai ma complaisance, il voulut se lever à minuit. Au plus fort de mon sommeil il saute à-bas de son lit, prend sa robe-de-chambre, & m'appelle. Je me leve, j'allume la chandelle; il n'en vouloit pas davantage: au bout d'un quart-d'heure le sommeil le gagne, & il se recouche content de son épreuve. Deux jours après, il la réitere avec le même succès, & de ma part sans le moindre signe d'impatience. Comme il m'embrassoit en se recouchant, je lui dis très-posément: mon petit ami, cela va fort bien, mais n'y revenez plus. Ce mot excita sa curiosité, & dès le lendemain, voulant voir un peu comment j'oserois lui désobéir, il ne manqua pas de se relever à la même heure, & de m'appeller. Je lui demandai ce qu'il vouloit? Il me dit qu'il ne pouvoit dormir. *Tant-pis*, repris-je, & je me tins coi. Il me pria d'allumer la chandelle: *pourquoi faire?* & je me tins coi. Ce ton laconique commençoit à l'embarrasser. Il s'en fut à tatons chercher le fusil, qu'il fit semblant de battre, & je ne pouvois m'empêcher de rire en l'attendant se donner des coups sur les doigts. Enfin, bien convaincu qu'il n'en viendroit pas à bout, il m'apporta le briquet à mon lit: je lui dis que je n'en avois que faire, & me tournai de l'autre côté. Alors il se mit à courir étourdiment par la chambre, criant, chantant, faisant beaucoup de bruit, se donnant à la table & aux chaises des coups, qu'il avoit grand soin de moderer, & dont il ne laissoit pas de crier bien fort, espérant me causer de l'inquiétude. Tout cela ne prenoit point, & je vis que comptant sur de belles exhortations ou sur de la co-

colere, il ne s'étoit nullement arrangé pour ce sang-froid.

Cependant, résolu de vaincre ma patience à force d'opiniâtreté, il continua son tintamarre avec un tel succès qu'à la fin je m'échauffai, & pressentant que j'allois tout gâter par un emportement hors de propos, je pris mon parti d'une autre maniere. Je me levai sans rien dire, j'allai au fusil que je ne trouvai point; je le lui demande, il me le donne, pétillant de joie d'avoir enfin triomphé de moi. Je bats le fusil, j'allume la chandelle, je prens par la main mon petit bon-homme, je le mene tranquillement dans un cabinet voisin, dont les volets étoient bien fermés, & où il n'y avoit rien à casser; je l'y laisse sans lumiere, puis fermant sur lui la porte à la clef, je retourne me coucher sans lui avoir dit un seul mot. Il ne faut pas demander si d'abord il y eut du vacarme; je m'y étois attendu, je ne m'en émus point. Enfin le bruit s'appaise; j'écoute, je l'entens s'arranger, je me tranquillise. Le lendemain j'entre au jour dans le cabinet, je trouve mon petit mutin couché sur un lit de repos, & dormant d'un profond sommeil, dont après tant de fatigue, il devoit avoir grand besoin.

L'affaire ne finit pas là. La mere apprit que l'enfant avoit passé les deux tiers de la nuit hors de son lit. Aussi-tôt tout fut perdu, c'étoit un enfant autant que mort. Voyant l'occasion bonne pour se venger, il fit le malade sans prévoir qu'il n'y gagneroit rien. Le Médecin fut appellé. Malheureusement pour la mere, ce Médecin étoit un plaisant, qui, pour s'amuser de ses frayeurs, s'appliquoit à les augmenter. Cependant il me dit à l'oreille: laissez-moi faire; je vous promets que l'enfant sera guéri pour quelque tems de la fantaisie d'être malade: en effet la diete & la chambre furent prescrites, & il

fut

fut recommandé à l'Apoticaire. Je soupirois de voir cette pauvre mere ainsi la dupe de tout ce qui l'environnoit, excepté moi seul, qu'elle prit en haine, précisément parce que je ne la trompois pas.

Après des reproches assez durs, elle me dit que son fils étoit délicat, qu'il étoit l'unique héritier de sa famille, qu'il falloit le conserver à quelque prix que ce fût, & qu'elle ne vouloit pas qu'il fût contrarié. En cela j'étois bien d'accord avec elle; mais elle entendoit par le contrarier ne lui pas obéir en tout. Je vis qu'il falloit prendre avec la mere le même ton qu'avec l'enfant. Madame, lui dis-je assez froidement, je ne sais point comment on éleve un héritier, &, qui plus est, je ne veux pas l'apprendre; vous pouvez vous arranger là-dessus. On avoit besoin de moi pour quelque tems encore: le pere appaisa tout, la mère écrivit au Précepteur de hâter son retour; & l'enfant, voyant qu'il ne gagnoit rien à troubler mon sommeil ni à être malade, prit enfin le parti de dormir lui-même & de se bien porter.

On ne sauroit imaginer à combien de pareils caprices le petit tyran avoit asservi son malheureux Gouverneur; car l'éducation se faisoit sous les yeux de la mere, qui ne souffroit pas que l'héritier fût désobéi en rien. A quelque heure qu'il voulût sortir, il falloit être prêt pour le mener, ou plutôt pour le suivre, & il avoit toujours grand soin de choisir le moment où il voyoit son Gouverneur le plus occupé. Il voulut user sur moi du même empire, & se venger, le jour, du repos qu'il étoit forcé de me laisser la nuit. Je me prêtai de bon cœur à tout, & je commençai par bien constater à ses propres yeux le plaisir que j'avois à lui complaire. Après cela, quand il fut question de le guérir de sa fantaisie, je m'y pris autrement.

Il falloit d'abord le mettre dans son tort, & cela

ne fut pas difficile. Sachant que les enfans ne songent jamais qu'au présent, je pris sur lui le facile avantage de la prévoyance: j'eus soin de lui procurer au logis un amusement que je savois être extrêmement de son goût; & dans le moment où je l'en vis le plus engoué, j'allai lui proposer un tour de promenade; il me renvoya bien loin: j'insistai, il ne m'écouta pas; il fallut me rendre, & il nota précieusement en lui-même ce signe d'assujettissement.

Le lendemain ce fut mon tour. Il s'ennuya, j'y avois pourvu: moi, au contraire, je paroissois profondément occupé. Il n'en falloit pas tant pour le déterminer. Il ne manqua pas de venir m'arracher à mon travail pour le mener promener au plus vîte. Je refusai, il s'obstina; non, lui dis-je, en faisant votre volonté vous m'avez appris à faire la mienne; je ne veux pas sortir. Hé bien, reprit-il vivement, je sortirai tout seul. Comme vous voudrez; & je reprends mon travail.

Il s'habille, un peu inquiet de voir que je le laissois faire, & que je ne l'imitois pas. Prêt à sortir il vient me saluer, je le salue: il tâche de m'allarmer par le récit des courses qu'il va faire; à l'entendre, on eût cru qu'il alloit au bout du monde. Sans m'émouvoir, je lui souhaite un bon voyage. Son embarras redouble. Cependant il fait bonne contenance, & prêt à sortir, il dit à son Laquais de le suivre. Le Laquais, déjà prévenu, répond qu'il n'a pas le tems, & qu'occupé par mes ordres il doit m'obéir plutôt qu'à lui. Pour le coup, l'enfant n'y est plus. Comment concevoir qu'on le laisse sortir seul, lui qui se croit l'être important à tous les autres, & pense que le ciel & la terre sont intéressés à sa conservation? Cependant il commence à sentir sa foiblesse; il comprend qu'il se va trouver seul au milieu de gens qui ne le connoissent pas; il voit d'avance les risques qu'il va courir: l'obstination seu-

le

le le soûtient encore ; il descend l'escalier lentement & fort interdit. Il entre enfin dans la rue, se consolant un peu du mal qui lui peut arriver, par l'espoir qu'on m'en rendra responsable.

C'étoit-là que je l'attendois. Tout étoit préparé d'avance ; & comme il s'agissoit d'une espece de scéne publique, je m'étois muni du consentement du pere. A-peine avoit-il fait quelques pas qu'il entend à droite & à gauche différens propos sur son compte. Voisin, le joli Monsieur ! où va-t-il ainsi tout seul ? Il va se perdre : je veux le prier d'entrer chez nous. Voisine, gardez-vous en bien. Ne voyez vous pas que c'est un petit libertin qu'on a chassé de la maison de son pere, parce qu'il ne vouloit rien valoir ? Il ne faut pas retirer les libertins ; laissez-le aller où il voudra. Hé bien donc ! que Dieu le conduise ; je serois fâchée qu'il lui arrivât malheur. Un peu plus loin il rencontre des poliçons à-peu-près de son âge, qui l'agacent & se mocquent de lui. Plus il avance, plus il trouve d'embarras. Seul & sans protection, il se voit le jouet de tout le monde, & il éprouve avec beaucoup de surprise que son nœud d'épaule & son parement d'or ne le font pas plus respecter.

Cependant un de mes Amis qu'il ne connoissoit point, & que j'avois chargé de veiller sur lui, le suivoit pas à pas sans qu'il y prît garde, & l'accosta quand il en fut tems. Ce rôle, qui ressembloit à celui de Sbrigani dans Pourceaugnac, demandoit un homme d'esprit, & fut parfaitement rempli. Sans rendre l'enfant timide & craintif en le frappant d'un trop grand effroi, il lui fit si bien sentir l'imprudence de son équipée, qu'au bout d'une demie heure il me le ramena souple, confus, & n'osant lever les yeux.

Pour achever le désastre de son expédition, précisément au moment qu'il rentroit, son pere descendoit pour ſortir & le rencontra ſur l'eſcalier. Il fallut dire d'où il venoit, & pourquoi je n'étois pas avec lui (17)? Le pauvre enfant eût voulu être cent pieds ſous terre. Sans s'amuſer à lui faire une longue réprimande, le pere lui dit plus ſéchement que je ne m'y ſerois attendu; quand vous voudrez ſortir ſeul, vous en êtes le maître; mais comme je ne veux point d'un bandit dans ma maiſon, quand cela vous arrivera ayez ſoin de n'y plus rentrer.

Pour moi, je le reçus ſans reproche & ſans raillerie, mais avec un peu de gravité; & de peur qu'il ne ſoupçonnât que tout ce qui s'étoit paſſé n'étoit qu'un jeu, je ne voulus point le mener promener le même jour. Le lendemain je vis avec grand plaiſir qu'il paſſoit avec moi d'un air de triomphe devant les mêmes gens qui s'étoient mocqués de lui la veille pour l'avoir rencontré tout ſeul. On conçoit bien qu'il ne me menaça plus de ſortir ſans moi.

C'eſt par ces moyens & d'autres ſemblables, que, durant le peu de tems que je fus avec lui, je vins à bout de lui faire faire tout ce que je voulois ſans lui rien preſcrire, ſans lui rien défendre, ſans ſermons, ſans exhortations, ſans l'ennuyer de leçons inutiles. Auſſi, tant que je parlois il étoit content, mais mon ſilence le tenoit en crainte; il comprenoit que quelque choſe n'alloit pas bien, & toujours la leçon lui venoit de la choſe même; mais revenons.

Non-ſeulement ces exercices continuels ainſi laiſſés à la ſeule direction de la nature en fortifiant le corps n'abrutiſſent point l'eſprit, mais au contraire ils forment en nous la ſeule eſpece de raiſon dont le premier âge ſoit ſuſceptible, & la plus néceſſaire à quelque âge que ce ſoit. Ils nous apprennent à bien con-

(17) En cas pareil on peut ſans riſque exiger d'un enfant la vérité, car il ſait bien alors qu'il ne ſauroit la déguiſer, &

connoître l'usage de nos forces, les rapports de nos corps aux corps environnans, l'usage des instrumens naturels qui sont à notre portée, & qui conviennent à nos organes. Y a-t-il quelque stupidité pareille à celle d'un enfant élevé toujours dans la chambre & sous les yeux de sa mere, lequel ignorant ce que c'est que poids & que résistance veut arracher un grand arbre, ou soulever un rocher? La premiere fois que je sortis de Geneve, je voulois suivre un cheval au galop, je jettois des pierres contre la montagne de Saleve, qui étoit à deux lieues de moi; jouet de tous les enfans du village, j'étois un véritable idiot pour eux. A dix-huit ans on apprend en Philosophie ce que c'est qu'un lévier; il n'y a point de petit Paysan à douze qui ne sache se servir d'un lévier mieux que le premier Mécanicien de l'Académie. Les leçons que les Ecoliers prennent entr'eux dans la cour du Collége leur sont cent fois plus utiles que tout ce qu'on leur dira jamais dans la Classe.

Voyez un chat entrer pour la premiere fois dans une chambre; il visite, il regarde, il flaire, il ne reste pas un moment en repos, il ne se fie à rien qu'après avoir tout examiné, tout connu. Ainsi fait un enfant commençant à marcher, & entrant, pour ainsi dire, dans l'espace du monde. Toute la différence est, qu'à la vûe commune à l'enfant & au chat, le premier joint, pour observer, les mains que lui donna la nature, & l'autre l'odorat subtil dont elle l'a doué. Cette disposition bien ou mal cultivée est ce qui rend les enfans adroits ou lourds, pesans ou dispos, étourdis ou prudens.

Les premiers mouvemens naturels de l'homme étant donc de se mesurer avec tout ce qui l'environne,

& que s'il osoit dire un mensonge, il en seroit à l'instant convaincu.

ne, & d'éprouver dans chaque objet qu'il apperçoit toutes les qualités sensibles qui peuvent se rapporter à lui, sa premiere étude est une sorte de Physique expérimentale relative à sa propre conservation, & dont on le détourne par des études spéculatives avant qu'il ait reconnu sa place ici-bas. Tandis que ses organes délicats & flexibles peuvent s'ajuster aux corps sur lesquels ils doivent agir, tandis que ses sens encore purs sont exempts d'illusions, c'est le tems d'exercer les uns & les autres aux fonctions qui leur sont propres, c'est le tems d'apprendre à connoître les rapports sensibles que les choses ont avec nous. Comme tout ce qui entre dans l'entendement humain y vient par les sens, la premiere raison de l'homme est une raison sensitive; c'est elle qui sert de base à la raison intellectuelle: nos premiers Maîtres de Philosophie sont nos pieds, nos mains, nos yeux. Substituer des livres à tout cela, ce n'est pas nous apprendre à raisonner, c'est nous apprendre à nous servir de la raison d'autrui; c'est nous apprendre à beaucoup croire, & à ne jamais rien savoir.

Pour exercer un art, il faut commencer par s'en procurer les instrumens; & pour pouvoir employer utilement ces instrumens, il faut les faire assez solides pour résister à leur usage. Pour apprendre à penser, il faut donc exercer nos membres, nos sens, nos organes, qui sont les instrumens de notre intelligence; & pour tirer tout le parti possible de ces instrumens, il faut que le corps, qui les fournit, soit robuste & sain. Ainsi, loin que la véritable raison de l'homme se forme indépendamment du corps, c'est la bonne constitution du corps qui rend les opérations de l'esprit faciles & sûres.

En montrant à quoi l'on doit employer la longue oisiveté de l'enfance, j'entre dans un détail qui paroîtra ridicule. Plaisantes leçons, me dira-t-on, qui, retombant sous votre critique, se bornent à en-

enseigner ce que nul n'a besoin d'apprendre! Pourquoi consumer le tems à des instructions qui viennent toujours d'elles-mêmes, & ne coûtent ni peines ni soins? Quel enfant de douze ans ne sait pas tout ce que vous voulez apprendre au vôtre, & de plus ce que ses Maîtres lui ont appris?

Messieurs, vous vous trompez; j'enseigne à mon Eleve un art très-long, très-pénible, & que n'ont assurément pas les vôtres; c'est celui d'être ignorant; car la science de quiconque ne croit savoir que ce qu'il sait, se réduit à bien peu de chose. Vous donnez la science, à la bonne heure; moi je m'occupe de l'instrument (*) propre à l'acquérir. On dit qu'un jour les Vénitiens montrant en grande pompe leur trésor de Saint Marc à un Ambassadeur d'Espagne, celui-ci pour tout compliment, ayant regardé sous les tables, leur dit : *Qui non c'è la radice.* Je ne vois jamais un Précepteur étaler le savoir de son disciple, sans être tenté de lui en dire autant.

Tous ceux qui ont réfléchi sur la maniere de vivre des Anciens, attribuent aux exercices de la gymnastique cette vigueur de corps & d'ame qui les distingue le plus sensiblement des Modernes. La maniere dont Montagne appuye ce sentiment, montre qu'il en étoit fortement pénétré; il y revient sans cesse & de mille façons. En parlant de l'éducation d'un enfant; pour lui roidir l'ame, il faut, dit-il, lui durcir les muscles; en l'accoûtumant au travail, on l'accoûtume à la douleur; il le faut rompre à l'âpreté des exercices, pour le dresser à l'âpreté de la dislocation, de la colique & de tous les maux. Le

(*) M. F. *Je m'occupe de l'instrument.*] Vous préparez l'instrument, & vous laissez passer le tems du travail & de la culture.

Le ſage Locke, le bon Rollin, le ſavant Fleuri, le pédant de Crouſaz, ſi différens entr'eux dans tout le reſte, s'accordent tous en ce ſeul point d'exercer beaucoup les corps des enfans. C'eſt le plus judicieux de leurs préceptes; c'eſt celui qui eſt & ſera toujours le plus négligé. J'ai déja ſuffiſamment parlé de ſon importance; & comme on ne peut là-deſſus donner de meilleures raiſons ni des regles plus ſenſées que celles qu'on trouve dans le livre de Locke, je me contenterai d'y renvoyer, après avoir pris la liberté d'ajoûter quelques obſervations aux ſiennes.

Les membres d'un corps qui croît, doivent être tous au large dans leur vêtement; rien ne doit gêner leur mouvement ni leur accroiſſement; rien de trop juſte, rien qui colle au corps, point de ligature. L'habillement François, gênant & mal-ſain pour les hommes, eſt pernicieux ſur-tout aux enfans (*). Les humeurs ſtagnantes, arrêtées dans leur circulation, croupiſſent dans un repos qu'augmente la vie inactive & ſédentaire, ſe corrompent & cauſent le ſcorbut, maladie tous les jours plus commune parmi nous, & preſque ignorée des Anciens, que leur maniere de ſe vêtir & de vivre en préſervoit. L'habillement de Houſſard, loin de remédier à cet inconvénient, l'augmente, & pour ſauver aux enfans quelques ligatures, les preſſe par tout le corps. Ce qu'il y a de mieux à faire, eſt de les laiſſer en jacquette auſſi long-tems qu'il eſt poſſible, puis de leur donner un vêtement fort large, & de ne ſe point piquer

---

(*) M. F. *Pernicieux ſur-tout aux enfans.*] Il y a plus de préjugé là dedans que de réalité. Quand le corps n'eſt pas ſoutenu, il s'affaiſſe, ſur-tout dans les enfans. Le corps même de baleine prévient quantité de mauvais plis, que l'habitude, les jeux immodérés, & les accidens peuvent cauſer à cet âge.

piquer de marquer leur taille, ce qui ne sert qu'à la déformer. Leurs défauts du corps & de l'esprit viennent presque tous de la même cause; on les veut faire hommes avant le tems.

Il y a des couleurs gaies & des couleurs tristes; les premieres sont plus du goût des enfans; elles leur siéent mieux aussi, & je ne vois pas pourquoi l'on ne consulteroit pas en ceci des convenances si naturelles; mais du moment qu'ils préferent une étoffe parce qu'elle est riche, leurs cœurs sont déjà livrés au luxe, à toutes les fantaisies de l'opinion, & ce goût ne leur est sûrement pas venu d'eux-mêmes. On ne sauroit dire combien le choix des vêtemens & les motifs de ce choix influent sur l'éducation. Non-seulement d'aveugles meres promettent à leurs enfans des parures pour récompense; on voit même d'insensés Gouverneurs menacer leurs Eléves d'un habit plus grossier & plus simple, comme d'un châtiment. Si vous n'étudiez mieux, si vous ne conservez mieux vos hardes, on vous habillera comme ce petit Paysan. C'est comme s'ils leur disoient: Sachez que l'homme n'est rien que par ses habits, que votre prix est tout dans les vôtres. Faut-il s'étonner que de si sages leçons profitent à la Jeunesse, qu'elle n'estime que la parure, & qu'elle ne juge du mérite que sur le seul extérieur?

Si j'avois à remettre la tête d'un enfant ainsi gâté, j'aurois soin que ses habits les plus riches fussent les plus incomodes; qu'il y fût toujours gêné, toujours contraint, toujours assujetti de mille manieres:

âge. Il suffit d'éviter l'inconvénient des fortes ligatures. Le Prussien est bien plus serré, & pour ainsi dire, sanglé que le François; s'en porte-t-il plus mal? Est-il moins dispos & vigoureux, que ceux qui portent des habits lâches, ou de longs vêtemens?

nieres: je ferois fuir la liberté, la gayeté devant sa magnificence: s'il vouloit se mêler aux jeux d'autres enfans plus simplement mis, tout cesseroit, tout disparoîtroit à l'instant. Enfin, je l'ennuyerois, je la rassasierois tellement de son faste, je le rendrois tellement l'esclave de son habit doré, que j'en ferois le fléau de sa vie, & qu'il verroit avec moins d'effroi le plus noir cachot que les apprêts de sa parure (*). Tant qu'on n'a pas asservi l'enfant à nos préjugés, être à son aise & libre est toujours son premier désir; le vêtement le plus simple, le plus comode, celui qui l'assujettit le moins, est toujours le plus précieux pour lui.

Il y a une habitude du corps convenable aux exercices, & une autre plus convenable à l'inaction. Celle-ci, laissant aux humeurs un cours égal & uniforme, doit garantir le corps des altérations de l'air; l'autre, le faisant passer sans cesse de l'agitation au repos, & de la chaleur au froid, doit l'accoûtumer aux mêmes altérations. Il suit de-là que les gens casaniers & sédentaires doivent s'habiller chaudement en tout tems, afin de se conserver le corps dans une température uniforme, la même à-peu-près dans toutes les saisons & à toutes les heures du jour. Ceux, au contraire, qui vont & viennent, au vent, au soleil, à la pluye, qui agissent beaucoup, & passent la plûpart de leur tems *sub dio*, doivent être toujours vêtus légérement, afin de s'habituer à toutes

---

(*) M. F. *Il verroit avec moins d'effroi le plus noir cachot que les apprêts de sa parure.*] Il y a une parure innocente qui, assortie à l'état, & qui est compagne de la propreté. Il s'agit toujours d'éviter les deux extrêmes. La simplicité peut être affectée tout comme la parure: on voit des gens qui se plaisent à être mal mis & mal propres, qui cherchent à se distinguer par-là.

(**) M. F. *Ne point changer d'habit selon les saisons.*] Ce con-

tes les viciſſitudes de l'air, & à tous les dégrés de température, ſans en être incomodés. Je conſeillerois aux uns & aux autres de ne point changer d'habits ſelon les ſaiſons (**), & ce ſera la pratique conſtante de mon Emile, en quoi je n'entends pas qu'il porte l'été ſes habits d'hiver, comme les gens ſédentaires, mais qu'il porte l'hiver ſes habits d'été, comme les gens laborieux. Ce dernier uſage a été celui du Chevalier Newton pendant toute ſa vie, & il a vécu quatre-vingts ans.

Peu ou point de coëffure en toute ſaiſon. Les anciens Egyptiens avoient toujours la tête nue; les Perſes la couvroient de groſſes tiares, & la couvrent encore de gros turbans, dont, ſelon Chardin, l'air du pays leur rend l'uſage néceſſaire. J'ai remarqué dans un autre endroit (18) la diſtinction que fit Hérodote ſur un champ de bataille entre les crânes des Perſes & ceux des Egyptiens. Comme donc il importe que les os de la tête deviennent plus durs, plus compactes, moins fragiles & moins poreux pour mieux armer le cerveau non-ſeulement contre les bleſſures, mais contre les rhumes, les fluxions, & toutes les impreſſions de l'air, accoûtumez vos enfans à demeurer été & hiver, jour & nuit, toujours tête nue. Que ſi pour la propreté & pour tenir leurs cheveux en ordre, vous leur voulez donner une coëffure durant la nuit, que ce ſoit un bonnet mince à claire voie, & ſemblable au rezeau

(18) Lettre à M. d'Alembert ſur les Spectacles. page 109. premiere Edition.

conſeil ſuppoſe des Emiles tout faits, au lieu qu'il s'agit de commencer par en faire. D'ailleurs il y a des Contrées où les variations de l'air ſont ſi ſubites & ſi pénétrantes, que les Emiles mêmes ſe trouveroient mal de négliger toutes les précautions.

rezeau dans lequel les Basques enveloppent leurs cheveux. Je sais bien que la plûpart des meres, plus frappées de l'observation de Chardin que de mes raisons, croiront ttouver par tout l'air de Perse; mais moi je n'ai pas choisi mon Eleve Européen pour en faire un Asiatique.

En général, on habille trop les enfans & sur-tout durant le premier âge. Il faudroit plutôt les endurcir au froid qu'au chaud; le grand froid ne les incomode jamais quand on les y laisse exposés de bonne heure: mais le tissu de leur peau, trop tendre & trop lâche encore, laissant un trop libre passage à la transpiration, les livre par l'extrême chaleur à un épuisement inévitable. Aussi remarque-t-on qu'il en meurt plus dans le mois d'Août que dans aucun autre mois. D'ailleurs, il paroît constant, par la comparaison des Peuples du Nord & de ceux du Midi, qu'on se rend plus robuste en supportant l'excès du froid que l'excès de la chaleur; mais à mesure que l'enfant grandit, & que ses fibres se fortifient, accoûtumez-le peu-à-peu à braver les rayons du soleil; en allant par dégrés vous l'endurciriez sans danger aux ardeurs de la Zone torride.

Locke, au milieu des préceptes mâles & sensés qu'il nous donne, retombe dans des contradictions qu'on n'attendroit pas d'un raisonneur aussi exact. Ce même homme qui veut que les enfans se baignent l'été dans l'eau glacée, ne veut pas, quand ils sont échauffés, qu'ils boivent frais ni qu'ils se couchent par terre dans des endroits humides (19). Mais puisqu'il veut que les souliers des enfans prennent l'eau dans tous les tems, la prendront-ils moins quand l'enfant aura chaud, & ne peut-on pas lui faire

(19) Comme si les petits Paysans choisissoient la terre bien séche pour s'y asseoir ou pour s'y coucher, & qu'on eût jamais oui dire que l'humidité de la terre eût fait du mal à pas un

re du corps par rapport aux pieds les mêmes inductions qu'il fait des pieds par rapport aux mains, & du corps par rapport au visage? Si vous voulez, lui dirois-je, que l'homme soit tout visage, pourquoi me blâmez-vous de vouloir qu'il soit tout pieds?

Pour empêcher les enfans de boire quand ils ont chaud, il prescrit de les accoûtumer à manger préalablement un morceau de pain avant que de boire. Cela est bien étrange, que quand l'enfant a soif, il faille lui donner à manger; j'aimerois mieux, quand il a faim, lui donner à boire. Jamais on ne me persuadera que nos premiers appétits soient si déréglés, qu'on ne puisse les satisfaire sans nous exposer à périr. Si cela étoit, le genre-humain se fût cent fois détruit avant qu'on eût appris ce qu'il faut faire pour le conserver.

Toutes les fois qu'Emile aura soif, je veux qu'on lui donne à boire. Je veux qu'on lui donne de l'eau pure & sans aucune préparation, pas même de la faire dégourdir, fût-il tout en nage, & fût-on dans le cœur de l'hiver. Le seul soin que je recommande, est de distinguer la qualité des eaux. Si c'est de l'eau de riviere, donnez-la lui sur-le-champ telle qu'elle sort de la riviere. Si c'est de l'eau de source, il la faut laisser quelque-tems à l'air avant qu'il la boive. Dans les saisons chaudes, les rivieres sont chaudes; il n'en est pas de même des sources, qui n'ont pas reçu le contact de l'air. Il faut attendre qu'elles soient à la température de l'athmosphere. L'hiver, au contraire, l'eau de source est à cet égard moins dangereuse que l'eau de riviere. Mais il n'est ni naturel ni fréquent qu'on se mette l'hiver en sueur, sur-tout en plein air. Car l'air froid, frappant

un d'eux? A écouter là-dessus les Médecins, on croiroit les Sauvages tout perclus de rhumatismes.

pant incessamment sur la peau, répercute en dedans la sueur, & empêche les pores de s'ouvrir assez pour lui donner un passage libre. Or, je ne prétens pas qu'Emile s'exerce l'hiver au coin d'un bon feu, mais dehors en pleine campagne au milieu des glaces. Tant qu'il ne s'échauffera qu'à faire & lancer des balles de neige, laissons-le boire quand il aura soif, qu'il continue de s'exercer après avoir bû, & n'en craignons aucun accident. Que si par quelqu'autre exercice il se mêt en sueur, & qu'il ait soif; qu'il boive froid, même en ce tems-là. Faites seulement en sorte de le mener au loin & à petits pas chercher son eau. Par le froid qu'on suppose, il sera suffisamment rafraîchi en arrivant, pour la boire sans aucun danger. Sur-tout prenez ces précautions sans qu'il s'en apperçoive. J'aimerois mieux qu'il fût quelquefois malade que sans cesse attentif à sa santé.

Il faut un long sommeil aux enfans, parce qu'ils font un extrême exercice. L'un sert de correctif à l'autre; aussi voit-on qu'ils ont besoin de tous deux. Le tems du repos est celui de la nuit, il est marqué par la nature. C'est une observation constante que le sommeil est plus tranquille & plus doux tandis que le soleil est sous l'horizon, & que l'air échauffé de ses rayons ne maintient pas nos sens dans un si grand calme. Ainsi l'habitude la plus salutaire est certainement de se lever & de se coucher avec le soleil. D'où il suit que dans nos climats l'homme & tous les animaux ont en général besoin de dormir plus longtems l'hiver que l'été. Mais la vie civile n'est pas assez simple, assez naturelle, assez exempte de révolutions, d'accidens, pour qu'on doive accoûtumer l'homme à cette uniformité, au point de la lui rendre nécessaire. Sans doute il faut s'assujettir aux regles; mais la premiere est de pouvoir les enfreindre sans risque, quand la nécessité le veut. N'allez donc pas amollir indiscrétement votre Eleve dans

la

la continuité d'un paisible sommeil, qui ne soit jamais interrompu. Livrez-le d'abord sans gêne à la loi de la nature, mais n'oubliez pas que parmi nous il doit être au dessus de cette loi; qu'il doit pouvoir se coucher tard, se lever matin, être éveillé brusquement, passer les nuits debout, sans en être incomodé. En s'y prenant assez tôt, en allant toujours doucement & par dégrés, on forme le tempérament aux mêmes choses qui le détruisent, quand quand on l'y soumet déjà tout formé.

Il importe de s'accoûtumer d'abord à être mal couché; c'est le moyen de ne plus trouver de mauvais lit. En général, la vie dure, une fois tournée en habitude, multiplie les sensations agréables : la vie molle en prépare une infinité de déplaisantes. Les gens élevés trop délicatement ne trouvent plus le sommeil que sur le duvet; les gens accoûtumés à dormir sur des planches le trouvent par-tout: il n'y a point de lit dur pour qui s'endort en se couchant.

Un lit mollet, où l'on s'ensevelit dans la plume ou dans l'édredon, fond & dissout le corps, pour ainsi dire. Les reins enveloppés trop chaudement s'échauffent. De-là résultent souvent la pierre ou d'autres incomodités, & infailliblement une complexion délicate qui les nourrit toutes.

Le meilleur lit est celui qui procure un meilleur sommeil. Voilà celui que nous nous préparons Emile & moi pendant la journée. Nous n'avons pas besoin qu'on nous amene des esclaves de Perse pour faire nos lits; en labourant la terre nous remuons nos matelats.

Je sais par expérience que quand un enfant est en santé l'on est maître de le faire dormir & veiller presqu'à volonté. Quand l'enfant est couché, & que de son babil il ennuye sa Bonne, elle lui dit, *dormez*; c'est comme si elle lui disoit, *portez-vous bien*, quand il est malade. Le vrai moyen de le faire dormir eſt de l'ennuyer lui-même. Parlez tant, qu'il ſoit forcé de ſe taire, & bientôt il dormira : les ſermons ſont toujours bons à quelque choſe ; autant vaut le prêcher que le bercer : mais ſi vous employez le ſoir ce narcotique, gardez-vous de l'employer le jour.

J'éveillerai quelquefois Emile, moins de peur qu'il ne prenne l'habitude de dormir trop long-tems, que pour l'accoûtumer à tout, même à être éveillé, même à être éveillé bruſquement. Au ſurplus j'aurois bien peu de talent pour mon emploi, ſi je ne ſavois pas le forcer à s'éveiller de lui-même, & à ſe lever, pour ainſi dire, à ma volonté, ſans que je lui diſe un ſeul mot.

S'il ne dort pas aſſez ; je lui laiſſe entrevoir pour le lendemain une matinée ennuyeuſe, & lui-même regardera comme autant de gagné tout ce qu'il pourra laiſſer au ſommeil : s'il dort trop, je lui montre à ſon réveil un amuſement de ſon goût. Veux-je qu'il s'éveille à point nommé, je lui dis ; demain à ſix heures on part pour la pêche, on ſe va promener à tel endroit, voulez-vous en être ? il conſent, il me prie de l'éveiller ; je promets, ou je ne promets point, ſelon le beſoin : s'il s'éveille trop tard, il me trouve parti. Il y aura du malheur ſi bientôt il n'apprend à s'éveiller de lui-même.

Au reſte, s'il arrivoit, ce qui eſt rare, que quelqu'enfant indolent eût du penchant à croupir dans la pareſſe, il ne faut point le livrer à ce penchant, dans lequel il s'engourdiroit tout-à-fait, mais lui adminiſtrer quelque ſtimulant qui l'éveille. On conçoit

(*) M. F. *La poinçure de l'étrangeté.*] Pour devenir Magiſtrat, Negociant, &c. il n'eſt pas beſoin d'avoir été auparavant Spartiate, Athlete, Sauvage : Rien d'efféminé dans l'éducation des garçons, cela ſuffit. Ceux qui ſe deſtinent au mé-

çoit bien qu'il n'eſt pas queſtion de le faire agir par force, mais de l'émouvoir par quelque appétit, qui l'y porte, & cet appétit, pris avec choix dans l'ordre de la nature, nous mene à la fois à deux fins.

Je n'imagine rien dont, avec un peu d'adreſſe, on ne pût inſpirer le goût, même la fureur aux enfans, ſans vanité, ſans émulation, ſans jalouſie. Leur vivacité, leur eſprit imitateur, ſuffiſent ; ſur-tout leur gaité naturelle, inſtrument dont la priſe eſt ſûre, & dont jamais Précepteur ne ſut s'aviſer. Dans tous les jeux où ils ſont bien perſuadés que ce n'eſt que jeu, ils ſouffrent ſans ſe plaindre, & même en riant, ce qu'ils ne ſouffriroient jamais autrement, ſans verſer des torrens de larmes. Les longs jeûnes, les coups, la brulure, les fatigues de toute eſpece ſont les amuſemens des jeunes ſauvages ; preuve que la douleur même a ſon aſſaiſonnement, qui peut en ôter l'amertume ; mais il n'appartient pas à tous les maîtres de ſavoir apprêter ce ragoût, ni peut-être à tous les diſciples de le ſavourer ſans grimace. Me voilà de nouveau, ſi je n'y prends garde, égaré dans les exceptions.

Ce qui n'en ſouffre point eſt cependant l'aſſujettiſſement de l'homme à la douleur, aux maux de ſon eſpece, aux accidens, aux périls de la vie, enfin à la mort ; plus on le familiariſera avec toutes ces idées, plus on le guérira de l'importune ſenſibilité qui ajoûte au mal l'impatience de l'endurer ; plus on l'apprivoiſera avec les ſouffrances qui peuvent l'atteindre, plus on leur ôtera, comme eût dit Montagne, la pointure de l'étrangeté (*), & plus auſſi l'on

métier des armes, peuvent s'accoûtumer d'avance à de plus grandes fatigues ; mais je n'en vois pas la néceſſité pour les autres. Ils tomberont, dit-on, dans des ſituations où ces précautions, ces préparatifs, auront leur utilité. Je répons que

l'on rendra ſon ame invulnérable & dure; ſon corps ſera la cuiraſſe qui rebouchera tous les traits dont il pourroit être atteint au vif. Les approches mêmes de la mort n'étant point la mort, à peine la ſentira-t-il comme telle; il ne mourra pas, pour ainſi dire: il ſera vivant ou mort; rien de plus. C'eſt de lui que le même Montagne eût pu dire comme il a dit d'un Roi de Maroc, que nul homme n'a vécu ſi avant dans la mort. La conſtance & la fermeté ſont, ainſi que les autres vertus, des apprentiſſages de l'enfance: mais ce n'eſt pas en apprenant leurs noms aux enfans qu'on les leur enſeigne, c'eſt en les leur faiſant goûter ſans qu'ils ſachent ce que c'eſt.

Mais à-propos de mourir, comment nous conduirons-nous avec notre Eleve, relativement au danger de la petite vérole? la lui ferons-nous inoculer en bas âge, ou ſi nous attendrons qu'il la prenne naturellement? le premier parti, plus conforme à notre pratique, garantit du péril l'âge où la vie eſt la plus précieuſe, au riſque de celui où elle l'eſt le moins; ſi toutefois on peut donner le nom de riſque à l'inoculation bien adminiſtrée.

Mais le ſecond eſt plus dans nos principes généraux, de laiſſer faire en tout la nature, dans les ſoins qu'elle aime à prendre ſeule, & qu'elle abandonne auſſi-tôt que l'homme veut s'en mêler. L'homme de la Nature eſt toujours préparé (*): laiſſons-le inoculer par le maître: il choiſira mieux le moment que nous.

N'allez

---

que ces révolutions dans la fortune des particuliers ſont rares, & que pour l'ordinaire on ſe durcit dans le tems même de l'épreuve.

(*) M. F. *L'homme de la Nature eſt toujours préparé.*] Le danger de la petite vérole dépendant principalement & peut-être

N'allez pas de-là conclure que je blâme l'inoculation : car le raisonnement sur lequel j'en exempte mon Eleve, iroit très-mal aux vôtres. Votre éducation les prépare à ne point échapper à la petite vérole au moment qu'ils en seront attaqués : si vous la laissez venir au hasard, il est probable qu'ils en périront. Je vois que dans les différens pays on résiste d'autant plus à l'inoculation qu'elle y devient plus nécessaire, & la raison de cela se sent aisément. A peine aussi daignerai-je traiter cette question pour mon Emile. Il sera inoculé, ou il ne le sera pas, selon les tems, les lieux, les circonstances : cela est presque indifférent pour lui. Si on lui donne la petite vérole, on aura l'avantage de prévoir & connoître son mal d'avance ; c'est quelque chose ; mais s'il la prend naturellement, nous l'aurons préservé du Médecin ; c'est encore plus.

Une éducation exclusive, qui tend seulement à distinguer du peuple ceux qui l'ont reçue, préfere toujours les instructions les plus coûteuses aux plus communes, & par cela même aux plus utiles. Ainsi les jeunes gens élevés avec soin apprennent tous à monter à cheval, parce qu'il en coûte beaucoup pour cela ; mais presqu'aucun d'eux n'apprend à nager, parce qu'il n'en coûte rien, & qu'un Artisan peut savoir nager aussi bien que qui que ce soit. Cependant, sans avoir fait son académie, un voyageur monte à cheval, s'y tient & s'en sert assez pour le besoin ; mais dans l'eau si l'on ne nage on se noye, & l'on ne nage point sans l'avoir appris. En-

être uniquement, de l'espece de ce mal, l'homme de la Nature n'est pas plus à l'abri d'une petite vérole meurtriere que tout autre ; ainsi il y a tout autant à gagner pour lui que pour tout autre, à recevoir à propos une espece bénigne par la voye de l'inoculation.

Enfin, l'on n'eſt pas obligé de monter à cheval ſous peine de la vie, au lieu que nul n'eſt ſûr d'éviter un danger auquel on eſt ſi ſouvent expoſé. Emile ſera dans l'eau comme ſur la terre; que ne peut-il vivre dans tous les élémens! Si l'on pouvoit apprendre à voler dans les airs, j'en ferois un aigle; j'en ferois une ſalamandre, ſi l'on pouvoit s'endurcir au feu.

On craint qu'un enfant ne ſe noye en apprenant à nager; qu'il ſe noye en apprenant ou pour n'avoir pas appris, ce ſera toujours votre faute. C'eſt la ſeule vanité qui nous rend téméraires; on ne l'eſt point quand on n'eſt vû de perſonne: Emile ne le ſeroit pas quand il ſeroit vû de tout l'Univers. Comme l'exercice ne dépend pas du riſque, dans un canal du parc de ſon pere il apprendroit à traverſer l'Helleſpont; mais il faut s'apprivoiſer au riſque même, pour apprendre à ne s'en pas troubler; c'eſt une partie eſſentielle de l'apprentiſſage dont je parlois tout-à-l'heure. Au reſte, attentif à meſurer le danger à ſes forces, & de le partager toujours avec lui, je n'aurai guere d'imprudence à craindre, quand je réglerai le ſoin de ſa conſervation ſur celui que je dois à la mienne.

Un enfant eſt moins grand qu'un homme; il n'a ni ſa force ni ſa raiſon; mais il voit & entend auſſi-bien que lui, ou à très-peu près; il a le goût auſſi ſenſible quoiqu'il l'ait moins délicat, & diſtingue auſſi-bien les odeurs, quoiqu'il n'y mette pas la même ſenſualité. Les premieres facultés qui ſe forment & ſe perfectionnent en nous ſont les ſens. Ce ſont donc les premieres qu'il faudroit cultiver; ce ſont les ſeules qu'on oublie, ou celles qu'on néglige le plus.

Exercer les ſens n'eſt pas ſeulement en faire uſage, c'eſt apprendre à bien juger par eux, c'eſt apprendre, pour ainſi dire, à ſentir; car nous ne ſavons

vons ni toucher, ni voir, ni entendre que comme nous avons appris.

Il y a un exercice purement naturel & mécanique, qui sert à rendre le corps robuste, sans donner aucune prise au jugement : nager, courir, sauter, fouetter un sabot, lancer des pierres ; tout cela est fort bien : mais n'avons-nous que des bras & des jambes ? N'avons-nous pas aussi des yeux, des oreilles, & ces organes sont-ils superflus à l'usage des premiers ? N'exercez donc pas seulement les forces, exercez tous les sens qui les dirigent, tirez de chacun d'eux tout le parti possible, puis vérifiez l'impression de l'un par l'autre. Mesurez, comptez, pesez, comparez. N'employez la force qu'après avoir estimé la résistance : faites toujours en sorte que l'estimation de l'effet précede l'usage des moyens. Intéressez l'enfant à ne jamais faire d'efforts insuffisans ou superflus. Si vous l'accoûtumez à prévoir ainsi l'effet de tous ses mouvemens, & à redresser ses erreurs par l'expérience, n'est-il pas clair que plus il agira, plus il deviendra judicieux ?

S'agit-il d'ébranler une masse ? s'il prend un lévier trop long il dépensera trop de mouvement, s'il le prend trop court il n'aura pas assez de force : l'expérience lui peut apprendre à choisir précisément le bâton qu'il lui faut. Cette sagesse n'est donc pas au dessus de son âge. S'agit-il de porter un fardeau ? s'il veut le prendre aussi pesant qu'il peut le porter, & n'en point essayer qu'il ne souleve, ne sera-t-il pas forcé d'en estimer le poids à la vûe ? Sait-il comparer des masses de même matiere & de différentes grosseurs ? Qu'il choisisse entre des masses de même grosseur & de différentes matieres ; il faudra bien qu'il s'applique à comparer leurs poids spécifiqnes. J'ai vu un jeune homme, très-bien élevé, qui ne voulut croire qu'après l'épreuve, qu'un seau plein de gros coupeaux de bois de de chêne fût moins pesant que le même seau rempli d'eau.

Nous ne sommes pas également maîtres de l'usage de tous nos sens. Il y en a un, savoir le toucher, dont l'action n'est jamais suspendue durant la veille; il a été répandu sur la surface entiere de notre corps, comme une garde continuelle, pour nous avertir de tout ce qui peut l'offenser. C'est aussi celui dont, bon-gré mal-gré, nous acquérons le plutôt l'expérience par cet exercice continuel, & auquel par conséquent nous avons moins besoin de donner une culture particuliere. Cependant nous observons que les aveugles ont le tact plus sûr & plus fin que nous; parce que, n'étant pas guidés par la vue, ils sont forcés d'apprendre à tirer uniquement du premier sens les jugemens que nous fournit l'autre. Pourquoi donc ne nous exerce-t-on pas à marcher comme eux dans l'obscurité, à connoître les corps que nous pouvons atteindre, à juger des objets qui nous environnent, à faire, en un mot, de nuit & sans lumiere, tout ce qu'ils font de jour & sans yeux? Tant que le soleil luit, nous avons sur eux l'avantage; dans les ténebres ils sont nos guides à leur tour. Nous sommes aveugles la moitié de la vie; avec la différence que les vrais aveugles savent toujours se conduire, & que nous n'osons faire un pas au cœur de la nuit. On a de la lumiere, me dira-t-on: Eh quoi! toujours des machines! Qui vous répond qu'elles vous suivront par-tout au besoin? Pour moi, j'aime mieux qu'Emile ait des yeux au bout de ses doigts, que dans la boutique d'un Chandelier.

Etes-vous enfermé dans un édifice au milieu de la nuit, frappez des mains; vous appercevrez au résonne-

(20) Ce effroi devient très-manifeste dans les grandes éclipses de soleil.

(21) En voici encore une autre cause bien expliquée par un Phi-

fonnement du lieu, si l'espace est grand ou petit, si vous êtes au milieu ou dans un coin. A demi-pied d'un mur, l'air moins ambiant & plus réfléchi vous porte une autre sensation au visage. Restez en place, & tournez-vous successivement de tous les côtés; s'il y a une porte ouverte, un léger courant d'air vous l'indiquera. Etes-vous dans un bateau, vous connoîtrez, à la maniere dont l'air vous frappera le visage, non-seulement en quel sens vous allez, mais si le fil de la riviere vous entraîne lentement ou vîte. Ces observations & mille autres semblables, ne peuvent bien se faire que de nuit; quelque attention que nous voulions leur donner en plein jour, nous serons aidés ou distraits par la vue, elles nous échapperont. Cependant il n'y a encore ici ni mains, ni bâton: que de connoissances oculaires on peut acquérir par le toucher, même sans rien toucher du tout!

Beaucoup de jeux de nuit. Cet avis est plus important qu'il ne semble. La nuit effraye naturellement les hommes, & quelquefois les animaux (20). La raison, les connoissances, l'esprit, le courage délivrent peu de gens de ce tribut. J'ai vu des Raisonneurs, des Esprits-forts, des Philosophes, des Militaires intrépides en plein jour, trembler la nuit, comme des femmes, au bruit d'une feuille d'arbre. On attribue cet effroi aux contes des nourrices, on se trompe; il y a une cause naturelle. Quelle est cette cause? La même qui rend les sourds défians & le peuple superstitieux, l'ignorance des choses qui nous environnent & de ce qui se passe autour de nous (21). Accoûtumé d'appercevoir de loin les objets, & de prévoir leurs impressions d'avance, com-

Philosophe dont je cite souvent le Livre, & dont les grandes vues m'instruisent encore plus souvent.

„ Lorsque par des circonstances particulieres nous ne pou- „ vons

comment, ne voyant plus rien de ce qui m'entoure, n'y supposerois-je pas mille êtres, mille mouvemens qui peuvent me nuire, & dont il m'est impossible de me garantir? J'ai beau savoir que je suis en sûreté dans le lieu où je me trouve; je ne le sais jamais aussi bien que si je le voyois actuellement: j'ai donc toujours un sujet de crainte que je n'avois pas en plein jour. Je sais, il est vrai, qu'un corps étranger

„ vons avoir une idée juste de la distance, & que nons ne „ pouvons juger des objets que par la grandeur de l'angle, „ ou plutôt de l'image qu'ils forment dans nos yeux, nous „ nous trompons alors nécessairement sur la grandeur de ces „ objets; tout le monde a éprouvé qu'en voyageant la nuit, „ on prend un buisson dont on est près, pour un grand arbre „ dont on est loin, ou bien on prend un grand arbre éloigné „ pour un buisson qui est voisin: de même si on ne connoît „ pas les objets par leur forme, & qu'on ne puisse avoir par „ ce moyen aucune idée de distance, on se trompera encore „ nécessairement; une mouche qui passera avec rapidité à „ quelques pouces de distance de nos yeux, nous paroîtra „ dans ce cas être un oiseau qui en seroit à une très-grande „ distance; un cheval qui seroit sans mouvement dans le mi- „ lieu d'une campagne & qui seroit dans une attitude sembla- „ ble, par exemple, à celle d'un mouton, ne nous paroîtra „ plus qu'un gros mouton, tant que nous ne reconnoîtrons „ pas que c'est un cheval; mais dès que nous l'aurons recon- „ nu, il nous paroîtra dans l'instant gros comme un cheval, „ & nous rectifierons sur-le-champ notre premier juge- „ ment.

„ Toutes les fois qu'on se trouvera dans la nuit dans des „ lieux inconnus où l'on ne pourra juger de la distance, & „ où l'on ne pourra reconnoître la forme des choses à cause „ de l'obscurité, on sera en danger de tomber à tout instant „ dans l'erreur au sujet des jugemens que l'on fera sur les ob- „ jets qui se présenteront; c'est de-là que vient la frayeur & „ l'espece de crainte intérieure que l'obscurité de la nuit fait „ sentir à presque tous les hommes; c'est sur cela qu'est fon- „ dée l'apparence des spectres & des figures gigantesques & „ épouvantables que tant de gens disent avoir vues: on leur „ répond communément que ces figures étoient dans leur ima- „ gination; cependant elles pouvoient être réellement dans „ leurs yeux, & il est très-possible qu'ils aient en effet vû ce „ qu'ils disent avoir vû: car il doit arriver nécessairement „ tou-

ger ne peut guere agir sur le mien, sans s'annoncer par quelque bruit; aussi, combien j'ai sans cesse l'oreille alerte! Au moindre bruit dont je ne puis discerner la cause, l'intérêt de ma conservation me fait d'abord supposer tout ce qui doit le plus m'engager à me tenir sur mes gardes, & par conséquent tout ce qui est le plus propre à m'effrayer.

N'entends-je absolument rien? Je ne suis pas pour cela

„ toutes les fois qu'on ne pourra juger d'un objet que par „ l'angle qu'il forme dans l'œil, que cet objet inconnu grossira & grandira, à mesure qu'on en sera plus voisin, & que „ s'il a d'abord paru au spectateur qui ne peut connoître ce „ qu'il voit, ni juger à quelle distance il le voit, que s'il a „ paru, dis-je, d'abord de la hauteur de quelques pieds lorsqu'il étoit à la distance de vingt ou trente pas, il doit paroître haut de plusieurs toises lorsqu'il n'en sera plus éloigné que de quelques pieds, ce qui doit en effet l'étonner „ & l'effrayer, jusqu'à ce qu'enfin il vienne à toucher l'objet „ ou à le reconnoître; car dans l'instant même qu'il reconnoîtra ce que c'est, cet objet qui lui paroissoit gigantesque, „ diminuera tout-à-coup, & ne lui paroîtra plus avoir que „ sa grandeur réelle; mais si l'on fuit ou qu'on n'ose approcher, il est certain qu'on n'aura d'autre idée de cet objet „ que celle de l'image qu'il formoit dans l'œil, & qu'on aura „ réellement vû une figure gigantesque ou épouvantable par la „ grandeur & par la forme. Le préjugé des spectres est donc „ fondé dans la nature, & ces apparences ne dépendent pas, „ comme le croient les Philosophes, uniquement de l'imagination". *Hist. Nat. T. VI. pag.* 22. *in*-12.

J'ai tâché de montrer dans le texte comment il en dépend toujours en partie, & quant à la cause expliquée dans ce passage, on voit que l'habitude de marcher la nuit, doit nous apprendre à distinguer les apparences que la ressemblance des formes & la diversité des distances font prendre aux objets à nos yeux dans l'obscurité: car lorsque l'air est encore assez éclairé pour nous laisser appercevoir les contours des objets, comme il y a plus d'air interposé dans un plus grand éloignement, nous devons toujours voir ces contours moins marqués quand l'objet est plus loin de nous, ce qui suffit à force d'habitude pour nous garantir de l'erreur qu'explique ici M. de Buffon. Quelque explication qu'on préfére, ma méthode est donc toujours efficace, & c'est ce que l'expérience confirme parfaitement.

cela tranquille; car enfin ſans bruit on peut encore me ſurprendre. Il faut que je ſuppoſe les choſes telles qu'elles étoient auparavant, telles qu'elles doivent encore être, que je voye ce que je ne vois pas. Ainſi forcé de mettre en jeu mon imagination, bientôt je n'en ſuis plus maître, & ce que j'ai fait pour me raſſurer, ne ſert qu'à m'allarmer davantage. Si j'entends du bruit, j'entends des voleurs; ſi je n'entends rien, je vois des phantômes: la vigilance que m'inſpire le ſoin de me conſerver ne me donne que ſujets de crainte. Tout ce qui doit me raſſurer n'eſt que dans ma raiſon: l'inſtinct plus fort me parle tout autrement qu'elle. A quoi bon penſer qu'on n'a rien à craindre, puiſqu'alors on n'a rien à faire?

La cauſe du mal trouvée, indique le remede. En toute choſe l'habitude tue l'imagination, il n'y a que les objets nouveaux qui la réveillent. Dans ceux que l'on voit tous les jours, ce n'eſt plus l'imagination qui agit, c'eſt la mémoire, & voilà la raiſon de l'axiome *ab aſſuetis non fit paſſio;* car ce n'eſt qu'au feu de l'imagination que les paſſions s'allument. Ne raiſonnez donc pas avec celui que vous voulez guérir de l'horreur des ténebres; menez-l'y ſouvent, & ſoyez ſûr que tous les argumens de la Philoſophie ne vaudront pas cet uſage. La tête ne tourne point aux couvreurs ſur les toits, & l'on ne voit plus avoir peur dans l'obſcurité quiconque eſt accoûtumé d'y être.

Voilà donc pour nos jeux de nuit un autre avantage ajouté au premier: mais pour que ces jeux réuſſiſſent, je n'y puis trop recommander la gaité. Rien n'eſt ſi triſte que les ténebres: n'allez pas enfermer votre enfant dans un cachot. Qu'il rie en entrant dans l'obſcurité; que le rire le reprenne avant qu'il en ſorte; que, tandis qu'il y eſt, l'idée des amuſemens qu'il quitte, & de ceux qu'il va retrouver, le défende des imaginations phantaſtiques qui pourroient l'y venir chercher.

Il est un terme de la vie au-delà duquel on rétrograde en avançant. Je sens que j'ai passé ce terme. Je recommence, pour ainsi dire, une autre carriere. Le vuide de l'âge mûr, qui s'est fait sentir à moi, me retrace le doux tems du premier âge. En vieillissant je redeviens enfant, & je me rappelle plus volontiers ce que j'ai fait à dix ans, qu'à trente. Lecteurs, pardonnez-moi donc de tirer quelquefois mes exemples de moi-même; car pour bien faire ce Livre, il faut que je le fasse avec plaisir.

J'étois à la campagne en pension, chez un Ministre appellé M. Lambercier. J'avois pour camarade un Cousin plus riche que moi, & qu'on traitoit en héritier, tandis qu'éloigné de mon pere, je n'étois qu'un pauvre orphelin. Mon grand Cousin Bernard étoit singulierement poltron, sur-tout la nuit. Je me moquai tant de sa frayeur, que M. Lambercier, ennuyé de mes vanteries, voulut mettre mon courage à l'épreuve. Un soir d'automne, qu'il faisoit très-obscur, il me donna la clef du Temple, & me dit d'aller chercher dans la chaire la Bible qu'on y avoit laissée. Il ajouta, pour me piquer d'honneur, quelques mots qui me mirent dans l'impuissance de reculer.

Je partis sans lumiere; si j'en avois eu, ç'auroit peut-être été pis encore. Il falloit passer par le cimetiere; je le traversai gaillardement; car tant que je me sentois en plein air, je n'eus jamais de frayeurs nocturnes.

En ouvrant la porte, j'entendis à la voûte un certain retentissement que je crus ressembler à des voix, & qui commença d'ébranler ma fermeté romaine. La porte ouverte, je voulus entrer: mais à peine eus-je fait quelques pas, que je m'arrêtai. En appercevant l'obscurité profonde qui régnoit dans ce vaste lieu, je fus saisi d'une terreur qui me fit dresser les cheveux; je rétrograde, je sors, je me mets à fuir

fuir tout tremblant. Je trouvai dans la cour un petit chien nommé Sultan, dont les careſſes me raſſurerent. Honteux de ma frayeur, je revins ſur mes pas, tâchant pourtant d'emmener avec moi Sultan, qui ne voulut pas me ſuivre. Je franchis bruſquement la porte, j'entre dans l'Egliſe. A peine y fusje rentré, que la frayeur me reprit, mais ſi fortement, que je perdis la tête; & quoique la chaire fût à droite, & que je le ſuſſe très-bien, ayant tourné ſans m'en appercevoir, je la cherchai longtems à gauche, je m'embarraſſai dans les bancs, je ne ſavois plus où j'étois; & ne pouvant trouver ni la chaire, ni la porte, je tombai dans un bouleverſement inexprimable. Enfin j'apperçois la porte, je viens à bout de ſortir du Temple, & je m'en éloigne comme la premiere fois, bien réſolu de n'y jamais rentrer ſeul qu'en plein jour.

Je reviens juſqu'à la maiſon. Prêt à entrer, je diſtingue la voix de M. Lambercier à de grands éclats de rire. Je les prends pour moi d'avance, & confus de m'y voir expoſé, j'héſite à ouvrir la porte. Dans cet intervalle, j'entends Mademoiſelle Lambercier s'inquiéter de moi, dire à la Servante de prendre la lanterne, & M. Lambercier ſe diſpoſer à me venir chercher, eſcorté de mon intrépide couſin, auquel enſuite on n'auroit pas manqué de faire tout l'honneur de l'expédition. A l'inſtant toutes mes frayeurs ceſſent, & ne me laiſſent que celle d'être ſurpris dans ma fuite: je cours, je vole au Temple, ſans m'égarer, ſans tâtonner, j'arrive à la chaire, j'y monte, je prends la Bible, je m'élance en bas, dans trois ſauts je ſuis hors du Temple, dont j'oubliai même de fermer la porte, j'entre dans la chambre hors d'haleine, je jette la Bible ſur la table, effaré,

(22) Pour les exercer à l'attention ne leur dites jamais que des choſes qu'ils aient un intérêt ſenſible & préſent à bien entendre;

faré, mais palpitant d'aiſe d'avoir prévenu le ſecours qui m'étoit deſtiné.

On me demandera ſi je donne ce trait pour un modele à ſuivre, & pour un exemple de la gaité que j'exige dans ces ſortes d'exercices? Non; mais je le donne pour preuve que rien n'eſt plus capable de raſſurer quiconque eſt effrayé des ombres de la nuit, que d'entendre dans une chambre voiſine une compagnie aſſemblée rire & cauſer tranquillement. Je voudrois qu'au lieu de s'amuſer ainſi ſeul avec ſon Eleve, on raſſemblât les ſoirs beaucoup d'enfans de bonne humeur; qu'on ne les envoyât pas d'abord ſéparément, mais pluſieurs enſemble, & qu'on n'en haſardât aucun parfaitement ſeul, qu'on ne ſe fût bien aſſuré d'avance qu'il n'en ſeroit pas trop effrayé.

Je n'imagine rien de ſi plaiſant & de ſi utile que de pareils jeux, pour peu qu'on voulût uſer d'adreſſe à les ordonner. Je ferois dans une grande ſalle une eſpece de labyrinthe, avec des tables, des fauteuils, des chaiſes, des paravents. Dans les inextricables tortuoſités de ce labyrinthe, j'arrangerois au milieu de huit ou dix boëtes d'attrapes une autre boëte preſque ſemblable, bien garnie de bonbons; je déſignerois en termes clairs, mais ſuccincts, le lieu précis où ſe trouve la bonne boëte; je donnerois le renſeignement ſuffiſant pour la diſtinguer à des gens plus attentifs & moins étourdis que des enfans (22); puis, après avoir fait tirer au ſort les petits concurrens, je les enverrois tous l'un après l'autre, juſqu'à ce que la bonne boëte fût trouvée; ce que j'aurois ſoin de rendre difficile, à proportion de leur habileté.

Figurez-vous un petit Hercule arrivant une boëte à la main, tout fier de ſon expédition. La boëte ſe mèt

dre; ſur-tout point de longueurs, jamais un mot ſuperflu. Mais auſſi ne laiſſez dans vos diſcours ni obſcurité ni équivoque.

mêt sur la table, on l'ouvre en cérémonie. J'entends d'ici les éclats de rire, les huées de la bande joyeuse, quand, au lieu des confitures qu'on attendoit, on trouve bien proprement arrangés sur de la mousse ou sur du coton, un hanneton, un escargot, du charbon, du gland, un navet, ou quelque autre pareille denrée. D'autres fois, dans une piece nouvellement blanchie on suspendra, près du mur, quelque jouet, quelque petit meuble qu'il s'agira d'aller chercher; sans toucher au mur. A peine celui qui l'apportera sera-t-il rentré, que, pour peu qu'il ait manqué à la condition, le bout de son chapeau blanchi, le bout de ses souliers, la basque de son habit, sa manche, trahiront sa mal-adresse. En voilà bien assez, trop peut-être, pour faire entendre l'esprit de ces sortes de jeux. S'il faut tout vous dire, ne me lisez point.

Quels avantages un homme ainsi élevé n'aura-t-il pas la nuit sur les autres hommes? Ses pieds accoûtumés à s'affermir dans les ténebres, ses mains exercées à s'appliquer aisément à tous les corps environnans, le conduiront sans peine dans la plus épaisse obscurité. Son imagination pleine des jeux nocturnes de sa jeunesse, se tournera difficilement sur des objets effrayans. S'il croit entendre des éclats de rire, au lieu de ceux des esprits follets, ce seront ceux de ses anciens camarades: s'il se peint une assemblée, ce ne sera point pour lui le sabat, mais la chamqre de son Gouverneur. La nuit ne lui rappellant que des idées gaies, ne lui sera jamais affreuse; au lieu de la craindre, il l'aimera. S'agit-il d'une expédition militaire, il sera prêt à toute heure, aussi-bien seul, qu'avec sa troupe. Il entrera dans le camp de Saül, il le parcourra sans s'égarer, il ira jusqu'à la tente du Roi sans éveiller personne, il s'en retournera sans être apperçu. Faut-il enlever les chevaux de Rhesus, adressez-vous à lui sans

crainte

crainte. Parmi les gens autrement élevés, vous trouverez difficilement un Ulysse.

J'ai vu des gens vouloir, par des surprises, accoûtumer les enfans à ne s'effrayer de rien la nuit. Cette méthode est très-mauvaise; elle produit un effet tout-contraire à celui qu'on cherche, & ne sert qu'à les rendre toujours plus craintifs. Ni la raison, ni l'habitude ne peuvent rassurer sur l'idée d'un danger présent, dont on ne peut connoître le dégré, ni l'espece, ni sur la crainte des surprises qu'on a souvent éprouvées. Cependant, comment s'assurer de tenir toujours votre Eleve exempt de pareils accidens? Voici le meilleur avis, ce me semble, dont on puisse le prévenir là-dessus. Vous êtes alors, dirois-je à mon Emile, dans le cas d'une juste défense; car l'aggresseur ne vous laisse pas juger s'il veut vous faire mal ou peur, & comme il a pris ses avantages, la fuite même n'est pas un réfuge pour vous. Saisissez donc hardiment celui qui vous surprend de nuit, homme ou bête, il n'importe; serrez-le, empoignez-le de toute votre force; s'il se débat, frappez, ne marchandez point les coups, & quoi qu'il puisse dire ou faire, ne lâchez jamais prise, que vous ne sachiez bien ce que c'est: l'éclaircissement vous apprendra probablement qu'il n'y avoit pas beaucoup à craindre, & cette maniere de traiter les plaisans doit naturellement les rebuter d'y revenir.

Quoique le toucher soit de tous nos sens celui dont nous avons le plus continuel exercice, ses jugemens restent pourtant, comme je l'ai dit, imparfaits & grossiers, plus que ceux d'aucun autre; parce que nous mêlons continuellement à son usage celui de la vue, & que l'œil atteignant à l'objet plutôt que la main, l'esprit juge presque toujours sans elle. En revanche, les jugemens du tact sont les plus sûrs, précisément, parce qu'ils sont les plus bor-

bornés: car ne s'étendant qu'aussi loin que nos mains peuvent atteindre, ils rectifient l'étourderie des autres sens, qui s'élancent au loin sur des objets qu'ils apperçoivent à peine, au lieu que tout ce qu'apperçoit le toucher, il l'apperçoit bien. Ajoutez que, joignant, quand il nous plaît, la force des muscles à l'action des nerfs, nous unissons, par une sensation simultanée, au jugement de la température, des grandeurs, des figures, le jugement du poids & de la solidité. Ainsi le toucher étant de tous les sens celui qui nous instruit le mieux de l'impression que les corps étrangers peuvent faire sur le nôtre, est celui dont l'usage est le plus fréquent, & nous donne le plus immédiatement la connoissance nécessaire à notre conservation.

Comme le toucher exercé supplée à la vue, pourquoi ne pourroit-il pas aussi suppléer à l'ouie jusqu'à certain point, puisque les sons excitent dans les corps sonores des ébranlemens sensibles au tact? En posant une main sur le corps d'un violoncelle, on peut, sans le secours des yeux ni des oreilles distinguer à la seule maniere dont le bois vibre & frémit, si le son qu'il rend est grave ou aigu, s'il est tiré de la chanterelle ou du bourdon. Qu'on exerce le sens à ces différences, je ne doute pas qu'avec le tems, on n'y pût devenir sensible au point d'entendre un air entier par les doigts. Or ceci supposé, il est clair qu'on pourroit aisément parler aux sourds en musique; car les sons & les tems, n'étant pas moins susceptibles de combinaisons régulieres que les articulations & les voix, peuvent être pris de même pour les élémens du discours.

Il y a des exercices qui émoussent le sens du toucher, & le rendent plus obtus: d'autres au contraire l'aiguisent & le rendent plus délicat & plus fin. Les premiers, joignant beaucoup de mouvement & de de force à la continuelle impression des corps durs, rendent la peau rude, calleuse, & lui ôtent le sentiment naturel; les seconds sont ceux qui varient ce même sentiment par un tact léger & fréquent, en sorte que l'esprit attentif à des impressions incessamment répétées, acquiert la facilité de juger toutes leurs modifications. Cette différence est sensible dans l'usage des instrumens de musique: le toucher dur & meurtrissant du violoncelle, de la contrebasse, du violon même, en rendant les doigts plus flexibles, raccornit leurs extrémités. Le toucher lice & poli du clavecin les rend aussi flexibles & plus sensibles en même tems. En ceci donc le clavecin est à préférer.

Il importe que la peau s'endurcisse aux impressions de l'air, & puisse braver ses altérations; car c'est elle qui défend tout le reste. A cela près, je ne voudrois pas que la main trop servilement appliquée aux mêmes travaux, vînt à s'endurcir, ni que sa peau devenue presque osseuse perdît ce sentiment exquis, qui donne à connoître quels sont les corps sur lesquels on la passe, &, selon l'espece de contact, nous fait quelquefois, dans l'obscurité, frissonner en diverses manieres.

Pourquoi faut-il que mon Eleve soit forcé d'avoir toujours sous ses pieds une peau de bœuf? Quel mal y auroit-il que la sienne propre pût au besoin lui servir de semelle? Il est clair qu'en cette pattie; la délicatesse de la peau ne peut jamais être utile à rien, & peut souvent beaucoup nuire. Eveillés à minuit au cœur de l'hiver par l'ennemi dans leur ville, les Genevois trouverent plutôt leurs fusils que leurs souliers. Si nul d'eux n'avoit su marcher nuds pieds, qui sait si Geneve n'eût point été prise?

Armons toujours l'homme contre les accidens imprévus. Qu'Emile coure les matins à pieds nuds

nuds (*), en toute ſaiſon, par la chambre, par l'eſcalier, par le jardin : loin de l'en gronder, je l'imiterai ; ſeulement j'aurai ſoin d'écarter le verre. Je parlerai bientôt des travaux & des jeux manuels ; du reſte, qu'il apprenne à faire tous les pas qui favoriſent les évolutions du corps, à prendre dans toutes les attitudes une poſition aiſée & ſolide ; qu'il ſache ſauter en éloignement, en hauteur, grimper ſur un arbre, franchir un mur ; qu'il trouve toujours ſon équilibre ; que tous ſes mouvemens, ſes geſtes ſoient ordonnés ſelon les loix de la pondération, longtems avant que la Statique ſe mêle de les lui expliquer. A la maniere dont ſon pied poſe à terre, & dont ſon corps porte ſur ſa jambe, il doit ſentir s'il eſt bien ou mal. Une aſſiette aſſurée a toujours de la grace, & les poſtures les plus fermes ſont auſſi les plus élégantes. Si j'étois Maître à danſer, je ne ferois pas toutes les ſingeries de Marcel (23), bonnes pour le pays où il les fait : mais au lieu d'occuper éternellement mon Eleve à des gambades, je le menerois au pied d'un rocher : là, je lui montrerois quelle attitude il faut prendre, comment il faut porter le corps & la tête, quel mouvement il faut faire, de quelle maniere il faut poſer tantôt le pied, tantôt la main, pour ſuivre légerement les ſentiers eſcarpés, raboteux & rudes, & s'élancer de pointe en pointe, tant en montant qu'en deſcendant. J'en ferois l'émule d'un chevreuil, plutôt qu'un Danſeur de l'Opera.

Autant le toucher concentre ſes opérations autour de

(23) Célebre Maître à danſer de Paris, lequel, connoiſſant bien ſon monde, faiſoit l'extravagant par ruſe, & donnoit à ſon

---

(*) M. F. *A pieds nuds.*] Ce ſera là un *criterium* admirable pour reconnoître déſormais les Emiles & leurs Inſtituteurs.

de l'homme, autant la vue étend les siennes au-delà de lui. C'est là ce qui rend celles-ci trompeuses; d'un coup d'œil un homme embrasse la moitié de son horizon. Dans cette multitude de sensations simultanées & de jugemens qu'elles excitent, comment ne se tromper sur aucun? Ainsi la vue est de tous nos sens le plus fautif, précisément parce qu'il est le plus étendu, & que, précédant de bien loin tous les autres, ses opérations sont trop promptes & trop vastes, pour pouvoir être rectifiées par eux. Il y a plus; les illusions mêmes de la perspective nous sont nécessaires pour parvenir à connoître l'étendue, & à comparer ses parties. Sans les fausses apparences, nous ne verrions rien dans l'éloignement; sans les gradations de grandeur & de lumiere, nous ne pourrions estimer aucune distance, ou plutôt il n'y en auroit point pour nous. Si de deux arbres égaux, celui qui est à cent pas de nous, nous paroissoit aussi grand & aussi distinct que celui qui est à dix, nous les placerions à côté l'un de l'autre. Si nous appercevions toutes les dimensions des objets sous leur veritable mesure, nous ne verrions aucun espace, & tout nous paroîtroit sur notre œil.

Le sens de la vue n'a, pour juger la grandeur des objets & leur distance, qu'une même mesure, savoir l'ouverture de l'angle qu'ils font dans notre œil; & comme cette ouverture est un effet simple d'une cause composée, le jugement qu'il excite en nous, laisse chaque cause particuliere indéterminée, ou devient nécessairement fautif. Car comment distinguer

son art une importance qu'on feignoit de trouver ridicule, mais pour laquelle on lui portoit au fond le plus grand respect. Dans un autre art, non moins frivole, on voit encore aujourd'hui un Artiste Comedien faire ainsi l'important & le fou, & ne réussir pas moins bien. Cette méthode est toujours sûre en France. Le vrai talent, plus simple & moins charlatan, n'y fait point fortune. La modestie y est la vertu des sots.

guer à la simple vue si l'angle par lequel je vois un objet plus petit qu'un autre, est tel parce que ce premier objet est en effet plus petit, ou parce qu'il est plus éloigné?

Il faut donc suivre ici une méthode contraire à la précédente; au lieu de simplifier la sensation, la doubler, la vérifier toujours par une autre; assujettir l'organe visuel à l'organe tactile, & réprimer, pour ainsi dire, l'impétuosité du premier sens par la marche pesante & réglée du second. Faute de nous asservir à cette pratique, nos mesures par estimation sont très-inexactes. Nous n'avons nulle précision dans le coup-d'œil pour juger les hauteurs, les longueurs, les profondeurs, les distances; & la preuve que ce n'est pas tant la faute du sens que de son usage, c'est que les Ingénieurs, les Arpenteurs, les Architectes, les Maçons, les Peintres, ont en général le coup-d'œil beaucoup plus sûr que nous, & apprécient les mesures de l'étendue avec plus de justesse; parce que leur métier leur donnant en ceci l'expérience que nous négligeons d'acquérir, ils ôtent l'équivoque de l'angle, par les apparences qui l'accompagnent, & qui déterminent plus exactement à leurs yeux, le rapport des deux causes de cet angle.

Tout ce qui donne du mouvement au corps sans le contraindre, est toujours facile à obtenir des enfans. Il y a mille moyens de les intéresser à mesurer, à connoître, à estimer les distances. Voilà un cerisier fort haut, comment ferons-nous pour cueillir des cerises? l'échelle de la grange est-elle bonne pour cela? Voilà un ruisseau fort large, comment le traverserons-nous? une des planches de la cour posera-t-elle sur les deux bords? Nous voudrions de nos fenêtres pêcher dans les fossés du Château;

(24) Promenade champêtre, comme on verra dans l'instant. Les promenades publiques des villes sont pernicieuses aux

CHIRON & ACHILE, Livre II.

teau; combien de brasses doit avoir notre ligne? Je voudrois faire une balançoire entre ces deux arbres, une corde de deux toises nous suffira-t-elle? On me dit que dans l'autre maison notre chambre aura vingt-cinq pieds quarrés; croyez-vous qu'elle nous convienne? sera-t-elle plus grande que celle-ci? Nous avons grand faim, voilà deux villages, auquel des deux serons-nous plutôt pour dîner? &c.

Il s'agissoit d'exercer à la course un enfant indolent & paresseux, qui ne se portoit pas de lui même à cet exercice ni à aucun autre, quoiqu'on le destinât à l'état militaire: il s'étoit persuadé, je ne sais comment, qu'un homme de son rang ne devoit rien faire ni rien savoir, & que sa noblesse devoit lui tenir lieu de bras, de jambes, ainsi que de toute espece de mérite. A faire d'un tel Gentilhomme un Achille au pied leger, l'adresse de Chiron même eût eu peine à suffire. La difficulté étoit d'autant plus grande que je ne voulois lui prescrire absolument rien. J'avois banni de mes droits les exhortations, les promesses, les menaces, l'émulation, le désir de briller: comment lui donner celui de courir sans lui rien dire? courir moi-même eût été un moyen peu sûr & sujet à inconvénient. D'ailleurs, il s'agissoit encore de tirer de cet exercice quelque objet d'instruction pour lui, afin d'accoûtumer les opérations de la machine & celles du jugement à marcher toujours de concert. Voici comment je m'y pris: moi, c'est-à dire, celui qui parle dans cet exemple.

En m'allant promener avec lui les après-midi, je mettois quelquefois dans ma poche deux gâteaux d'une espece qu'il aimoit beaucoup; nous en mangions chacun un à la promenade (24), & nous reve-

aux enfans de l'un & de l'autre sexe. C'est là qu'ils commencent à se rendre vains & à vouloir être regardés; c'est au Luxem-

revenions fort contens. Un jour il s'apperçut que j'avois trois gâteaux; il en auroit pu manger six sans s'incommoder: il dépêche promptement le sien pour me demander le troisieme. Non, lui dis-je, je le mangerois fort bien moi-même, ou nous le partagerions, mais j'aime mieux le voir disputer à la course par ces deux petits garçons que voilà. Je les appellai, je leur montrai le gâteau & leur proposai la condition. Ils ne demanderent pas mieux. Le gâteau fut posé sur une grande pierre qui servit de but. La carriere fut marquée, nous allâmes nous asseoir, au signal donné les petits garçons partirent; le victorieux se saisit du gâteau, & le mangea sans miséricorde aux yeux des spectateurs & du vaincu.

Cet amusement valoit mieux que le gâteau, mais il ne prit pas d'abord & ne produisit rien. Je ne me rebutai ni ne me pressai; l'institution des enfans est un métier où il faut savoir perdre du tems pour en gagner. Nous continuâmes nos promenades; souvent on prenoit trois gâteaux, quelquefois quatre, & de tems à autre il y en avoit un, même deux pour les coureurs. Si le prix n'étoit pas grand, ceux qui le disputoient n'étoient pas ambitieux; celui qui le remportoit étoit loué, fêté, tout se faisoit avec appareil. Pour donner lieu aux révolutions & augmenter l'intérêt, je marquois la carriere plus longue, j'y souffrois plusieurs concurrens. A peine étoient-ils dans la lice que tous les passans s'arrêtoient pour les voir; les acclamations, les cris, les battemens de mains les animoient; je voyois quelquefois mon petit bon-homme tressaillir, se lever, s'écrier quand l'un étoit prêt d'atteindre ou de passer l'autre: c'étoient pour lui les Jeux Olympiques. Ce-

xembourg, aux Tuilleries, sur-tout au Palais-Royal, que la belle Jeunesse de Paris va prendre cet air impertinent & fat qui

Cependant les concurrens uſoient quelquefois de ſupercherie ; ils ſe retenoient mutuellement ou ſe faiſoient tomber, ou pouſſoient des cailloux au paſſage l'un de l'autre. Cela me fournit un ſujet de les ſéparer, & de les faire partir de différens termes, quoiqu'également éloignés du but ; on verra bien-tôt la raiſon de cette prévoyance ; car je dois traiter cette importante affaire dans un grand détail.

Ennuyé de voir toujours manger ſous ſes yeux des gâteaux qui lui faiſoient grande envie, Monſieur le Chevalier s'aviſa de ſoupçonner enfin que bien courir pouvoit être bon à quelque choſe, & voyant qu'il avoit auſſi deux jambes, il commença de s'eſſayer en ſecret. Je me gardai d'en rien voir ; mais je compris que mon ſtratagême avoit réuſſi. Quand il ſe crut aſſez fort, (& je lus avant lui dans ſa penſée,) il affecta de m'importuner pour avoir le gâteau reſtant. Je le refuſe ; il s'obſtine, & d'un air dépité il me dit à la fin : Hé bien, mettez-le ſur la pierre, marquez le champ, & nous verrons. Bon ! lui dis-je en riant, eſt-ce qu'un Chevalier ſait courir ? Vous gagnerez plus d'appétit, & non de quoi le ſatisfaire. Piqué de ma raillerie, il s'évertue & remporte le prix d'autant plus aiſément que j'avois fait la lice très-courte, & pris ſoin d'écarter le meilleur coureur. On conçoit comment ce premier pas étant fait, il me fut aiſé de le tenir en haleine. Bientôt il prit un tel goût à cet exercice, que, ſans faveur, il étoit preſque ſûr de vaincre mes poliçons à la courſe, quelque longue que fût la carriere.

Cet avantage obtenu en produiſit un autre auquel je n'avois pas ſongé. Quand il remportoit rarement le

qui le rend ſi ridicule, & la fait huer & déteſter dans toute l'Europe.

le prix, il le mangeoit (*) presque toujours seul, ainsi que faisoient ses concurrens; mais en s'accoûtumant à la victoire, il devint généreux, & partageoit souvent avec les vaincus. Cela me fournit à moi-même une observation morale, & j'appris par-là quel étoit le vrai principe de la générosité.

En continuant avec lui de marquer en différens lieux les termes d'où chacun devoit partir à-la-fois, je fis, sans qu'il s'en apperçût, les distances inégales, de sorte que l'un, ayant à faire plus de chemin que l'autre pour arriver au même but, avoit un désavantage visible: mais quoique je laissasse le choix à mon Disciple, il ne savoit pas s'en prévaloir. Sans s'embarrasser de la distance, il préféroit toujours le beau chemin; de sorte que, prévoyant aisément son choix, j'étois à-peu-près le maître de lui faire perdre ou gagner le gâteau à ma volonté, & cette adresse avoit aussi son usage à plus d'une fin. Cependant, comme mon dessein étoit qu'il s'apperçût de la différence, je tâchois de la lui rendre sensible; mais quoiqu'indolent dans le calme, il étoit si vif dans ses jeux, & se défioit si peu de moi, que j'eus toutes les peines du monde à lui faire appercevoir que je le trichois. Enfin, j'en vins à bout malgré son étourderie; il m'en fit des reproches. Je lui dis, dequoi vous plaignez-vous? Dans un don que je veux bien faire, ne suis-je pas maître de mes conditions? Qui vous force à courir? Vous ai-je promis de faire les lices égales? N'avez-vous pas le choix? Prenez la plus courte, on ne vous en empêche point: comment ne voyez-vous pas que c'est vous que je favorise, & que l'inégalité dont vous murmurez, est toute à votre avantage si vous savez vous en prévaloir? Cela

(*) M. F. *Le prix, il le mangeoit.*] Des prix qu'on mange, c'est la base de la Gymnastique de M. R. & de presque tout

Cela étoit clair, il le comprit, & pour choisir, il fallut y regarder de plus près. D'abord on voulut compter les pas; mais la mesure des pas d'un enfant est lente & fautive; de plus, je m'avisai de multiplier les courses dans un même jour, & alors l'amusement devenant une espece de passion, l'on avoit regret de perdre à mesurer les lices le tems destiné à les parcourir. La vivacité de l'enfance s'accomode mal de ces lenteurs; on s'exerça donc à mieux voir, à mieux estimer une distance à la vue. Alors j'eus peu de peine à étendre & nourrir ce goût. Enfin, quelques mois d'épreuves & d'erreurs corrigées, lui formerent tellement le compas visuel, que quand je lui mettois par la pensée un gâteau sur quelque objet éloigné, il avoit le coup-d'œil presque aussi sûr que la chaîne d'un Arpenteur.

Comme la vue est de tous les sens celui dont on peut le moins séparer les jugemens de l'esprit, il faut beaucoup de tems pour apprendre à voir; il faut avoir long-tems comparé la vue au toucher pour accoûtumer le premier de ces deux sens à nous faire un rapport fidele des figures & des distances: sans le toucher, sans le mouvement progressif, les yeux du monde les plus perçans ne sauroient nous donner aucune idée de l'étendue. L'Univers entier ne doit être qu'un point pour une huître; il ne lui paroîtroit rien de plus quand même une ame humaine informeroit cette huître. Ce n'est qu'à force de marcher, de palper, de nombrer, de mesurer les dimensions qu'on apprend à les estimer: mais aussi si l'on mesuroit toujours, le sens se reposant sur l'instrument n'acquerroit aucune justesse. Il ne faut pas non plus que l'enfant passe tout-d'un-coup de la mesure à l'estimation;

tout son systême d'éducation. On peut lui appliquer le mot, *venter artis magister*.

mation; il faut d'abord que, continuant à comparer par parties ce qu'il ne sauroit comparer tout-d'un-coup, à des aliquotes précises, il substitue des aliquotes par appréciation, & qu'au lieu d'appliquer toujours avec la main la mesure, il s'accoûtume à l'appliquer seulement avec les yeux. Je voudrois pourtant qu'on vérifiât ses premieres opérations par des mesures réelles, afin qu'il corrigeât ses erreurs, & que, s'il reste dans le sens quelque fausse apparence, il apprît à la rectifier par un meilleur jugement. On a des mesures naturelles qui sont à-peu-près les mêmes en tous lieux; les pas d'un homme, l'étendue de ses bras, sa stature. Quand l'enfant estime la hauteur d'un étage, son Gouverneur peut lui servir de toise; s'il estime la hauteur d'un clocher, qu'il le toise avec les maisons. S'il veut savoir les lieues de chemin, qu'il compte les heures de marche; & surtout qu'on ne fasse rien de tout cela pour lui, mais qu'il le fasse lui-même.

On ne sauroit apprendre à bien juger de l'étendue & de la grandeur des corps, qu'on n'apprenne à connoître aussi leurs figures & même à les imiter; car au fond cette imitation ne tient absolument qu'aux loix de la perspective, & l'on ne peut estimer l'étendue sur ses apparences, qu'on n'ait quelque sentiment de ces loix. Les enfans, grands imitateurs, essayent tous de dessiner; je voudrois que le mien cultivât cet art, non précisément pour l'art même, mais pour se rendre l'œil juste & la main flexible; & en général il importe fort peu qu'il sache tel ou tel exercice, pourvû qu'il acquiere la perspicacité du sens & la bonne habitude du corps qu'on gagne par cet exercice. Je me garderai donc bien de lui donner un Maître à dessiner, qui ne lui donneroit à imiter que des imitations, & ne le feroit dessiner que sur des desseins; je veux qu'il n'ait d'autre maître que la nature, ni d'autre modele que les objets. Je veux qu'il ait

ait ſous les yeux l'original même & non pas le papier qui le repréſente, qu'il crayonne une maiſon ſur une maiſon, un arbre ſur un arbre, un homme ſur un homme, afin qu'il s'accoûtume à bien obſerver les corps & leurs apparences, & non pas à prendre des imitations fauſſes & conventionnelles pour de véritables imitations. Je le détournerai même de rien tracer de mémoire en l'abſence des objets, juſqu'à ce que, par des obſervations fréquentes, leurs figures exactes s'impriment bien dans ſon imagination; de peur que, ſubſtituant à la vérité des choſes, des figures bizarres & fantaſtiques, il ne perde la connoiſſance des proportions, & le goût des beautés de la nature.

Je ſais bien que de cette maniere, il barbouillera long-tems ſans rien faire de reconnoiſſable, qu'il prendra tard l'élégance des contours & le trait léger des Deſſinateurs, peut-être jamais le diſcernement des effets pittoreſques & le bon goût du deſſein; en revanche il contractera certainement un coup-d'œil plus juſte, une main plus ſûre, la connoiſſance des vrais rapports de grandeur & de figure, qui ſont entre les animaux, les plantes, les corps naturels, & une plus prompte expérience du jeu de la perſpective: voilà précifément ce que j'ai voulu faire, & mon intention n'eſt pas tant qu'il ſache imiter les objets que les connoître; j'aime mieux qu'il me montre une plante d'acanthe, & qu'il trace moins bien le feuillage d'un chapiteau.

Au reſte, dans cet exercice, ainſi que dans tous les autres, je ne prétends pas que mon Eleve en ait ſeul l'amuſement. Je veux le lui rendre plus agréable encore en le partageant ſans ceſſe avec lui. Je ne veux point qu'il ait d'autre émule que moi, mais je ſerai ſon émule ſans relâche & ſans riſque; cela mettra de l'intérêt dans ſes occupations ſans cauſer de jalouſie entre nous. Je prendrai le crayon à ſon exemple, je l'employerai d'abord auſſi mal-adroitement

ment que lui. Je ſerois un Appelles que je ne me trouverai qu'un barbouilleur. Je commencerai par tracer un homme, comme les laquais les tracent contre les murs; une barre pour chaque bras, une barre pour chaque jambe, & les doigts plus gros que le bras. Bien long-tems après nous nous appercevrons l'un ou l'autre de cette diſproportion; nous remarquerons qu'une jambe a de l'épaiſſeur, que cette épaiſſeur n'eſt pas par-tout la même, que le bras a ſa longueur déterminée par rapport au corps, &c. Dans ce progrès je marcherai tout au plus à côté de lui, ou je le dévancerai de ſi peu, qu'il lui ſera toujours aiſé de m'atteindre, & ſouvent de me ſurpaſſer. Nous aurons des couleurs, des pinceaux; nous tâcherons d'imiter le coloris des objets & toute leur apparence auſſi bien que leur figure. Nous enluminerons, nous peindrons, nous barbouillerons; mais dans tous nos barbouillages nous ne ceſſerons d'épier la nature; nous ne ferons jamais rien que ſous les yeux du Maître.

Nous étions en peine d'ornemens pour notre chambre, en voilà de tout trouvés. Je fais encadrer nos deſſeins; je les fais couvrir de beaux verres, afin qu'on n'y touche plus, & que, les voyant reſter dans l'état où nous les avons mis, chacun ait intérêt de ne pas négliger les ſiens. Je les arrange par ordre autour de la chambre, chaque deſſein répété vingt, trente fois, & montrant à chaque exemplaire le progrès de l'Auteur, depuis le moment où la maiſon n'eſt qu'un quarré preſqu'informe, juſqu'à celui où ſa façade, ſon profil, ſes proportions, ſes ombres, ſont dans la plus exacte vérité. Ces gradations ne peuvent manquer de nous offrir ſans ceſſe des tableaux intéreſſans pour nous, curieux pour d'autres, & d'exciter toujours plus notre émulation. Aux premiers, aux plus groſſiers de ces deſſeins je mets des cadres bien brillans, bien dorés, qui

qui les rehaussent; mais quand l'imitation devient plus exacte, & que le dessein est véritablement bon, alors je ne lui donne plus qu'un cadre noir très-simple; il n'a plus besoin d'autre ornement que lui-même, & ce seroit dommage que la bordure partageât l'attention que mérite l'objet. Ainsi, chacun de nous aspire à l'honneur du cadre uni; & quand l'un veut dédaigner un dessein de l'autre, il le condamne au cadre doré. Quelque jour, peut-être, ces cadres dorés passeront entre nous en proverbes, & nous admirerons combien d'hommes se rendent justice, en se faisant encadrer ainsi.

J'ai dit que la Géometrie n'étoit pas à la portée des enfans; mais c'est notre faute. Nous ne sentons pas que leur méthode n'est point la nôtre, & que ce qui devient pour nous l'art de raisonner, ne doit être pour eux que l'art de voir. Au lieu de leur donner notre méthode, nous ferions mieux de prendre la leur. Car notre maniere d'apprendre la Géométrie est bien autant une affaire d'imagination que de raisonnement. Quand la proposition est énoncée, il faut en imaginer la démonstration, c'est-à-dire, trouver de quelle proposition déjà sue celle-là doit être une conséquence, & de toutes les conséquences qu'on peut tirer de cette même proposition, choisir précisément celle dont il s'agit.

De cette maniere le raisonneur le plus exact, s'il n'est inventif, doit rester court. Aussi qu'arrive-t-il de-là? Qu'au lieu de nous faire trouver les démonstrations, on nous les dicte; qu'au lieu de nous apprendre à raisonner, le Maître raisonne pour nous, & n'exerce que notre mémoire.

Faites des figures exactes, combinez-les, posez-les l'une sur l'autre, examinez leurs rapports, vous trouverez toute la Géométrie élémentaire en marchant d'observation en observation, sans qu'il soit question ni de définitions ni de problêmes, ni d'aucune

cune autre forme démonſtrative que la ſimple ſuperpoſition. Pour moi je ne prétens point apprendre la Géométrie à Emile, c'eſt lui qui me l'apprendra (*); je chercherai les rapports & il les trouvera; car je les chercherai de maniere à les lui faire trouver. Par exemple, au lieu de me ſervir d'un compas pour tracer un cercle, je les tracerai avec une pointe au bout d'un fil tournant ſur un pivot. Après cela, quand je voudrai comparer les rayons entr'eux, Emile ſe mocquera de moi, & il me fera comprendre que le même fil toujours tendu ne peut avoir tracé des diſtances inégales.

Si je veux meſurer un angle de ſoixante dégrés, je décris du ſommet de cet angle, non pas un arc, mais un cercle entier; car avec les enfans il ne faut jamais rien ſous-entendre. Je trouve que la portion du cercle, compriſe entre les deux côtés de l'angle, eſt la ſixieme partie du cercle. Après cela je décris du même ſommet un autre plus grand cercle, & je trouve que ce ſecond arc eſt encore la ſixieme partie de ſon cercle, je décris un troiſieme cercle concentrique ſur lequel je fais la même épreuve, & je la continue ſur de nouveaux cercles, juſqu'à ce qu'Emile, choqué de ma ſtupidité, m'avertiſſe que chaque arc grand ou petit compris par le même angle, ſera toujours la ſixieme partie de ſon cercle, &c. Nous voilà tout-à-l'heure à l'uſage du rapporteur.

Pour prouver que les angles de ſuite ſont égaux à deux droits, on décrit un cercle; moi, tout au contraire, je fais en ſorte qu'Emile remarque cela, premiere-

(*) M. F. *C'eſt lui qui me l'apprendra.*] C'eſt-à-dire que tout Emile ſera un *Paſcal*; encore ſait-on que *Paſcal*, avec toute la force de ſon génie, n'alla pas bien loin de lui même. Les ſuppoſitions ne coûtent rien; le papier les admêt toutes; mais s'agit-il de les réaliſer, *hic Rhodus*, *hic ſaltus*. Il eſt vrai que M. R. a ici une reſſource intariſſable pour lui, c'eſt

mierement dans le cercle, & puis je lui dis; si l'on ôtoit le cercle, & qu'on laissât les lignes droites, les angles auroient-ils changé de grandeur? &c.

On néglige la justesse des figures, on la suppose; & l'on s'attache à la démonstration. Entre nous, au contraire, il ne sera jamais question de démonstration. Notre plus importante affaire sera de tirer des lignes bien droites, bien justes, bien égales; de faire un quarré bien parfait, de tracer un cercle bien rond. Pour vérifier la justesse de la figure, nous l'examinerons par toutes ses propriétés sensibles, & cela nous donnera occasion d'en découvrir chaque jour de nouvelles. Nous plierons par le diametre les deux demi-cercles, par la diagonale les deux moitiés du quarré: nous comparerons nos deux figures pour voir celle dont les bords conviennent le plus exactement, & par conséquent la mieux faite; nous disputerons si cette égalité de partage doit avoir toujours lieu dans les parallelogrames, dans les trapezes, &c. On essayera quelquefois de prévoir le succès de l'expérience avant de la faire, on tâchera de trouver des raisons, &c.

La Géométrie n'est pour mon Eleve que l'art de se bien servir de la regle & du compas; il ne doit point la confondre avec le dessein, ou il n'employera ni l'un ni l'autre de ces instrumens. La regle & le compas seront renfermés sous la clef, & l'on ne lui en accordera que rarement l'usage & pour peu de tems, afin qu'il ne s'accoûtume pas à barbouiller; mais nous pourrons quelquefois porter nos figures

---

c'est de faire manger des gauffres géometriques à son Eleve. Le petit gourmand épuisera tout l'art d'Archimede pour trouver dans laquelle il y a le plus à manger. Quel bonheur que l'Eleve de M. Rousseau soit sensuel! sans cela, il n'y auroit jamais moyen d'en faire un Emile.

tres à la promenade & causer de ce que nous aurons fait ou de ce que nous voudrons faire.

Je n'oublierai jamais d'avoir vû à Turin un jeune homme, à qui, dans son enfance, on avoit appris les rapports des contours & des surfaces, en lui donnant chaque jour à choisir dans toutes les figures géométriques des gauffres isopérimetres. Le petit gourmand avoit épuisé l'art d'Archimede pour trouver dans laquelle il y avoit le plus à manger.

Quand un enfant joue au volant, il s'exerce l'œil & le bras à la justesse; quand il fouette un sabot, il accroît sa force en s'en servant, mais sans rien apprendre. J'ai demandé quelquefois pourquoi l'on n'offroit pas aux enfans les mêmes jeux d'adresse qu'ont les hommes: la paume, le mail, le billard, l'arc, le balon, les instrumens de musique. On m'a répondu que quelques-uns de ces jeux étoient au dessus de leurs forces, & que leurs membres & leurs organes n'étoient pas assez formés pour les autres. Je trouve ces raisons mauvaises: un enfant n'a pas la taille d'un homme, & ne laisse pas de porter un habit fait comme le sien. Je n'entens pas qu'il joue avec nos masses sur un billard haut de trois pieds; je n'entens pas qu'il aille peloter dans nos tripots, ni qu'on charge sa petite main d'une raquette de Paulmier, mais qu'il joue dans une salle dont on aura garanti les fenêtres; qu'il ne se serve que de balles molles, que ses premieres raquettes soient de bois, puis de parchemin, & enfin de corde à boyau bandée à proportion de son progrès. Vous préférez le volant, parce-qu'il fatigue moins & qu'il est sans danger. Vous avez tort par ces deux raisons. Le volant est un jeu de femmes; mais il n'y en a pas une que ne fît fuir une balle en mouvement. Leurs blanches peaux ne doivent pas s'endurcir aux meurtrissures, & ce ne sont pas des contusions qu'attendent leurs visages. Mais nous, faits pour être vigoureux, croyons-nous le le devenir ſans peine; & de quelle défenſe ſerons-nous capables, ſi nous ne ſommes jamais attaqués? On joue toujours lâchement les jeux où l'on peut être mal-adroit ſans riſque; un volant qui tombe ne fait de mal à perſonne; mais rien ne dégourdit les bras comme d'avoir à couvrir la tête, rien ne rend le coup d'œil ſi juſte que d'avoir à garantir les yeux. S'élancer du bout d'une ſalle à l'autre, juger le bond d'une balle encore en l'air, la renvoyer d'une main forte & ſûre, de tels jeux conviennent moins à l'homme qu'ils ne ſervent à le former.

Les fibres d'un enfant, dit-on, ſont trop molles; elles ont moins de reſſort, mais elles en ſont plus fléxibles; ſon bras eſt foible, mais enfin c'eſt un bras; on en doit faire, proportion gardée, tout ce qu'on fait d'une autre machine ſemblable. Les enfans n'ont dans les mains nulle adreſſe; c'eſt pour cela que je veux qu'on leur en donne: un homme auſſi peu exercé qu'eux n'en auroit pas davantage; nous ne pouvons connoître l'uſage de nos organes qu'après les avoir employés. Il n'y a qu'une longue expérience qui nous apprenne à tirer parti de nous-mêmes, & cette expérience eſt la véritable étude à laquelle on ne peut trop-tôt nous appliquer.

Tout ce qui ſe fait, eſt faiſable. Or rien n'eſt plus commun que de voir des enfans adroits & découplés, avoir dans les membres la même agilité que peut avoir un homme. Dans preſque toutes les Foires on en voit faire des équilibres, marcher ſur les mains, ſauter, danſer ſur la corde. Durant combien d'années des troupes d'enfans n'ont-elles pas attiré par leurs ballets des ſpectateurs à la Comédie Italienne? Qui eſt-ce qui n'a pas oui parler en Allemagne & en Italie de la Troupe pantomime du célebre Nicolini? Quelqu'un a-t-il jamais remarqué dans ces enfans des mouvemens moins développés, des attitudes moins gracieuſes, une oreille moins juſte, une danſe moins

 lége-

légere que dans les Danſeurs tout formés ? Qu'on ait d'abord les doigts épais, courts, peu mobiles, les mains potelées & peu capables de rien empoigner, cela empêche-t-il que pluſieurs enfans ne ſachent écrire ou deſſiner à l'âge où d'autres ne ſavent pas encore tenir le crayon ni la plume ? Tout Paris ſe ſouvient encore de la petite Angloiſe qui faiſoit à dix ans des prodiges ſur le clavecin. J'ai vû chez un Magiſtrat, ſon fils, petit bon-homme de huit ans, qu'on mettoit ſur la table au deſſert comme une ſtatue au milieu des plateaux, jouer là d'un violon preſqu'auſſi grand que lui, & ſurprendre par ſon exécution les Artiſtes mêmes.

Tous ces exemples & cent mille autres prouvent, ce me ſemble, que l'inaptitude qu'on ſuppoſe aux enfans pour nos exercices, eſt imaginaire, & que, ſi on ne les voit point réuſſir dans quelques-uns, c'eſt qu'on ne les y a jamais exercés.

On me dira que je tombe ici par rapport au corps dans le défaut de la culture prématurée que je blâme dans les enfans par rapport à l'eſprit. La différence eſt très-grande ; car l'un de ces progrès n'eſt qu'apparent, mais l'autre eſt réel. J'ai prouvé que l'eſprit qu'ils paroiſſent avoir, ils ne l'ont pas (*), au lieu que tout ce qu'ils paroiſſent faire, ils le font. D'ailleurs on doit toujours ſonger que tout ceci n'eſt ou ne doit être que jeu, direction facile & volontaire des mouvemens que la nature leur demande, art de varier leurs amuſemens pour les leur rendre plus agréables, ſans que jamais la moindre contrainte les tourne en travail, car enfin de quoi s'amuſeront-ils, dont je ne puiſſe faire un objet d'inſtruction pour eux ? & quand je

(*) M. F. *J'ai prouvé que l'eſprit qu'ils paroiſſent avoir, ils ne l'ont pas.*] M. R. n'a jamais prouvé cela, & ne le prouvera jamais, parce que l'expérience ne ſe laiſſe point démentir. Il y a des enfans très-ſpirituels ; & ce qui vaut encore mieux,

je ne le pourrois pas, pourvû qu'ils s'amusent sans inconvénient & que le tems se passe, leur progrès en toute chose n'importe pas quant à-présent ; au lieu que lorsqu'il faut nécessairement leur apprendre ceci ou cela, comme qu'on s'y prenne, il est toujours impossible qu'on en vienne à bout sans contrainte, sans fâcherie & sans ennui.

Ce que j'ai dit sur les deux sens dont l'usage est le plus continu & le plus important, peut servir d'exemple de la maniere d'exercer les autres. La vue & le toucher s'appliquent également sur les corps en repos & sur les corps qui se meuvent ; mais comme il n'y a que l'ébranlement de l'air qui puisse émouvoir le sens de l'ouie, il n'y a qu'un corps en mouvement qui fasse du bruit ou du son, & si tout étoit en repos, nous n'entendrions jamais rien. La nuit donc où, ne nous mouvant nous-mêmes qu'autant qu'il nous plaît, nous n'avons à craindre que les corps qui se meuvent, il nous importe d'avoir l'oreille alerte, de pouvoir juger par la sensation qui nous frappe, si le corps qui la cause, est grand ou petit, éloigné ou proche, si son ébranlement est violent ou foible. L'air ébranlé est sujet à des répercussions qui le réfléchissent, qui produisant des échos répétent la sensation, & font entendre le corps bruyant ou sonore en un autre lieu que celui où il est. Si dans une plaine ou dans une vallée on mêt l'oreille à terre, on entend la voix des hommes & le pas des chevaux de beaucoup plus loin qu'en restant debout.

Comme nous avons comparé la vue au toucher, il est bon de la comparer de même à l'ouie, & de savoir laquelle des deux impressions partant à la fois du

---

il y en a qui ont l'esprit bon, juste, le goût aussi formé que le permêt le dégré de leurs connoissances acquises. Ces prodiges-là valent bien les émules des chevreuils.

du même corps, arrivera le plutôt à son organe. Quand on voit le feu d'un canon on peut encore se mettre à l'abri du coup ; mais sitôt qu'on entend le bruit, il n'est plus tems, le boulet est là. On peut juger de la distance où se fait le tonnerre, par l'intervalle de tems qui se passe de l'éclair au coup. Faites en sorte que l'enfant connoisse toutes ces expériences ; qu'il fasse celles qui sont à sa portée, & qu'il trouve les autres par induction ; mais j'aime cent fois mieux qu'il les ignore, que s'il faut que vous les lui disiez.

Nous avons un organe qui répond à l'ouie, savoir celui de la voix ; nous n'en avons pas de même qui réponde à la vûe, & nous ne rendons pas les couleurs comme les sons. C'est un moyen de plus pour cultiver le premier sens, en exerçant l'organe actif & l'organe passif l'un par l'autre.

L'homme a trois sortes de voix, savoir, la voix parlante ou articulée, la voix chantante ou mélodieuse, & la voix pathétique ou accentuée, qui sert de langage aux passions, & qui anime le chant & la parole. L'enfant a ces trois sortes de voix ainsi que l'homme, sans les savoir allier de même : il a comme nous le rire, les cris, les plaintes, l'exclamation, les gémissemens, mais il ne sait pas en mêler les inflexions aux deux autres voix. Une musique parfaite est celle qui réunit le mieux ces trois voix. Les enfans sont incapables de cette musique-là, & leur chant n'a jamais d'ame. De même dans la voix parlante leur langage n'a point d'accent ; ils crient, mais ils n'accentuent pas ; & comme il y a peu d'énergie dans leur discours, il y a peu d'accent dans leur voix. Notre Eleve aura le parler plus uni, plus simple encore, parce que ses passions n'étant pas éveillées ne mêleront point leur langage au sien. N'allez donc pas lui donner à réciter des rôles de Tragédie & de Comédie, ni vouloir lui apprendre, comme on dit, à déclamer. Il aura trop de sens pour savoir

savoir donner un ton à des choses qu'il ne peut entendre, & de l'expression à des sentimens qu'il n'éprouva jamais.

Apprenez-lui à parler uniment, clairement, à bien articuler, à prononcer exactement & sans affectation, à connoître & à suivre l'accent grammatical & la prosodie, à donner toujours assez de voix pour être entendu, mais à n'en donner jamais plus qu'il ne faut; défaut ordinaire aux enfans élevés dans les Colleges: en toute chose rien de superflu.

De même dans le chant rendez sa voix juste, égale, flexible, sonore, son oreille sensible à la mesure & à l'harmonie, mais rien de plus. La musique imitative & théatrale n'est pas de son âge. Je ne voudrois pas même qu'il chantât des paroles; s'il en vouloit chanter, je tâcherois de lui faire des chansons exprès, intéressantes pour son âge, & aussi simples que ses idées.

On pense bien qu'étant si peu pressé de lui apprendre à lire l'écriture, je ne le serai pas, non plus, de lui apprendre à lire la musique. Ecartons de son cerveau toute attention trop pénible, & ne nous hâtons point de fixer son esprit sur des signes de convention. Ceci, je l'avoue, semble avoir sa difficulté; car si la connoissance des notes ne paroît pas d'abord plus nécessaire pour savoir chanter que celle des lettres pour savoir parler, il y a pourtant cette différence, qu'en parlant nous rendons nos propres idées, & qu'en chantant nous ne rendons gueres que celles d'autrui. Or pour les rendre, il faut les lire.

Mais premierement, au lieu de les lire on les peut ouir, & un chant se rend à l'oreille encore plus fidélement qu'à l'œil. De plus, pour bien savoir la musique il ne suffit pas de la rendre, il la faut composer, & l'un doit s'apprendre avec l'autre, sans quoi l'on ne la sait jamais bien. Exercez votre petit

Musicien d'abord à faire des phrases bien régulieres, bien cadencées; ensuite à les lier entre elles par une modulation très-simple; enfin à marquer leurs différens rapports par une ponctuation correcte, ce qui se fait par le bon choix des cadences & des repos. Sur-tout jamais de chant bizarre, jamais de pathétique ni d'expression. Une mélodie toujours chantante & simple, toujours dérivante des cordes essentielles du ton, & toujours indiquant tellement la basse qu'il la sente & l'accompagne sans peine; car pour se former la voix & l'oreille, il ne doit jamais chanter qu'au clavecin.

Pour mieux marquer les sons on les articule en les prononçant; de-là l'usage de solfier avec certaines syllabes. Pour distinguer les dégrés, il faut donner des noms & à ces dégrés & à leurs différens termes fixes; de-là les noms des intervalles, & aussi les lettres de l'alphabet dont on marque les touches du clavier & les notes de la gamme. C & A désignent des sons fixes, invariables, toujours rendus par les mêmes touches. *Ut* & *la* sont autre chose. *Ut* est constamment la tonique d'un mode majeur, ou la médiante d'un mode mineur. *La* est constamment la tonique d'un mode mineur, ou la sixieme note d'un mode majeur. Ainsi les lettres marquent les termes immuables des rapports de notre systême musical, & les syllabes marquent les termes homologues des rapports semblables en divers tons. Les lettres indiquent les touches du clavier, & les syllabes les dégrés du mode. Les Musiciens François ont étrangement brouillé ces distinctions; ils ont confondu le sens des syllabes avec le sens des lettres, & doublant inutilement les signes des touches, ils n'en ont point laissé pour exprimer les cordes des tons; en sorte que pour eux *ut* & C sont toujours la même chose, ce qui n'est pas, & ne doit pas être, car alors de quoi serviroit C? Aussi leur maniere de solfier est-

eſt elle d'une difficulté exceſſive ſans être d'aucune utilité, ſans porter aucune idée nette à l'eſprit, puiſque par cette méthode ces deux ſyllabes *ut* & *mi*, par exemple, peuvent également ſignifier une tierce majeure, mineure, ſuperflue, ou diminuée. Par quelle étrange fatalité le pays du monde où l'on écrit les plus beaux livres ſur la muſique, eſt-il préciſément celui où on l'apprend le plus difficilement ?

Suivons avec notre Eleve une pratique plus ſimple & plus claire ; qu'il n'y ait pour lui que deux modes dont les rapports ſoient toujours les mêmes & toujours indiqués par les mêmes ſyllabes. Soit qu'il chante ou qu'il joue d'un inſtrument, qu'il ſache établir ſon mode ſur chacun des douze tons qui peuvent lui ſervir de baſe ; & que, ſoit qu'on module en D, en C, en G, &c. la finale ſoit toujours *ut* ou *la* ſelon le mode. De cette maniere il vous concevra toujours, les rapports eſſentiels du mode pour chanter & jouer juſte ſeront toujours préſens à ſon eſprit, ſon exécution ſera plus nette & ſon progrès plus rapide. Il n'y a rien de plus bizarre que ce que les François appellent ſolfier au naturel ; c'eſt éloigner les idées de la choſe pour en ſubſtituer d'étrangeres qui ne font qu'égarer. Rien n'eſt plus naturel que de ſolfier par tranſpoſition, lorſque le mode eſt tranſpoſé. Mais c'en eſt trop ſur la muſique ; enſeignez-la comme vous voudrez, pourvû qu'elle ne ſoit jamais qu'un amuſement.

Nous voilà bien avertis de l'état des corps étrangers par rapport au nôtre, de leur poids, de leur figure, de leur couleur, de leur ſolidité, de leur grandeur, de leur diſtance, de leur température, de leur repos, de leur mouvement. Nous ſommes inſtruits de ceux qu'il nous convient d'approcher ou d'éloigner de nous, de la maniere dont il faut nous y prendre pour vaincre leur réſiſtance, ou pour leur en oppoſer une qui nous préſerve d'en être offenſés ; mais ce n'eſt pas aſſez ; notre propre corps s'épuise sans cesse, il a besoin d'être sans-cesse renouvellé. Quoique nous ayons la faculté d'en changer d'autres en notre propre substance, le choix n'est pas indifférent : tout n'est pas aliment pour l'homme ; & des substances qui peuvent l'être, il y en a de plus ou de moins convenables, selon la constitution de son espece, selon le climat qu'il habite, selon son tempéramment particulier, & selon la maniere de vivre que lui prescrit son état.

Nous mourrions affamés ou empoisonnés, s'il falloit attendre, pour choisir les nourritures qui nous conviennent, que l'expérience nous eût appris à les connoître & à les choisir : mais la supreme bonté qui a fait, du plaisir des êtres sensibles, l'instrument de leur conservation, nous avertit, par ce qui plaît à notre palais, de ce qui convient à notre estomac. Il n'y a point naturellement pour l'homme de Médecin plus sûr que son propre appetit ; & à le prendre dans son état primitif, je ne doute point qu'alors les alimens qu'il trouvoit les plus agréables, ne lui fussent aussi les plus sains.

Il y a plus. L'Auteur des choses ne pourvoit pas seulement aux besoins qu'il nous donne, mais encore à ceux que nous nous donnons nous-mêmes ; & c'est pour mettre toujours le désir à côté du besoin, qu'il fait que nos goûts changent & s'alterent avec nos manieres de vivre. Plus nous nous éloignons de l'état de nature, plus nous perdons de nos goûts naturels ; ou plutôt l'habitude nous fait une seconde nature que nous substituons tellement à la premiere, que nul d'entre nous ne connoît plus celle-ci.

Il suit de-là, que les goûts les plus naturels doivent être aussi les plus simples ; car ce sont ceux qui se transforment le plus aisément ; au lieu qu'en s'aiguisant, en s'irritant par nos fantaisies, ils prennent une forme qui ne change plus. L'homme qui n'est encore d'aucun pays se fera sans peine aux usages de quelque pays

que

que ce ſoit, mais l'homme d'un pays ne devient plus celui d'un autre.

Ceci me paroît vrai dans tous les ſens, & bien plus, appliqué au goût proprement dit. Notre premier aliment eſt le lait, nous ne nous accoutumons que par degrés aux ſaveurs fortes, d'abord elles nous répugnent. Des fruits, des légumes, des herbes, & enfin quelques viandes grillées, ſans aſſaiſonnement & ſans ſel, firent les feſtins des premiers hommes (25). La premiere fois qu'un Sauvage boit du vin, il fait la grimace & le rejette, & même parmi nous, quiconque a vécu juſqu'à vingt ans ſans goûter de liqueurs fermentées, ne peut plus s'y accoutumer; nous ſerions tous abſtêmes ſi l'on ne nous eut donné du vin dans nos jeunes ans. Enfin, plus nos goûts ſont ſimples, plus ils ſont univerſels; les répugnances les plus communes tombent ſur des mets composés. Vit-on jamais perſonne avoir en dégoût l'eau ni le pain? voilà la trace de la nature, voilà donc auſſi notre regle. Conſervons à l'enfant ſon goût primitif le plus qu'il eſt poſſible; que ſa nourriture ſoit commune & ſimple, que ſon palais ne ſe familiariſe qu'à des ſaveurs peu relevées, & ne ſe forme point un goût excluſif.

Je n'examine pas ici ſi cette maniere de vivre eſt plus ſaine ou non, ce n'eſt pas ainſi que je l'enviſage. Il me ſuffit de ſavoir, pour la préférer, que c'eſt la plus conforme à la nature, & celle qui peut le plus aiſément ſe plier à toute autre. Ceux qui diſent qu'il faut accoutumer les enfans aux alimens dont ils uſeront étant grands, ne raiſonnent pas bien, ce me ſemble. Pourquoi leur nourriture doit-elle être la même tandis que leur maniere de vivre eſt ſi différente? Un homme épuiſé de travail, de ſoucis, de peines, a beſoin d'alimens ſucculens qui lui portent de nouveaux

(25) Voyez l'Arcadie de Pauſanias; voyez auſſi le morceau de Plutarque tranſcrit ci-après.

veaux esprits au cerveau; un enfant qui vient de s'ébattre, & dont le corps croît, a besoin d'une nourriture abondante qui lui fasse beaucoup de chile. D'ailleurs, l'homme-fait a déjà son état, son emploi, son domicile; mais qui est-ce qui peut être sûr de ce que la fortune réserve à l'enfant? En toute chose ne lui donnons point une forme si déterminée, qu'il lui en coûte trop d'en changer au besoin. Ne faisons pas qu'il meure de faim dans d'autres pays s'il ne traîne par-tout à sa suite un cuisinier François, ni qu'il dise un jour qu'on ne sait manger qu'en France. Voilà, par parenthese, un plaisant éloge! Pour moi, je dirois au contraire, qu'il n'y a que les François qui ne savent pas manger, puisqu'il faut un art si particulier pour leur rendre les mets mangeables.

De nos sensations diverses, le goût donne celles qui généralement nous affectent le plus. Aussi sommes-nous plus intéressés à bien juger des substances qui doivent faire partie de la nôtre, que de celles qui ne sont que l'environner. Mille choses sont indifférentes au toucher, à l'ouie, à la vue; mais il n'y a presque rien d'indifférent au goût. De plus, l'activité de ce sens est toute physique & matérielle, il est le seul qui ne dit rien à l'imagination, du moins celui dans les sensations duquel elle entre le moins, au lieu que l'imitation & l'imagination mêlent souvent du moral à l'impression de tous les autres. Aussi généralement les cœurs tendres & voluptueux, les caracteres passionnés & vraiment sensibles, faciles à émouvoir par les autres sens, sont-ils assez tiédes sur celui-ci. De cela même qui semble mettre le goût au des-

(*) M. F. *Les mener par leur bouche.*] Ici l'Auteur réduit en axiome ce qu'on lui a vû pratiquer diverses fois dans cet Ouvrage, & prôner en quelque sorte dans d'autres. Je crois qu'il sera bien difficile dans la suite de mener par la tête, par le

dessous d'eux, & rendre plus méprisable le penchant qui nous y livre, je conclurois au contraire que le moyen le plus convenable pour gouverner les enfans est de les mener par leur bouche (*). Le mobile de la gourmandise est sur-tout préférable à celui de la vanité, en ce que la premiere est un appétit de la nature, tenant immédiatement au sens, & que la seconde est un ouvrage de l'opinion, sujet au caprice des hommes & à toutes sortes d'abus. La gourmandise est la passion de l'enfance; cette passion ne tient devant aucune autre; à la moindre concurrence elle disparoît. Eh croyez-moi! l'enfant ne cessera que trop tôt de songer à ce qu'il mange, & quand son cœur sera trop occupé, son palais ne l'occupera gueres. Quand il sera grand, mille sentimens impétueux donneront le change à la gourmandise, & ne feront qu'irriter la vanité; car cette derniere passion seule fait son profit des autres, & à la fin les engloutit toutes. J'ai quelquefois examiné ces gens qui donnoient de l'importance aux bons morceaux, qui songeoient en s'éveillant à ce qu'ils mangeroient dans la journée, & décrivoient un repas avec plus d'exactitude que n'en mêt Polybe à décrire un combat. J'ai trouvé que tous ces prétendus hommes n'étoient que des enfans de quarante ans, sans vigueur & sans consistance, *fruges consumere nati*. La gourmandise est le vice des cœurs qui n'ont point d'étoffe. L'ame d'un gourmand est toute dans son palais, il n'est fait que pour manger; dans sa stupide incapacité il n'est qu'à table à sa place, il ne sait juger que des plats: laissons-lui sans regret cet emploi: mieux lui vaut celui-là qu'un autre, autant pour nous que pour lui.

Crain-

---

le cerveau, ceux qu'on menera d'abord & habituellement par la bouche, par la gourmandise. Il est vrai qu'un Emile n'est guere prenable par d'autres endroits : mais voilà pourquoi il ne faut point faire d'Emiles.

Craindre que la gourmandise ne s'enracine dans un enfant capable de quelque chose, est une précaution de petit esprit. Dans l'enfance on ne songe qu'à ce qu'on mange; dans l'adolescence on n'y songe plus, tout nous est bon, & l'on a bien d'autres affaires. Je ne voudrois pourtant pas qu'on allât faire un usage indiscret d'un ressort si bas, ni étayer d'un bon morceau l'honneur de faire une belle action. Mais je ne vois pas pourquoi, toute l'enfance n'étant ou ne devant être que jeux & folâtres amusemens, des exercices purement corporels n'auroient pas un prix matériel & sensible. Qu'un petit Majorquain, voyant un panier sur le haut d'un arbre, l'abbatte à coups de fronde, n'est-il pas bien juste qu'il en profite, & qu'un bon déjeûner répare la force qu'il use à le gagner (26)? Qu'un jeune Spartiate à travers les risques de cent coups de fouet se glisse habilement dans une cuisine, qu'il y vole un renardeau tout vivant, qu'en l'emportant dans sa robe il en soit égratigné, mordu, mis en sang, & que pour n'avoir pas la honte d'être surpris, l'enfant se laisse déchirer les entrailles sans sourciller, sans pousser un seul cri, n'est-il pas juste qu'il profite enfin de sa proye, & qu'il la mange, après en avoir été mangé? Jamais un bon repas ne doit être une récompense, mais pourquoi ne seroit-il pas l'effet des soins qu'on a pris pour se le procurer? Emile ne regarde point le gâteau que j'ai mis sur la pierre comme le prix d'avoir bien couru; il sait seulement que le seul moyen d'avoir ce gâteau est d'y arriver plutôt qu'un autre.

Ceci ne contredit point les maximes que j'avançois tout-

(26) Il y a bien des siecles que les Majorquains ont perdu cet usage; il est du tems de la célébrité de leurs Frondeurs.

(27) Je sais que les Anglois vantent beaucoup leur humanité & le bon naturel de leur Nation, qu'ils appellent *Good natured people*, mais ils ont beau crier cela tant qu'ils peuvent, personne ne le répete après eux.

tout-à-l'heure ſur la ſimplicité des mets ; car pour flatter l'appétit des enfans, il ne s'agit pas d'exciter leur ſenſualité, mais ſeulement de la ſatisfaire ; & cela s'obtiendra par les choſes du monde les plus communes, ſi l'on ne travaille pas à leur rafiner le goût. Leur appétit continuel qu'excite le beſoin de croître, eſt un aſſaiſonnement ſûr qui leur tient lieu de beaucoup d'autres. Des fruits, du laitage quelque piece de four un peu plus délicate que le pain ordinaire, ſur-tout l'art de diſpenſer ſobrement tout cela, voilà de quoi mener des armées d'enfans au bout du monde, ſans leur donner du goût pour les ſaveurs vives, ni riſquer de leur blazer le palais.

Une des preuves que le goût de la viande n'eſt pas naturel à l'homme, eſt l'indifférence que les enfans ont pour ce mets-là, & la préférence qu'ils donnent tous à des nourritures végétales, telles que le laitage, la pâtiſſerie, les fruits, &c. Il importe ſur-tout de ne pas dénaturer ce goût primitif, & de ne point rendre les enfans carnaſſiers : ſi ce n'eſt pour leur ſanté, c'eſt pour leur caractere ; car de quelque maniere qu'on explique l'expérience, il eſt certain que les grands mangeurs de viande ſont en général cruels & féroces plus que les autres hommes ; cette obſervation eſt de tous les lieux & de tous les tems : la barbarie angloiſe eſt connue (27) ; les Gaures, au contraire, ſont les plus doux des hommes (28). Tous les Sauvages ſont cruels, & leurs mœurs ne les portent point à l'être, cette cruauté vient de leurs alimens. Ils vont à la guerre comme à la chaſſe, & traitent les hommes comme les ours. En Angleterre même les Bouchers ne ſont pas reçus en témoignage, non

(28) Les Banians, qui s'abſtiennent de toute chair plus ſévérement que les Gaures, ſont preſque auſſi doux qu'eux ; mais comme leur morale eſt moins pure & leur culte moins raiſonnable, ils ne ſont pas ſi honnêtes-gens.

non plus que les Chirurgiens ; les grands scélerats s'endurcissent au meurtre en buvant du sang. Homere fait des Cyclopes, mangeurs de chair, des hommes affreux, & des Lotophages un peuple, si aimable, qu'aussitôt qu'on avoit essayé de leur commerce, on oublioit jusqu'à son pays pour vivre avec eux.

„ Tu me demandes (*), disoit Plutarque, pourquoi Pithagore s'abstenoit de manger de la chair „ des bêtes ; mais moi je te demande, au contraire, „ quel courage d'homme eut le premier qui approcha de sa bouche une chair meurtrie, qui brisa de „ sa dent les os d'une bête expirante, qui fit servir „ devant lui des corps morts, des cadavres, & engloutit dans son estomac des membres, qui, le moment d'auparavant, bêloient, mugissoient, marchoient & voyoient ? Comment sa main put-elle „ enfoncer un fer dans le cœur d'un être sensible ? „ Comment ses yeux purent-ils supporter un meurtre ? Comment put-il voir saigner, écorcher, démembrer un pauvre animal sans défense ? Comment put-il supporter l'aspect des chairs pantelantes ? Comment leur odeur ne lui fit-elle pas soulever le cœur ? Comment ne fut-il pas dégoûté, repoussé, saisi d'horreur, quand il vint à manier „ l'ordure de ces blessures, à nétoyer le sang noir & figé qui les couvroit ?

„ Les peaux rampoient sur la terre écorchées ;
„ Les chairs au feu mugissoient embrochées ;
„ L'homme ne put les manger sans frémir,
„ Et dans son sein les entendit gémir.

„ Voila

(*) *Tu me demandes.*] Tout ce prétendu morceau de Plutarque n'est qu'une déclamation. Les animaux sont faits pour être mangés : leur multiplication en est la preuve. Si on laissoit chaque espece en repos pendant cinquante ans seulement, on se verroit tellement incommodé par leur nombre, que bien-

„ Voilà ce qu'il dut imaginer & sentir la premie„ re fois qu'il surmonta la nature pour faire cet hor„ rible repas, la premiere fois qu'il eut faim d'une „ bête en vie, qu'il voulut se nourrir d'un animal „ qui paissoit encore, & qu'il dit comment il falloit „ égorger, dépecer, cuire la brebis qui lui léchoit „ les mains. C'est de ceux qui commencerent ces „ cruels festins, & non de ceux qui les quittent, „ qu'on a lieu de s'étonner : encore ces premiers-là „ pourroient-ils justifier leur barbarie par des excu„ ses qui manquent à la nôtre, & dont le défaut „ nous rend cent fois plus barbares qu'eux.

„ Mortels bien-aimés des Dieux, nous diroient „ ces premiers hommes, comparez les tems; voyez „ combien vous êtes heureux & combien nous étions „ misérables! La terre nouvellement formée & l'air „ chargé de vapeurs étoient encore indociles à l'or„ dre des saisons; le cours incertain des rivieres „ dégradoit leurs rives de toutes parts : des étangs, „ des lacs, de profonds marécages inondoient les „ trois quarts de la surface du monde, l'autre quart „ étoit couvert de bois & de forêts stériles. La „ terre ne produisoit nuls bons fruits; nous n'a„ vions nuls instrumens de labourage, nous igno„ rions l'art de nous en servir, & le tems de la „ moisson ne venoit jamais pour qui n'avoit rien „ semé. Ainsi la faim ne nous quittoit point. L'hi„ ver, la mousse & l'écorce des arbres étoient nos „ mets ordinaires. Quelques racines vertes de „ chien-dent & de bruyere étoient pour nous un „ régal ; & quand les hommes avoient pu trouver „ des

bientôt on seroit forcé de les détruire. Quant à l'assaisonnement, il ne choque en rien la nature : on fait bouillir & rotir les viandes, parce que sans cela, elles seroient dures, coriaces, & de mauvaise digestion.

„ des feines, des noix & du gland, ils en danfoient „ de joye autour d'un chêne ou d'un hêtre au fon „ de quelque chanfon ruftique, appellant la terre „ leur nourrice & leur mere; c'étoit-là leur unique „ fête, c'étoient leurs uniques jeux: tout le refte de „ la vie humaine n'étoit que douleur, peine & mifere.

„ Enfin, quand la terre dépouillée & nue ne nous „ offroit plus rien, forcés d'outrager la nature pour „ nous conferver, nous mangeâmes les compagnons „ de notre mifere plutôt que de périr avec eux. Mais „ vous, hommes cruels, qui vous force à verfer du „ fang? Voyez quelle affluence de biens vous envi„ ronne! Combien de fruits vous produit la terre! „ Que de richeffes vous donnent les champs & les vi„ gnes! Que d'animaux vous offrent leur lait pour „ vous nourrir, & leur toifon pour vous habiller! „ Que leur demandez-vous de plus, & quelle rage „ vous porte à commettre tant de meurtres, raffas„ fiés de biens & regorgeant de vivres? Pourquoi „ mentez-vous contre notre mere en l'accufant de „ ne pouvoir vous nourrir? Pourquoi péchez-vous „ contre Céres, inventrice des faintes loix, & con„ tre le gracieux Bacchus, confolateur des hommes, „ comme fi leurs dons prodigués ne fuffifoient pas à „ la confervation du genre-humain? Comment avez„ vous le cœur de mêler avec leurs doux fruits des „ offemens fur vos tables, & de manger avec le lait „ le fang des bêtes qui vous le donnent? Les pan„ théres & les lions, que vous appellez bêtes féro„ ces, fuivent leur inftinct par force & tuent les „ autres animaux pour vivre. Mais vous, cent „ fois plus féroces qu'elles, vous combattez l'inftinct „ fans néceffité pour vous livrer à vos cruelles déli„ ces; les animaux que vous mangez ne font pas „ ceux qui mangent les autres; vous ne les mangez „ pas ces animaux carnaffiers, vous les imitez. Vous „ n'avez faim que des bêtes innocentes & douces,

„ qui

„ qui ne font de mal à perſonne, qui s'attachent à „ vous, qui vous ſervent, & que vous dévorez „ pour prix de leurs ſervices.

„ O meurtrier contre nature, ſi tu t'obſtines à „ ſoutenir qu'elle t'a fait pour dévorer tes ſembla„ bles, des êtres de chair & d'os, ſenſibles & vi„ vans comme toi, étouffe donc l'horreur qu'elle „ t'inſpire pour ces affreux repas; tue les animaux „ toi-même, je dis de tes propres mains, ſans fer„ remens, ſans coutelas; dechire-les avec tes ongles, „ comme font les lions & les ours; mords ce bœuf „ & le mets en pieces, enfonce tes griffes dans ſa „ peau; mange cet agneau tout vif, dévore ſes „ chairs toute chaudes, bois ſon ame avec ſon ſang. „ Tu frémis, tu n'oſes ſentir palpiter ſous ta dent „ une chair vivante? Homme pitoyable! tu com„ mences par tuer l'animal, & puis tu le manges, „ comme pour le faire mourir deux fois. Ce n'eſt „ pas aſſez, la chair morte te répugne encore, tes „ entrailles ne peuvent la ſupporter, il la faut trans„ former par le feu, la bouillir, la rôtir, l'aſſaiſon„ ner de drogues qui la déguiſent; il te faut des „ Chaircuitiers, des Cuiſiniers, des Rotiſſeurs, des „ gens pour t'ôter l'horreur du meurtre & t'habiller „ des corps morts, afin que le ſens du goût trompé „ par ces déguiſemens ne rejette point ce qui lui eſt „ étrange, & ſavoure avec plaiſir des cadavres dont „ l'œil même eût peine à ſouffrir l'aſpect".

Quoique ce morceau ſoit étranger à mon ſujet, je n'ai pu réſiſter à la tentation de le tranſcrire, & je crois que peu de Lecteurs m'en ſauront mauvais gré.

Au reſte, quelque ſorte de régime que vous donniez aux enfans, pourvû que vous ne les accoutumiez qu'à des mets communs & ſimples, laiſſez-les manger, courir & jouer tant qu'il leur plaît, & ſoyez ſûrs qu'ils ne mangeront jamais trop & n'auront point d'indigeſtions: mais ſi vous les affamez, la moitié du tems, & qu'ils trouvent le moyen d'échapper à votre vigilance, ils ſe dédomageront de toute leur force, ils mangeront juſqu'à regorger, juſqu'à crever. Notre appétit n'eſt démeſuré que parce que nous voulons lui donner d'autres régles que celles de la Nature. Toujours réglant, preſcrivant, ajoûtant, retranchant, nous ne faiſons rien que la balance à la main; mais cette balance eſt à la meſure de nos fantaiſies, & non pas à celle de notre eſtomac. J'en reviens toujours à mes exemples. Chez les Payſans, la huche & le fruitier ſont toujours ouverts, & les enfans, non plus que les hommes, n'y ſavent ce que c'eſt qu'indigeſtions.

S'il arrivoit pourtant qu'un enfant mangeât trop, ce que je ne crois pas poſſible par ma methode, avec des amuſemens de ſon goût, il eſt ſi aiſé de le diſtraire, qu'on parviendroit à l'épuiſer d'inanition ſans qu'il y ſongeât. Comment des moyens ſi ſûrs & ſi faciles échappent-ils à tous les Inſtituteurs? Hérodote raconte que les Lydiens, preſſés d'une extrême diſette, s'aviſérent d'inventer les jeux & d'autres divertiſſemens avec leſquels ils donnoient le change à leur faim, & paſſoient des jours entiers ſans ſonger à manger (29). Vos ſavans Inſtituteurs ont peut-être lû cent fois ce paſſage, ſans voir l'application qu'on peut en faire aux enfans. Quelqu'un d'eux me dira peut-être qu'un enfant ne quitte pas volontiers ſon dîner pour aller étudier ſa leçon. Maître, vous avez raiſon; je ne penſois pas à cet amuſement-là.

Le ſens de l'odorat eſt au goût ce que celui de la vûe eſt au toucher: il le prévient, il l'avertit de la ma-

(29) Les anciens Hiſtoriens ſont remplis de vues dont on pourroit faire uſage, quand même les faits qui les préſentent ſeroient faux: mais nous ne ſavons tirer aucun vrai parti de l'Hiſtoire; la critique d'érudition abſorbe tout, comme s'il im-

maniere dont telle ou telle ſubſtance doit l'affecter, & diſpoſe à la rechercher ou à la fuir, ſelon l'impreſſion qu'on en reçoit d'avance. J'ai oui dire que les Sauvages avoient l'odorat tout autrement affecté que le nôtre, & jugeoient tout différemment des bonnes & des mauvaiſes odeurs. Pour moi, je le croirois bien. Les odeurs par elles-mêmes ſont des ſenſations foibles; elles ébranlent plus l'imagination que le ſens, & n'affectent pas tant par ce qu'elles donnent que par ce qu'elles font attendre. Cela ſuppoſé, les goûts des uns devenus, par leurs manieres de vivre, ſi différens des goûts des autres, doivent leur faire porter des jugemens bien oppoſés des ſaveurs, & par conſéquent des odeurs qui les annoncent. Un Tartare doit flairer avec autant de plaiſir un quartier puant de cheval mort, qu'un de nos chaſſeurs une perdrix à moitié pourrie.

Nos ſenſations oiſeuſes, comme d'être embaumé des fleurs d'un parterre, doivent être inſenſibles à des hommes qui marchent trop pour aimer à ſe promener, & qui ne travaillent pas aſſez pour ſe faire une volupté du repos. Des gens toujours affamés ne ſauroient prendre un grand plaiſir à des parfums qui n'annoncent rien à manger.

L'odorat eſt le ſens de l'imagination. Donnant aux nerfs un ton plus fort, il doit beaucoup agiter le cerveau; c'eſt pour cela qu'il ranime un moment le tempérament & l'épuiſe à la longue. Il a dans l'amour des effets aſſez connus: le doux parfum d'un cabinet de toilette n'eſt pas un piége auſſi foible qu'on penſe; & je ne ſais s'il faut féliciter ou plaindre l'homme ſage & peu ſenſible, que l'odeur des

importoit beaucoup qu'un fait fût vrai, pourvû qu'on en pût tirer une inſtruction utile. Les hommes ſenſés doivent regarder l'Hiſtoire comme un tiſſu de fables dont la morale eſt très-appropriée au cœur humain.

des fleurs que sa Maîtresse a sur le sein ne fit jamais palpiter (*).

L'odorat ne doit pas être fort actif dans le premier âge, où l'imagination que peu de passions ont encore animée, n'est gueres susceptible d'émotion, & où l'on n'a pas encore assez d'expérience pour prévoir avec un sens ce que nous en promêt un autre. Aussi cette conséquence est-elle parfaitement confirmée par l'observation; & il est certain que ce sens est encore obtus & presque hébété chez la plûpart des enfans. Non que la sensation ne soit en eux aussi fine & peut-être plus que dans les hommes; mais parce que, n'y joignant aucune autre idée, ils ne s'en affectent pas aisément d'un sentiment de plaisir ou de peine, & qu'ils n'en sont ni flattés ni blessés comme nous. Je crois que sans sortir du même systême, & sans recourir à l'anatomie comparée des deux sexes, on trouveroit aisément la raison pourquoi les femmes en général s'affectent plus vivement des odeurs que les hommes.

On dit que les Sauvages du Canada se rendent, dès leur jeunesse, l'odorat si subtil, que, quoiqu'ils aient des chiens, ils ne daignent pas s'en servir à la chasse, & se servent de chiens à eux-mêmes. Je conçois en effet que, si l'on élevoit les enfans à éventer leur dîner, comme le chien évente le gibier, on parviendroit peut-être à leur perfectionner l'odorat au même point; mais je ne vois pas au fond qu'on puisse en eux tirer de ce sens un usage fort utile, si ce n'est pour leur faire connoître ses rapports avec celui du goût. La Nature a pris soin de nous forcer à nous mettre au fait de ces rapports. Elle a rendu l'action de ce dernier sens presque inséparable de celle de l'autre en ren-

(*) M. F. *Ne fit jamais palpiter.*] Ces objets, ces images, ces instructions, sont-elles à l'usage des Emiles, ou des jeunes

rendant leurs organes voisins, & plaçant dans la bouche une communication immédiate entre les deux, en sorte que nous ne goûtons rien sans le flairer. Je voudrois seulement qu'on n'altérât pas ces rapports naturels pour tromper un enfant en couvrant, par exemple, d'un aromate agréable le déboire d'une médecine ; car la discorde des deux sens est trop grande alors pour pouvoir l'abuser ; le sens le plus actif absorbant l'effet de l'autre, il n'en prend pas la médecine avec moins de dégoût ; ce dégoût s'étend à toutes les sensations qui le frappent en même-tems ; à la présence de la plus foible, son imagination lui rappelle aussi l'autre ; un parfum très-suave n'est plus pour lui qu'une odeur dégoutante, & c'est ainsi que nos indiscretes précautions augmentent la somme des sensations déplaisantes aux dépens des agréables.

Il me reste à parler dans les Livres suivans de la culture d'une espece de sixieme sens appellé sens-commun, moins parce qu'il est commun à tous les hommes, que parce qu'il résulte de l'usage bien réglé des autres sens, & qu'il nous instruit de la nature des choses par le concours de toutes leurs apparences. Ce sixieme sens n'a point par conséquent d'organe particulier ; il ne réside que dans le cerveau, & ses sensations purement internes s'appellent perceptions ou idées. C'est par le nombre de ces idées que se mesure l'étendue de nos connoissances ; c'est leur netteté, leur clarté qui fait la justesse de l'esprit ; c'est l'art de les comparer entre elles qu'on appelle raison humaine. Ainsi ce que j'appellois raison sensitive ou puérile, consiste à former des idées simples par le coucours de plusieurs sensations, & ce que j'appelle raison intellectuelle ou humaine, consiste à former des idées com-

---

nes Instituteurs destinés à les former. Joignez-y plus bas *les embroges & les mysteres qu'ils peuvent couvrir.*

complexes par le concours de plusieurs idées simples.

Supposant donc que ma méthode soit celle de la Nature & que je ne me sois pas trompé dans l'application, nous avons amené notre Eleve à travers les pays des sensations jusqu'aux confins de la raison puérile ; le premier pas que nous allons faire au de-là doit être un pas d'homme. Mais avant d'entrer dans cette nouvelle carriere, jettons un moment les yeux sur celle que nous venons de parcourir. Chaque âge, chaque état de la vie à sa perfection convenable, sa sorte de maturité qui lui est propre. Nous avons souvent oui parler d'un homme-fait, mais considérons un enfant-fait (*) : ce spectacle sera plus nouveau pour nous, & ne sera peut-être pas moins agréable.

L'existence des êtres finis est si pauvre & si bornée que, quand nous ne voyons que ce qui est, nous ne sommes jamais émus. Ce sont les chimeres qui ornent les objets réels, & si l'imagination n'ajoute un charme à ce qui nous frappe, le stérile plaisir qu'on y prend se borne à l'organe, & laisse toujours le cœur froid. La terre parée des trésors de l'automne étale une richesse que l'œil admire, mais cette admiration n'est point touchante ; elle vient plus de la réflexion que du sentiment. Au printems la campagne presque nue n'est encore couverte de rien ; les bois n'offrent point d'ombre, la verdure ne fait que de poindre, & le cœur est touché à son aspect. En voyant renaître ainsi la Nature on se sent ranimer soi-même ; l'image du plaisir nous environne : Ces compagnes de la volupté, ces douces larmes toujours prêtes à se joindre à tout sentiment délicieux, sont déjà sur le bord de nos

(*) M. F. *Considérons un enfant-fait.*] Le portrait que M. R. en trace est sans contredit agréable, & pourroit faire illusion ; mais il faut se souvenir que ce n'est qu'un Emile en peinture, & que celui qui seroit préféré à l'âge de douze ans par son Instituteur, fût-ce l'Auteur même, ne seroit qu'un petis

nos paupieres; mais l'aspect des vendanges a beau être animé, vivant, agréable; on le voit toujours d'un œil sec.

Pourquoi cette différence? c'est qu'au spectacle du printems l'imagination joint celui des saisons qui le doivent suivre; à ces tendres bourgeons que l'œil apperçoit, elle ajoûte les fleurs, les fruits, les ombrages, quelquefois les mysteres qu'ils peuvent couvrir. Elle réunit en un point des tems qui se doivent succéder, & voit moins les objets comme ils seront que comme elle les désire, parce qu'il dépend d'elle de les choisir. En automne au contraire, on n'a plus à voir que ce qui est. Si l'on veut arriver au printems, l'hiver nous arrête, & l'imagination glacée expire sur la neige & sur les frimats.

Telle est la source du charme qu'on trouve à contempler une belle enfance, préférablement à la perfection de l'âge mûr. Quand est-ce que nous goûtons un vrai plaisir à voir un homme? c'est quand la mémoire de ses actions nous fait rétrogader sur sa vie & le rajeunit, pour ainsi dire, à nos yeux. Si nous sommes réduits à le considérer tel qu'il est, ou à le supposer tel qu'il sera dans sa vieillesse, l'idée de la nature déclinante efface tout notre plaisir. Il n'y en a point à voir avancer un homme à grands pas vers sa tombe, & l'image de la mort enlaidit tout.

Mais quand je me figure un enfant de dix à douze ans, vigoureux, bien formé pour son âge, il ne me fait pas naître une idée qui ne soit agréable, soit pour le présent, soit pour l'avenir: je le vois bouillant, vif, animé, sans souci rongeant, sans longue & pénible pré-

tit sauvage, très-difficile à raboter & à polir. *Des yeux vulgaires*, dit M. R. *ne voyent qu'un polisson.* Il ne se trouvera peut-être que deux yeux *non-vulgaires* parmi tous ceux qui sont actuellement ouverts.

prévoyance; tout entier à son être actuel, & jouissant d'une plénitude de vie qui semble vouloir s'étendre hors de lui. Je le prévois dans un autre âge exerçant le sens, l'esprit, les forces qui se développent en lui de jour en jour, & dont il donne à chaque instant de nouveaux indices: je le contemple enfant, & il me plaît: je l'imagine homme, & il me plaît davantage; son sang ardent semble réchauffer le mien; je crois vivre de sa vie & sa vivacité me rajeunit.

L'heure sonne, quel changement! A l'instant son œil se ternit, sa gaité s'efface, adieu la joye, adieu les folâtres jeux. Un homme sévere & fâché le prend par la main, lui dit gravement, *allons Monsieur*, & l'emmene. Dans la chambre où ils entrent j'entrevois des livres. Des livres! quel triste ameublement pour son âge! le pauvre enfant se laisse entraîner, tourne un œil de regret sur tout ce qui l'environne, se taît, & part les yeux gonflés de pleurs qu'il n'ose répandre (*), & le cœur gros de soupirs qu'il n'ose exhaler.

O toi qui n'as rien de pareil à craindre, toi pour qui nul tems de la vie n'est un tems de gêne & d'ennui, toi qui vois venir le jour sans inquiétude, la nuit sans impatience, & ne comptes les heures que par tes plaisirs, viens mon heureux, mon aimable Eleve, nous consoler par ta présence du départ de cet infortuné, viens .... il arrive, & je sens à son approche un mouvement de joye que je lui vois partager. C'est son ami, son camarade, c'est le compagnon de ses jeux qu'il aborde; il est bien sûr en me voyant qu'il ne restera pas long-tems sans amusement;

(*) *Qu'il n'ose répandre.*] On diroit à voir ce portrait, & bien d'autres dans ce Livre, que l'on n'éleve les Enfans que dans l'ennui, la crainte & les pleurs. Apparemment que M. R. n'a vû que des Enfans de College, & des Pédans. Tant s'en faut que l'éducation rigide & laborieuse prévale dans les divers Pays de l'Europe sur l'éducation oiseuse & dissipée; j'en con-

ment ; nous ne dépendons jamais l'un de l'autre, mais nous nous accordons toujours, & nous ne sommes avec personne aussi bien qu'ensemble.

Sa figure, son port, sa contenance annoncent l'assurance & le contentement ; la santé brille sur son visage ; ses pas affermis lui donnent un air de vigueur ; son teint délicat encore sans être fade, n'a rien d'une mollesse efféminée, l'air & le soleil y ont déjà mis l'empreinte honorable de son sexe ; ses muscles encore arrondis commencent à marquer quelques traits d'une physionomie naissante ; ses yeux que le feu du sentiment n'anime point encore, ont au moins toute leur sérénité native (30) ; de longs chagrins ne les ont point obscurcis, des pleurs sans fin n'ont point sillonné ses joues. Voyez dans ses mouvemens prompts, mais sûrs, la vivacité de son âge, la fermeté de l'indépendance, l'expérience des exercices multipliés. Il a l'air ouvert & libre, mais non pas insolent ni vain ; son visage qu'on n'a pas collé sur des livres ne tombe point sur son estomac : on n'a pas besoin de lui dire, *levez la tête* ; la honte ni la crainte ne la lui firent jamais baisser.

Faisons-lui place au milieu de l'assemblée ; Messieurs, examinez-le, interrogez-le en toute confiance ; ne craignez ni ses importunités, ni son babil, ni ses questions indiscretes. N'ayez pas peur qu'il s'empare de vous, qu'il prétende vous occuper de lui seul, & que vous ne puissiez plus vous en défaire.

N'attendez pas, non plus, de lui des propos agréables, ni qu'il vous dise ce que je lui aurai dicté ; n'en attendez que la vérité naïve & simple, sans ornement, sans

(30) *Native*. J'employe ce mot dans une acceptation Italienne, faute de lui trouver un synonyme en françois. Si j'ai tort, peu importe, pourvû qu'on m'entende.

connois un où l'Auteur d'Emile pourroit bien abandonner ses principes, précisément parce qu'il les y verroit trop bien suivis.

ſans apprêt, ſans vanité. Il vous dira le mal qu'il a fait ou celui qu'il penſe, tout auſſi librement que le bien, ſans s'embarraſſer en aucune ſorte de l'effet que fera ſur vous ce qu'il aura dit; il uſera de la parole dans toute la ſimplicité de ſa premiere inſtitution.

L'on aime à bien augurer des enfans, & l'on a toujours regret à ce flux d'inepties qui vient preſque toujours renverſer les eſpérances qu'on voudroit tirer de quelque heureuſe rencontre, qui par haſard leur tombe ſur la langue. Si le mien donne rarement de telles eſpérances, il ne donnera jamais ce regret; car il ne dit jamais un mot inutile, & ne s'épuiſe pas ſur un babil qu'il ſait qu'on n'écoute point. Ses idées ſont bornées, mais nettes; s'il ne ſait rien par cœur, il ſait beaucoup par expérience. S'il lit moins bien qu'un autre enfant dans nos livres, il lit mieux dans celui de la Nature; ſon eſprit n'eſt pas dans ſa langue, mais dans ſa tête; il a moins de mémoire que de jugement; il ne ſait parler qu'un langage, mais il entend ce qu'il dit, & s'il ne dit pas ſi bien que les autres diſent, en revanche il fait mieux qu'ils ne font.

Il ne ſait ce que c'eſt que routine, uſage, habitude; ce qu'il fit hier n'influe point ſur ce qu'il fait aujourd'hui (31): il ne ſuit jamais de formule, ne cede point à l'autorité ni à l'exemple, & n'agit ni ne parle que comme il lui convient. Ainſi n'attendez pas de lui des diſcours dictés ni des manieres étudiées, mais toujours l'expreſſion fidele de ſes idées, & la conduite qui naît de ſes penchans.

Vous lui trouvez un petit nombre de notions morales qui ſe rapportent à ſon état actuel, aucune ſur l'état

(31) L'attrait de l'habitude vient de la pareſſe naturelle à l'homme, & cette pareſſe augmente en s'y livrant: on fait plus aiſément ce qu'on a déjà fait, la route étant frayée en devient plus facile à ſuivre. Auſſi peut on remarquer que l'empire de l'habitude eſt très-grand ſur les Vieillards & ſur les gens indolens, très-petit ſur la Jeuneſſe & ſur les gens vifs. Ce régime

l'état relatif des hommes : & de quoi lui ferviroient-elles, puifqu'un enfant n'eft pas encore un membre actif de la fociété? Parlez-lui de liberté, de propriété, de convention même : il peut en favoir jufques-là ; il fait pourquoi ce qui eft à lui, eft à lui, & pourquoi ce qui n'eft pas à lui, n'eft pas à lui. Paffé cela, il ne fait plus rien. Parlez-lui de devoir, d'obéiffance, il ne fait ce que vous voulez dire ; commandez-lui quelque chofe, il ne vous entendra pas ; mais dites-lui ; fi vous me faifiez tel plaifir, je vous le rendrois dans l'occafion : à l'inftant il s'empreffera de vous complaire ; car il ne demande pas mieux que d'étendre fon domaine, & d'acquérir fur vous des droits qu'il fait être inviolables. Peut-être même n'eft-il pas fâché de tenir une place, de faire nombre, d'être compté pour quelque chofe ; mais s'il a ce dernier motif, le voilà déjà forti de la nature, & vous n'avez pas bien bouché d'avance toutes les portes de la vanité.

De fon côté, s'il a befoin de quelque affiftance, il la demandera indifféremment au premier qu'il rencontre, il la demanderoit au Roi comme à fon laquais : tous les hommes font encore égaux à fes yeux. Vous voyez à l'air dont il prie, qu'il fent qu'on ne lui doit rien. Il fait que ce qu'il demande eft une grace, il fait auffi que l'humanité porte à en accorder. Ses expreffions font fimples & laconiques. Sa voix, fon regard, fon gefte, font d'un être également accoutumé à la complaifance & au refus. Ce n'eft ni la rempante & fervile foumiffion d'un efclave, ni l'impérieux accent d'un Maître ; c'eft une modefte confiance en fon femblable, c'eft la noble & touchante douceur d'un être libre, mais fenfible & foible, qui implore l'affiftance d'un être libre, mais fort & bienfaifant. Si vous lui accordez ce qu'il vous demande, il ne vous remerciera pas, mais il fentira qu'il a contracté une dette. Si vous le lui refufez, il ne fe plaindra point, il n'infiftera point. il fait que cela feroit inu-

gime n'eft bon qu'aux ames foibles, & les affoiblit davantage de jour en jour. La feule habitude utile aux enfans eft de s'affervir fans peine à la néceffité des chofes, & la feule habitude utile aux hommes, eft de s'affervir fans peine à la raifon. Toute autre habitude eft un vice.

inutile: il ne se dira point; on m'a refusé: mais il se dira; cela ne pouvoit pas être; &, comme je l'ai déjà dit, on ne se mutine guere contre la nécessité bien reconnue.

Laissez-le seul en liberté, voyez-le agir sans lui rien dire; considérez ce qu'il fera & comme il s'y prendra. N'ayant pas besoin de se prouver qu'il est libre, il ne fait jamais rien par étourderie, & seulement pour faire un acte de pouvoir sur lui-même; ne sait-il pas qu'il est toujours maître de lui? Il est alerte, leger, dispos; ses mouvemens ont toute la vivacité de son âge, mais vous n'en voyez pas un qui n'ait une fin. Quoi qu'il veuille faire, il n'entreprendra jamais rien qui soit au-dessus de ses forces, car il les a bien éprouvées & les connoît; ses moyens sont toujours appropriés à ses desseins, & rarement il agira sans être assuré du succès. Il aura l'œil attentif & judicieux; il n'ira pas niaisement interrogeant les autres sur tout ce qu'il voit, mais il l'examinera lui-même, & se fatiguera pour trouver ce qu'il veut apprendre, avant de le demander. S'il tombe dans des embarras imprévus, il se troublera moins qu'un autre; s'il y a du risque il s'effrayera moins aussi. Comme son imagination reste encore inactive & qu'on n'a rien fait pour l'animer, il ne voit que ce qui est, n'estime les dangers que ce qu'ils valent, & garde toujours son sang-froid. La nécessité s'appésantit trop souvent sur lui pour qu'il regimbe encore contre elle; il en porte le joug dès sa naissance, l'y voilà bien accoutumé; il est toujours prêt à tout.

Qu'il s'occupe ou qu'il s'amuse, l'un & l'autre est égal pour lui, ses jeux sont ses occupations, il n'y sent point de différence. Il mêt à tout ce qu'il fait un intérêt qui fait rire & une liberté qui plaît, en montrant à la fois le tour de son esprit & la sphère de ses connoissances. N'est-ce pas le spectacle de cet âge, un spectacle charmant & doux de voir un joli enfant, l'œil vif & gai, l'air content & serein, la phisionomie ouverte & riante, faire en se jouant les choses les plus sérieuses, ou profondément occupé des plus frivoles amusemens?

Voulez-vous à présent le juger par comparaison? Mêlez-le avec d'autres enfans, & laissez-le faire. Vous verrez bientôt lequel est le plus vraiment formé, mé, lequel approche le mieux de la perfection de leur âge. Parmi les enfans de la ville nul n'est plus adroit que lui, mais il est plus fort qu'aucun autre. Parmi de jeunes paysans, il les égale en force & les passe en adresse. Dans tout ce qui est à portée de l'enfance, il juge, il raisonne, il prévoit mieux qu'eux tous. Est-il question d'agir, de courir, de sauter, d'ébranler des corps, d'enlever des masses, d'estimer des distances, d'inventer des jeux, d'emporter des prix? on diroit que la nature est à ses ordres, tant il fait aisément plier toute chose à ses volontés. Il est fait pour guider, pour gouverner ses égaux; le talent, l'expérience lui tiennent lieu de droit & d'autorité. Donnez-lui l'habit & le nom qu'il vous plaira, peu importe; il primera par-tout, il deviendra par-tout le chef des autres; ils sentiront toujours sa supériorité sur eux. Sans vouloir commander, il sera le maître, sans croire obéir, ils obéiront.

Il est parvenu à la maturité de l'enfance, il a vécu de la vie d'un enfant, il n'a point acheté sa perfection aux dépens de son bonheur: au contraire, ils ont concouru l'un à l'autre. En acquérant toute la raison de son âge, il a été heureux & libre autant que sa constitution lui permêt de l'être. Si la fatale faux vient moissonner en lui la fleur de nos esperances, nous n'aurons point à pleurer à la fois sa vie & sa mort, nous n'aigrirons point nos douleurs du souvenir de celles que nous lui aurons causées; nous nous dirons; au moins il a joui de son enfance; nous ne lui avons rien fait perdre de ce que la nature lui avoit donné.

Le grand inconvénient de cette premiere éducation, est qu'elle n'est sensible qu'aux hommes clairvoyans, & que dans un enfant élevé avec tant de soin, des yeux vulgaires ne voyent qu'un polisson. Un Précepteur songe à son intérêt plus qu'à celui de son Disciple, il s'attache à prouver qu'il ne perd pas son tems & qu'il gagne bien l'argent qu'on lui donne; il le pourvoit d'un acquis de facile étalage & qu'on puisse montrer quand on veut; il n'importe que ce qu'il lui apprend soit utile, pourvû qu'il se voye aisément. Il accumule sans choix, sans discernement, cent fatras dans sa mémoire. Quand il s'agit d'examiner l'enfant, on lui fait déployer sa marchandise, il l'étale,

tale, on eſt content, puis il replie ſon balot & s'en va. Mon éleve n'eſt pas ſi riche, il n'a point de balot à déployer, il n'a rien à montrer que lui-même. Or un enfant, non plus qu'un homme, ne ſe voit pas en un moment. Où ſont les Obſervateurs qui ſachent ſaiſir au premier coup d'œil les traits qui le caractériſent? Il en eſt, mais il en eſt peu, & ſur cent mille peres, il ne s'en trouvera pas un de ce nombre.

Les queſtions trop multipliées ennuyent & rebutent tout le monde, à plus forte raiſon les enfans. Au bout de quelques minutes leur attention ſe laſſe, ils n'écoutent plus ce qu'un obſtiné queſtionneur leur demande, & ne répondent plus qu'au haſard. Cette maniere de les examiner eſt vaine & pédanteſque; ſouvent un mot pris à la volée peint mieux leur ſens & leur eſprit que ne feroient de longs diſcours: mais il faut prendre garde que ce mot ne ſoit ni dicté ni fortuit. Il faut avoir beaucoup de jugement ſoi-même pour apprécier celui d'un enfant.

J'ai oui raconter à feu Milord Hyde, qu'un de ſes amis revenu d'Italie après trois ans d'abſence, voulut examiner les progrès de ſon fils âgé de neuf à dix ans. Ils vont un ſoir ſe promener, avec ſon Gouverneur & lui, dans une plaine où des Ecoliers s'amuſoient à guider des cerf-volans. Le pere en paſſant dit à ſon fils, *où eſt le cerf-volant dont voilà l'ombre?* ſans héſiter, ſans lever la tête, l'enfant dit, *ſur le grand chemin*. Et en effet, ajoûtoit Milord Hyde, le grand chemin étoit entre le ſoleil & nous. Le pere à ce mot embraſſe ſon fils, & finiſſant-là ſon examen, s'en va ſans rien dire. Le lendemain il envoya au Gouverneur l'acte d'une penſion viagere outre ſes appointemens.

Quel homme que ce pere-là, & quel fils lui étoit promis? La queſtion eſt préciſement de l'âge; la réponſe eſt bien ſimple; mais voyez quelle netteté de judiciaire enfantine elle ſuppoſe! C'eſt ainſi que l'Eleve d'Ariſtote apprivoiſoit ce Courſier célebre qu'aucun Ecuyer n'avoit pu dompter.

Fin du Tome premier.

www.ingramcontent.com/pod-product-compliance
Ingram Content Group UK Ltd.
Pitfield, Milton Keynes, MK11 3LW, UK
UKHW020557230726
13926UKWH00005B/2072

9 782013 550499